제갈량 읽는 CEO

中國歷史人物 "十講" 系列

《諸葛亮十講》

作者: 洪釗

copyright ⓒ 2007 by 哈爾濱出版社

천 하 를 얻 으 려 면 세 상 의 근 본 을 구 하 라

제갈량 읽는 CEO

홍자오 지음 | 김민정 옮김

21세기북스
www.book21.com

세상을 읽는 자, 천하를 얻는다

제갈량은 역사 속에 실존했던 한 명의 위인이기보다 소설 《삼국지연의》 속에서 신을 방불케 할 만한 능력을 지닌 천재 지략가로 더 친숙하다. 축지법을 쓰고 앞날을 내다볼 줄 알며 죽어 귀신이 되어서도 적을 혼란에 빠뜨리는 소설 속의 비현실적인 능력은 오히려 역사에서 그의 실제 모습은 어떠했을지 알고 싶다는 호기심을 불러일으킨다. 1800년 전 과연 그는 어떤 생각을 품고, 무엇을 이루기 위해 그토록 치열한 삶을 살았던 것일까?

이 책은 소설의 흥미를 위해 과장되고 신격화된 '영웅' 제갈량이 아닌 그 거품을 걷어내고도 충분히 매력적인 '인간' 제갈량에 주목하고 있다. 그는 중국 산동성의 작은 시골 마을에서 밭을 갈며 시를 읊조리던 일개 서생에 불과했지만, 한 황실의 부흥을 꿈꾸는 유비를 만나면서 천하통일의 원대한 야망을 품고 마침내 자리를 떨치고 일어선다. 누추한 초가집에 앉아서도 천하의 정세를 읽고 앞날을 정확하게 예측했던 청년 제갈량은 큰 뜻을 품고 난세의 현장 속에 직접 뛰어들면서부터 파란만장한 삶을 살게 된다. 수많은 군웅이 국가의 존망을 걸고 치열한 생존 다툼을 벌이던 삼국시대는 수많은 기업과 개인이 생존을 위해 몸부림치며 무한 경쟁을 벌이고 있는 지금과 너무 닮아 있다. '위'라는 절대 강국에 비교하여 '촉'은 국력의 한계가 명백한 약소국에 불과했다. 그러한 국가의 명운을 책임지고 이끌어가야 할 재상 자리에서 그가 취했던 전략과 정책, 그의 사람됨을 살펴보는 것은 수천 년이 지난 지금에도 여전히 유용한 가치를 지닌다.

저자는 제갈량을 두고 CEO가 가져야 할 많은 덕목을 갖춘 인물이라고 평가한다. 동시에 저자는 제갈량이 CEO로서 절대 금기시되어야 할 약점역시 갖고 있다고 서슴없이 말하기도 한다. 어느 쪽이 되었든 간에 제갈량은 현실을 살아가는 우리의 삶에 양질의 영양분을 공급해주기에 충분한 소중한 자원임은 의심할 여지가 없다.

이제 제갈량이 살아온 삶의 궤적을 되짚어보면서, 세상을 정확히 읽어내고 천하를 호령했던 그의 지혜를 흡수하는 시간을 가져보기 바란다.

2009년 10월
김민정

차 례

인간 제갈량을 재발견하다

중국 역사에서 우상으로 손꼽히는 인물을 고른다면 단연 공자와 관우, 악비, 제갈량을 들 수 있다. 이들은 중국 문화의 핵심적 가치관인 인(仁)·의(義)·충(忠)·용(勇)·신(信)을 드러낸 인물이다.

공자는 어진 정치를 할 것을 주장하며 스스로 인을 실천하고자 평생을 노력했던 춘추시대의 사상가이자 학자다. 관우는 신의를 위해 목숨까지 바친 촉나라의 무장이고, 악비는 불가능한 일임을 알면서도 황룡을 무찌르기 위해 적의 본거지로 용감히 나선 남송 초기의 무장이자 학자요 서예가다. 그리고 제갈량은 죽을 때까지 유비에게 몸과 마음을 바쳐 충성을 다한 충신이다.

이들 중에서 가장 칭송을 받는 인물이 바로 제갈량이다. 후세 사람들은 그를 충신 중의 충신이며, 지혜의 상징으로 떠받든다. 융중대책(隆中對策)과 적벽대전(赤壁大戰), 칠종칠금(七縱七擒) 등에는 제갈량 지혜의 정수가 녹아들어 있다. 물론 《삼국지연의》에 나오는 적벽대전이나 팔진도(八陳圖)는 과장된 내용이 많고, 융중대책과 칠종칠금이 추앙받을 만한가에 대해서는 좀 더 신중해질 필요가 있다. 그럼에도 제갈량은 지금까지도 중국 문화를 대표하는 위대한 인물로 존경받고 있다. 따라서 현재 알려진 그의 업적에 허구적인 부분이 있더라도 크게 문제되지 않는다. 사람들은 충신으로서의 제갈량과 그의 지혜, 그리고 불굴의 정신을 찬양한다. 이것이 바로 중국인의 '제갈량 신드롬'이다.

1000여 년 전 사람들은 민족의 이상과 개인의 신념을 고취시키고자 제갈량의 정신을 본받으려고 했다. 현대를 사는 우리도 이를 위해 제갈량 신드롬이라는 문화 현상을 살펴보면서 그의 발자취를 따라가며 좋은 본보기가 될 부분을 찾아야 할 것이다.

역사 속 인간 제갈량을 인식하라

우선 주목해야 할 부분은 제갈량의 충성심과 지혜다. 이 두 가지는 그를 상징하는 것으로, 사람들이 칭송해 마지않는 정신이다.

제갈량은 왜 삼국 분쟁이 끊이지 않던 시대에 약세였던 촉나라를 위해 충성을 다했을까? 유비를 위해 평생을 바친 이유는 무엇일까? 곳곳에서 영웅들이 일어나던 시기에 왜 강한 세력에게 자신을 의탁하지 않고 남양에 은거한 채 농사를 지으며 살았을까? 정계에 진출하기에 앞서 어떻게 천하의 형세를 꿰뚫어보고 융중대책을 제시했을까? 왜 북벌에 자신의 모든 것을 걸었고, 그 북벌이 실패한 이유는 무엇일까?

이는 모두 제갈량의 충성심, 지혜와 관련된 문제다. 이 문제를 분석하다 보면 지금까지 알고 있던 그의 이미지와 모순된 면을 발견하게 된다. 나는 이런 모순을 바로잡아 제갈량의 진실한 모습을 알림으로써 현대인이 그를 칭송하는 이유를 명쾌하게 밝히고자 한다. 또한 독자는 이를 통해 제갈량을 신격화한 문화적 배경을 이해하게 될 것이다.

지나친 제갈량의 우상화에는 큰 문제가 있다. 제갈량의 충성심과 지혜를 부각시키려고 역사적 진실 속에 자리한 그의 다양한 인생 역정을 간과했다는 점이 바로 그것이다. 또한 한말 삼국시대의 복잡하고 변화무쌍한 상황을 간과해버린 점도 문제다. 그리하여 제갈량 신드롬은 순수하지만 단순한 현상에 머물게 되었고, 이로써 빛나는 업적만 부각시킨 채 그를 틀에 박힌 인물로 박제시켜 버렸다.

이처럼 모순투성이가 된 제갈량의 이미지를 바로잡고, 그의 진정한 모습을 보려면 우선 억지로 덧칠한 것을 벗겨내야 한다. 물론 이렇게 해서 나타난 제갈량의 모습은 지금껏 그에게 부여된 찬사와 충돌을 일으킬 수도 있다.

제갈량의 현대적 의미를 분석하라

우상화된 제갈량을 진실의 자리로 되돌려놓고 나면 이런 질문을 하게 될 것이다. "제갈량에 대한 존경심을 현대적 사고와 연결시키려면 어떻게 해야 할까? 제갈량 신드롬을 지적 재산으로 되돌리려면 어떻게 해야 할까?"

제갈량을 현대적인 자원으로 만들려면 그의 일생에서 핵심이 되는 사건을 고찰해봐야 한다. 그리고 그 사건에서 무엇을 얻을 수 있는지 따져봐야 한다. 이런 시각으로 역사를 되짚어보고, 그를 통해 얻은 지혜로 지금 시대를 논하는 것이 바로 지성인이 갖춰야 할 모습이다.

제갈량은 거의 2000년의 세월을 거슬러 올라가야 만날 수 있는 사람이다. 그렇다고 해서 우리가 살고 있는 현대와 전혀 상관없는 사람이라고 생각해선 안 된다. 우리는 그의 행동과 사상 속에서 인간이 가진 공통점을 발견할 수 있다. 그런데 그 공통점이 과연 지금 시대에 적합할까? 현대를 살아가는 우리의 성공과 행복에 긍정적 요인이 될 수 있을까? 이것이 바로 우리가 해답을 구해야 할 질문이다.

이 제안은 역사를 전복시키거나 폄하하려는 것이 아니다. 이는 역사적 인물인 제갈량을 통해 현대를 살아가는 우리 모습을 올바로 인식하기 위한 작업이다. 제갈량과 그가 살았던 시대를 재조명함으로써 사회 문제나 개인 문제를 해결할 수 있는 방법 또한 찾을 수 있을 것이다.

제갈량을 재조명하고 이해할 때 비로소 그를 뛰어넘을 실력을 갖출 수 있으며, 그의 인생 경험과 지혜를 우리의 재산으로 활용할 수 있을 것이다. 그때 비로소 그의 지혜는 우리 삶에 값진 보배가 되리라고 믿는다.

제 1 장

몸은 죽어도 정신은 죽지 않는다

우리가 알고 있는 제갈량은 정사 속의 역사적 인물이 아니라 소설이나 희곡, 전설에 등장하는 인물이다. 수많은 사람이 제갈량을 칭송하는데, 그 정도가 마치 신을 숭배하는 듯하다. 과연 그 이유는 무엇인가? 왜 사람들은 그를 신격화하는가?

《삼국지연의》의 진정한 주인공, 제갈량

중국 위·촉·오 시대부터 전승되어 온 이야기를 14세기에 나관중이 장 회소설(章回小說)의 형식으로 편찬한 장편 역사소설 《삼국지연의》에는 수 많은 인물이 등장한다. 그중 가장 성공적인 삶을 살았으며 큰 영향력을 지닌 인물이 제갈량이다. 그는 이 책의 진정한 주인공으로 이야기의 흐름 에 생명을 불어넣는다. 영웅 제갈량이 나오지 않았다면 그 재미는 분명 반으로 줄어들고, 동서고금의 고전으로 대접받는 《삼국지연의》는 탄생 하지도 못했을 것이다.

이 책에서 제갈량은 작가가 가장 심혈을 기울여 묘사한 인물이다. 작품 의 초반에 유비에게 제갈량과 방통을 추천한 사마휘가 와룡 선생이라 칭 하며 그의 출현을 예고할 때부터 죽어서 정군산에 묻히기까지 그는 줄곧 중심에서 이야기를 이끌어가는 주인공이다. 제갈량은 나관중의 사랑을 한몸에 받으며 많은 사람에게 존경받는 예술적 인물의 전형으로 다시 태 어난 것이다.

지난 1000여 년 동안 출세하여 세상에 이름을 떨치고 나라를 걱정하는 참된 뜻을 품은 수많은 지식인들이 제갈량을 존경하고 추앙해왔다. 또한 열혈 팬이 된 대중은 시대를 거듭하며 노래와 시, 연극 등 다양한 방식으로 그를 칭송해왔다.

물론 이런 이미지는 역사 속의 실제 인물을 원형으로 삼고 있다. 그럼에도 실제와는 상당한 차이를 보인다. 제갈량은 역사적 사실보다 훨씬 위대한 인물로 포장된 채 반드시 본받아야 하는 영웅으로 평가받았으며, 오늘날에는 애국애족과 지혜의 상징으로 평가받고 있다.

나관중은 제갈량이라는 예술적 인물의 전형을 만들기 위해 작품 곳곳에 다양한 기법을 동원하여 그를 영웅으로 그려냈다. 특히 저자는 유비의 측근 중에서 특히 제갈량의 지위와 역할을 집중적으로 부각시켰다.

제갈량은 사마휘의 추천을 받아 양양에 은거하던 자신의 초가집을 세 번이나 찾아온 유비의 정성, 즉 삼고초려에 감동하여 하산을 결심한다. 그리고 유비와 물고기가 물을 만난 것 같은 관계가 되어 그의 두터운 신임을 받는다.

제갈량은 단번에 높은 지위에 오르기보다는 한 단계 한 단계 밟아 올라간다. 이는 당시 정치적 구조로 볼 때 당연한 일이었다. 《삼국지》〈촉서 제갈량전〉에는 나와 있지 않지만, 제갈량이 하산을 결심한 당시 받은 직위는 지방장관이 사적으로 고용한 정치상 고문 또는 비서인 막빈 정도가 아니었을까 싶다.

유비는 손권과 연합하여 조조에 대항해 싸운 적벽대전을 승리로 이끌면서 지정학적으로 중요한 위치에 있어 치열한 쟁탈전이 벌어졌던 형주(荊州)를 차지한 뒤 제갈량을 군사중랑장으로 임명했다. 이는 당시 관우와 장비의 지위보다 낮았다. 관우는 양양 태수이자 탕구장군으로서 이미 한수정후의 봉호를, 장비는 의도 태수이자 정노장군으로 신정후의 봉호를 받았다. 그러나 건안 19년(214년) 유비가 후한 13주 중 가장 큰 익주(益州)를 점령했을 때 제갈량은 군사장군으로 승격되어 좌장군부의 일을 맡았다. 이는 관등으로는 관우나 장비와 동급이지만 실질적으로는 훨씬 높은 지위였다.

제갈량이 촉나라의 최고대신인 승상으로 임명된 것은 유비가 황제의 자리에 올랐을 때다. 그전까지 군사참모로서 유비의 곁을 지켰던 그는 직접 전쟁터에서 군대를 지휘하기보다는 대부분 후방에 머무르며 민생과 군대를 살피고 관리하는 역할을 맡았다.

그러나 소설 《삼국지연의》에 등장하는 제갈량은 사뭇 다르다. 그는 처음부터 황제를 제외한 모든 사람의 위에 군림하는 등 대권을 잡아 촉나라의 대소사를 지휘하는 통솔자로 그려진다. 하산 후 얼마 지나지 않아 위나라 조조의 심복 하후돈이 10만 대군을 이끌고 신야로 쳐들어왔는데, 그 전투는 제갈량이 자신의 능력을 보여줄 첫 시험대가 되었다.

유비가 제갈량을 불러 이 일을 논의하자 그는 "관우와 장비가 제 명령을 따르려 하지 않을 것입니다. 그러니 주공께서 제가 군사를 지휘하기 원한다면 검과 인장을 주십시오"라고 말했다. 이에 유비는 검과 인장을 내주었고, 제갈량은 장수를 불러 지시를 내렸다. "주공께서는 몸소 군대를 이끌어 뒤에서 도와주실 겁니다. 그러니 계획한 대로 움직이고, 행여 실수가 있어서는 안 될 것입니다."

유비는 처음 전쟁터에 나가는 제갈량에게 선뜻 지휘권을 넘겨주었다. 이미 작전을 세워둔 그는 장수들을 적절히 배치하고 유비에게도 자신의 계획에 따르도록 요구했다. 그리고 처음 출전한 박망파(博望坡) 전투에서 승리를 거두었다. 그로써 위신을 세운 제갈량은 한 나라 전체의 병력을 지휘하는 통수권을 얻게 되었고, 그 후로 어느 누구도 넘보지 못하는 막강한 통수권을 발휘했다. 문제가 생길 때마다 유비는 제갈량을 찾았으며, 기꺼이 그의 의견에 따르자 문무 대신들도 그 명령에 복종했다. 이는 적벽대전 때도 마찬가지였다. 제갈량이 오나라에 수개월 머무르는 동안 유비는 싸울 채비를 끝내놓고 그가 돌아오기를 기다렸다.

유비는 하구에서 제갈량을 기다렸다. 마침내 배가 도착했을 때 제갈량과 무장 조운의 모습이 보였다. 그러자 유비는 기쁨을 감추지 못했다. 제갈량은 문안인사를 한 뒤에 "다른 일에 대해서는 지금 말씀드릴 시간이 없습니다. 일전에 약속하셨던 군마와 배들은 모두 마련되었습니까?"라고 물었다. 그러자 유비는 "벌써 준비해두고 그대가 사용하기만을 기다리고 있느니라"고 대답했다. 당시 제갈량의 명령을 감히 거스를 자가 없었다. 한번은 최고 명장인 관우가 군령을 어기고 조조를 풀어준 사실을 안 제갈량은 그를 참수형에 처하도록 명했다. 그런데 유비가 나서서 관우에게 속죄할 기회를 주자고 간청하자 마지못해 그 명령을 철회했다.

그런데 지금 언급한 이야기들은 역사적 기록과는 상당한 차이가 있다. 나관중은 《삼국지연의》의 초반부터 제갈량을 촉나라의 핵심 인물로 묘사하고, 그에게 여느 문무관보다 높은 지위를 부여했다. 그리고 흥미진진하게 전개되는 이야기에 빠진 독자들은 이를 사실로 받아들였다. 제갈량을 얻기 전에 수차례 좌절을 겪었던 유비가 그의 보좌를 받은 후부터 계속 싸움에서 승리하자 독자들은 촉나라의 흥망성쇠가 제갈량에게 달려 있다고 믿게 되었다.

또한 그는 제갈량을 천하제일의 책략가로 과장하여 표현했다. 앞서 말했듯 이 지혜는 제갈량의 최대 장점이었다. 그는 천하의 대세를 명민하게 파악했으며, 전체적인 형세를 꿰뚫어보고 그에 걸맞는 전략을 세울 줄 알았다. 제갈량의 이런 지혜가 집약된 결과물이 바로 융중대책이다.

나관중은《삼국지연의》에서 제갈량의 정치적 지혜를 입에 침이 마르도록 칭송했다. 그러다가 허구적인 요소를 지나치게 사용하는 실수를 범하고 말았다. 예를 들면 나관중은 제갈량이 마치 전지전능한 신이라도 된 것처럼 군대를 자유자재로 다루는 책략가로 과장되게 표현했다. 여기서 제갈량은 하산한 후 처음으로 박망파 전투에 참가해 승리를 거뒀는데, 이 부분에 허구적 요소가 많다.

역사에 따르면 유비는 박망에서 조조 측 대장 하후돈이나 조조가 점군사마로 임명한 후 많은 전투에서 전과를 올린 우금 등과 싸울 때 복병을 배치시킨 뒤 자신의 군대 진영을 불태우고 거짓으로 도주했다. 이에 하후돈 등이 그를 뒤쫓았으나 유비의 계략에 속아 복병에게 격파되었다. 그런데 이는 삼고초려 전에 있던 일로, 제갈량과는 아무런 관련이 없다. 그럼에도 나관중은 이 일을 제갈량이 하산한 뒤에 일어난 것처럼 묘사해 그를 훌륭한 지휘관으로 미화시켰다.

《삼국지연의》에는 조조 군의 기세가 막강한 것으로 표현되었다. 나관중은 10만 대군에 달하는 조조 군과 수천 명에 불과한 유비 군을 대비시켜 팽팽한 긴장감을 조성한 다음, 제갈량을 유비 군의 지휘관으로 등장시켰다. 그러자 관우와 장비는 그의 전략에 반신반의하는 모습을 보였다. "장수들은 제갈량의 전략을 이해하지 못했다. 그의 명령을 따르면서도 그들은 의구심을 떨쳐버리지 못했다." "유비 역시 의혹을 품었다." 그러나 이들의 걱정과 달리 전투는 제갈량의 예상대로 전개되었고 유비 군은 큰 승리를 거두었다. 이에 자존심이 강했던 관우와 장비도 "제갈량은 영웅이다!"라고 침이 마르도록 칭찬했다. 이 전투로 제갈량의 이미지는 선견지명이 뛰어난 신과 같은 존재로 굳어졌다.

그 후 일어난 신야 전투도 완전한 허구다. 이 전투에서 제갈량은 물과 불을 동시에 쓰는 전술을 사용했다. 유비 군은 겹겹이 매복해 있다가 조조의 사촌동생이자 촉나라 관우의 공격을 막아내고 형주의 거점인 번성을 지켜낸 조인, 219년 촉나라 장군 오란과 뇌동의 공격을 물리친 조홍이 이끄는 10만 대군을 우선 불로 공격한 다음 물에 빠뜨려 대파했다. 이처럼 다양한 계략으로 제갈량은 큰 신임을 얻었고, 조조 군에게는 두려움의 대상이 되었다.

이번에는 천하삼분의 형세를 확정짓고 촉나라의 운명을 결정한 적벽대전에 관해 살펴보자. 나관중은 이 대전으로 제갈량의 전략을 더욱 빛나게 만들어주었다. 하지만 사실 제갈량은 손권이 유비와 연합하여 조조 군대에 대항하도록 한 것 외에는 별로 한 일이 없다. 정사의 기록에 따르면 적벽대전의 최고 영웅은 당연히 삼국시대 오나라의 훌륭한 신하였던 주유다. 그런데 어찌 된 일인지 나관중을 통해 제갈량은 적벽대전의 승부를 결정짓는 핵심 인물이 되었다. 그는 오나라 군대에서 손님 대접을 받다가 '적벽대전'에 이르면 완전히 주인공으로 둔갑하여 군대를 좌지우지한다. 손권과 유비의 동맹을 이끌어낸 사람도 제갈량이고, 손권이 조조에 대항하겠다는 결심을 갖게 한 사람도 제갈량이다. 또한 그는 군영회(群英會), 장간도서(蔣干盜書), 고육계(苦肉計)와 사항계(詐降計)도 간파하고 있다. 여기서 군영회는 적벽에서 조조 군과 손권 군이 대치할 때 적을 항복시키려고 장간이 주유와의 친분을 이용해 참석한 연회다. 장간도서는 장간이 주유의 가짜 편지를 훔쳐보다가 적의 꾐에 넘어간 사건으로, 이로써 수전에 능했던 채모와 장윤이 처형되었다. 또한 주유의 이간책에 빠져 채모를 참살한 조조가 자신의 잘못을 깨닫고 그의 형제인 채중과 채화를 거짓 항복시켜 오나라로 밀파했는데, 이 사실을 눈치 챈 주유는 그들을 역이용해 거짓으로 항복하는 사항계를 세운다. 또한 주유가 생각해낸 계획을 황개가 행동으로 옮기겠다고 자청하는데, 이 일은 살갗이 터지는 고통 없이 할 수 없는 방책이라 해서 고육계라고 불린다. 전투의 핵심 전략이던 불로 조조의 수군과 함선을 모조리 불태우는 방책, 곧 화공계(火攻計) 역시 주유와 함께 제갈량이 결정한 것으로 나온다. 여기에 불로 상대를 공격하려면 동풍이 불어야 하는데, 이 역시 제갈량의 공으로 묘사된다. 당시 제갈량이 없었다면 과연 주유가 조조 군을 격파할 수 있었을까 싶을 정도다.

손유 동맹과 조조 군 사이에 여러 가지 일이 난무하는 가운데 주유와 조조라는 걸출한 인물이 벌이는 두뇌싸움에서 제갈량은 탁월한 식견과 전략을 발휘한다. 주유는 존경과 시기의 대상이던 제갈량을 제거하려고 했다. 하지만 제갈량은 오히려 그를 자신의 편으로 만드는 데 성공했다. 그로써 주유는 손유 동맹을 유지하면서 전투를 승리로 이끌어냈다.

소설에서는 수많은 두뇌싸움이 일어난다. 이는 독자들을 조조의 지혜가 주유에 미치지 못하고, 주유의 지혜가 제갈량의 지혜에 미치지 못한다는 결론으로 이끈다. 그로써 제갈량은 나관중이 의도한 대로 천하제일의 영웅이 되는 것이다.

이 외에도 '주유를 세 번 화나게 하다' '유비, 한중 전투에서 이기다' '칠종칠금' '육출기산' 등 많은 부분에서 나관중은 제갈량의 지혜로운 책략을 더욱 정교하고 훌륭한 것으로 꾸며냈다. 제갈량은 형세를 파악하는데 탁월하고 임기응변에 능해서 전투를 치를 때마다 늘 유리한 기세를 잡아 승리를 거머쥐었다. 또한 상대를 알고 나를 알면 백 번 싸워도 위태롭지 않다는 정신으로 적의 중요한 정보를 간파하는 등 심리전에서도 탁월한 면모를 보였다. 그뿐 아니라 신출귀몰한 전술을 펼치기도 했다. 《손자병법》에 보면 다음과 같은 내용이 나온다. "기묘한 전략을 부리는 자는 천지처럼 무궁하고 강물처럼 끝이 없다." "물은 고정된 형태가 없고, 싸움에서 늘 승리를 거두는 세력은 없다. 승리는 적에 따라 변화를 도모하는 자의 것이며, 그를 일컬어 신이라고 한다." 이에 정통한 인물이 바로 소설 속에 나오는 제갈량이다.

나관중은 제갈량의 뛰어난 책략을 부각시키기 위해 그를 높이 평가하는 다른 등장인물의 대사나 행동을 집어넣었다. 자존심이 강했던 주유도 제갈량의 책략에 여러 번 감탄해 마지않았다. "제갈량의 묘술은 결코 따라가지 못하겠소!" 그는 죽음을 앞둔 시점에서도 제갈량을 넘어서지 못했다는 사실에 안타까워했다. 용병술에 능했던 조조는 제갈량과 전투를 벌일 때면 늘 두려움에 떨다가 패배했고, 책략과 전술이 뛰어난 위나라의 정치가이자 군략가인 사마의 역시 제갈량이 자신보다 월등함을 인정했다. 심지어는 제갈량이 죽은 후 사마의가 이끌던 군대는 촉나라 군대를 추격하다가 제갈량처럼 보이도록 만든 목상을 보고 혼비백산하여 도망치기까지 했다. 이를 두고 "죽은 제갈량이 살아 있는 사마의를 물리쳤다"는 말이 돌기도 했다. 이처럼 소설은 제갈량과 다른 인재들을 대조시킴으로써 그를 최고의 자리에 올려놓고 있다.

나관중은 또 다양한 관점에서 제갈량의 충성심과 애국심을 그려놓았다.

제갈량은 인생 후반에 절대적인 충성심과 애국심을 발휘했다. 유비한테서 그 아들 유선을 부탁받았을 때부터 오장원에서 세상을 떠날 때까지

(223~234년) 제갈량은 촉나라의 정국을 책임지고 '한 왕실의 회복'이라는 목표를 이루고자 전력을 다했다. 남방을 평정하고 나서 그는 대군을 이끌고 직접 북벌에 나섰는데, 북벌에 임하기 전 유비의 뒤를 이어 황제가 된 유선에게 그 유명한 〈출사표〉를 올렸다. 전후 2편으로 이루어진 이 글의 전문에는 국가의 장래를 걱정한 제갈량의 진정성이 드러나 있다.

"선제께서는 신을 신뢰하여 붕어하시기 전에 국가의 대사를 신에게 부탁하셨습니다. 명을 받은 이래로 저는 혹시 과오를 범하여 선제의 명예를 훼손시킬까 늘 두려웠습니다. 그리하여 5월에 노수를 건너 불모의 땅에 깊이 들어간 것입니다. 이제 남쪽은 평정되었고, 무기와 갑옷이 충분하니 마땅히 삼군을 거느리고 북벌하여 중원을 평정해야 할 것입니다. 신은 힘을 다해 적을 물리치고 한실을 부흥시켜 옛 도읍으로 돌아가려고 합니다. 이것이 선제께 보답하고 폐하께 충성하는 신의 본분이기 때문입니다."

북벌을 위해 여섯 차례 기산을 나온 육출기산(六出祁山) 하는 오랜 세월 제갈량은 승리를 거두기도 했지만 뜻밖의 패배를 맛보기도 했다. 1차 북벌에서는 파죽지세로 3군을 빼앗았으나, 자신이 중용한 마속이 가정(街亭) 싸움에서 크게 패함으로써 그동안 쌓아올린 성과를 하루아침에 무너뜨리고 말았다. 이에 제갈량은 군율에 따라 마속에게 책임을 묻고, 눈물을 삼킨 채 그를 사형시켰다. 또한 황제에게 글을 올려 자신의 관직을 3등급 강등해달라고 청함으로써 그 자신에게도 책임을 물었다. 그리고 나서 부하들에게는 이렇게 당부했다.

"나라의 앞날을 위하고 염려하는 이들은 마땅히 나의 결점에 대해서도 지적하고 나무라야 한다. 그로써 적을 소멸하고 대업을 이룰 수 있다. 또한 앞날을 내다보기 위해 들었던 발을 내려놓기도 전에 성공을 확신할 수 있을 것이다."

　제갈량은 밖으로 강적이 도사리고 안으로는 심약한 군주를 받드는 악조건에서도 뛰어난 지혜와 강한 의지로 큰 업적을 세웠다.

　마지막 북벌을 감행할 때 그는 누적된 피로 때문에 병을 얻었다. 하지만 자기 자신보다 나라를 걱정하며 부하들에게 군 배치에 심혈을 기울일 것을 당부했고, 자신의 후계자를 직접 지목했다. 마지막으로 군영을 둘러보며 그는 "더 이상 적을 토벌할 수가 없게 되었구나"라고 탄식했다. 또한 처자식에 대해서는 "죽음의 신이 임했을 때 위로는 황제를, 아래로는 부하들을, 가까이로는 당장의 후퇴 방법을, 멀리는 앞으로의 계략을 숙고하느라 내 처자식에 대해서는 생각할 겨를이 없었구나"라며 안타까움을 드러내기도 했다.

　나관중은 감정적인 문체로 제갈량의 충성심과 애국심을 그려내고 있다. 제갈량이 죽었다는 소식에 관직을 박탈당하고 유배를 간 요립과 이엄의 비통해하는 모습을 자세히 서술했는데, 이는 그의 공정함과 엄격함을 강조하기 위해서였다. 나관중은 이 비통한 분위기를 "그날 밤 하늘과 땅이 슬퍼했으며 달은 빛나지 않았고 그는 쓸쓸히 하늘로 돌아갔다"라는 시적 표현으로 심금을 울린다.

　《삼국지연의》에서 제갈량은 세상에 보기 드문 영웅으로 그려졌지만, 일부에서는 그의 이런 이미지를 비판한다. 그중 중국의 현대문학가 루쉰은 "나관중은 큰 오류를 범했다. 제갈량의 지혜를 너무 과장되게 부각시켜 그를 오히려 '요괴'에 가까운 인물로 만들어버렸다"라고 말했다. 이는 지나친 현실주의적 잣대로 《삼국지연의》를 바라본 것이 아닌가 하는 생각이 들 정도다.

나관중이 제갈량의 지혜를 부각시키려 했다는 것은 올바른 지적이다. 제갈량을 요괴로 만들어버렸다는 것은 그의 책략을 너무 과장하다 보니 신의 경지까지 올려놓았다는 말이다. 그렇다고 해서 나관중의 제갈량 이미지 창조가 실패했다는 말은 아니다. 오히려 전체적으로 보면 성공적이었다. 제갈량을 올바로 이해하기 위해서는 다음과 같은 점을 염두에 두어야 한다.

첫째, 《삼국지연의》의 창작 기법을 살펴보겠다.

이 책은 오늘날 말하는 현실주의나 낭만주의 작품에 속하지 않는다. 고전 현실주의와 낭만적 감정, 전기적 색채가 한데 어우러진 작품이라고 할 수 있다. 나관중은 후한의 영제가 즉위했던 168년부터 서진이 전국을 통일한 280년까지를 소설의 시대적 배경으로 삼았다. 그리고 제갈량이라는 실제 인물을 소설 속으로 끌어들였는데, 그 속에서 그는 작가가 부여한 예술적인 이미지를 입고 있다. 저자는 소설 속의 제갈량이 역사에 기록된 모습과 일치하도록 노력했는데, 소설적인 흥미를 위해 그 지혜와 책략을 집중적으로 서술했다. 또한 그 자신이 좋아했던 전기적인 요소까지 적절하게 가미했다. 이로 말미암아 기발한 상상력과 허구, 과장된 기법으로 제갈량을 흥미진진한 소설의 주인으로 창조해냈다.

둘째, 제갈량의 지혜와 책략을 과장되게 표현한 것은 나관중이 시도하기 전부터 있어왔던 오래된 기법이다.

서진 말년 융중에 온 진남장군 유홍은 제갈량의 집에 비를 세우고 태부연 이홍에게 명하여 문장을 짓도록 명했는데, 거기에 다음과 같은 구절이 나온다.

과연 훌륭하도다. 그대여!

홀로 우뚝 서서

하늘의 영기를 머금은 듯하고

신의 경지에 도달한 듯하구나.

그 생각의 깊이와 그 덕의 높음이여!

(중략)

팔진도를 펼친 그대의 빼어난 전략은

어느 역대 병법서에서도 찾아보기 힘든 독창적인 것이며

그대가 만든 목우(木偶) 역시

그 누구도 모방할 수 없는 것이었도다.

그대가 만든 신노(神弩)의 기능은 대단히 뛰어났으며

그대가 쌓은 우물의 가지런한 벽 또한 미묘하고 요긴한 것이었도다.

이 글을 보면 나관중 이전에도 제갈량의 책략에 신비로운 색채를 더하여 평가했음을 알 수 있다. 남북조시대 송나라의 역사가 배송지(裴松之)는 여러 자료를 인용하여 《삼국지》에 주석을 달면서 제갈량의 책략을 크게 과장했다. 또한 당대에는 제갈량을 '지혜로운 장수'로 불렀고, 송대에는 북송시대의 시인이자 학자요 정치가였던 소식이 〈제갈무후 초상화에 붙이는 찬양〉을 지어 제갈량의 책략을 찬양했다.

"치밀하기가 귀신 같고 빠르기가 바람과 번개 같아 그가 진격하면 아무도 막을 수 없고 후퇴하면 감히 쫓을 수 없다. 낮에도 공격할 수 없고 밤에도 습격할 수 없으며 병사 수가 아무리 많아도 대적할 수 없다. 또한 그의 군사가 적더라도 결코 얕볼 수 없다. 전후방이 호응하고 좌우가 지휘하며, 오행이 변화하고 사시가 바뀐다. 그는 진정 사람인가, 신인가, 아니면 신선인가? 나는 알 수 없으니, 그는 진정한 와룡이다."

소식은 "사람인가, 신인가, 아니면 신선인가?"라는 찬사로 제갈량의 신비로움을 더욱 부각시켰다. 그를 신처럼 바라보는 시각은 세월이 흘러도 계속되어 원대의 《삼국지평화》에 보면 다음과 같은 내용이 있다.

"제갈량은 본래 신선이다. 그는 어려서부터 학문에 열중하여 중년에 이르러서는 읽지 않은 책이 없었다. 그는 천지의 근본을 깨달았으며 신출귀몰한 경지에 이르렀다. 비바람을 부르고 콩을 뿌려 병사를 만들고 검을 휘둘러 강을 만들었다. 사마중달은 일찍이 제갈량을 일컬어 '당할 자가 없고 공격을 받으면 막을 길이 없으며 포위해도 가두지 못했으니 인간인지 신인지 신선인지 알 수 없는 인물'이라고 말했다."

앞에 나온 이야기들은 제갈량을 확실히 신격화하고 있다. 나관중은 《삼국지연의》를 쓸 때 《삼국지평화》에 나오는 그의 이미지를 대폭 수정했는데 "비바람을 부르고 콩을 뿌려 병사를 만들고 검을 휘둘러 강을 만들었다"는 식의 지나친 묘사를 삭제했다. 그로써 나관중은 제갈량을 비범하고 전기적인 색채를 갖춘 걸출한 '인간'으로 회복시켰다. 제갈량의 지혜에 대한 그의 묘사는 대부분 현실적으로 가능성 있는 것이었다. 융중대책을 피력한 일이나 지혜를 발휘하여 손권을 격분시킨 일 등의 일화는 모두 《삼국지》〈촉서 제갈량전〉의 기록을 충실히 따르면서 작가의 서술을 덧붙인 것으로 크게 과장하지 않았다.

박망파 전투, 신야 전투, 허수아비가 탄 빈 배를 이용하여 조조 군으로부터 10만 개의 화살을 거저 얻어낸 초선차전, 5가지 경로로 공격하여 위나라의 군대를 물리친 안거평오로(安居平五路), 칠종칠금, 사마의의 기습을 받아 고의로 성문을 열어 방어하지 않는 것처럼 꾸며 적을 혼란에 빠뜨린 공성계 등 허구성이 다분한 내용도 있지만, 이는 모두 야사 혹은 《삼국지 평화》의 줄거리를 기초로 했거나 사실을 바탕으로 이야기를 재구성한 것이다. 허구적이라고 해도 어느 정도는 역사적 사실에 기반을 두었으므로 설득력을 가졌다고 볼 수 있다. 따라서 소설 속에 나오는 제갈량의 지혜는 전기적인 색채를 띠고 있지만 지나치게 과장된 것은 아니다. 물론 평범한 사람은 결코 갖출 수 없지만, 전기소설에 등장하는 영웅에 대한 사람의 기대감을 만족시키기에는 충분하다.

셋째, 제갈량의 지혜를 표현하는 데 오류가 있었다는 사실을 인정한다.

예를 들어 후반부를 살펴보면 개별적인 줄거리들이 실제 역사와는 달리 억지로 끼워맞춰져 있고 과장도 심하다. "흐린 날씨에 음산하고 싸늘한 바람이 불고 차가운 안개가 자욱하여 위나라 군대는 제갈량을 쫓아갈 수 없었다"라는 부분이 그렇고, 사마의의 입을 빌려 제갈량이 신으로서 둔갑술을 부리고 축지법을 쓴다고 묘사한 장면도 신비적인 색채가 짙다.

또한 나관중은 제갈량에 몰입한 나머지 그의 과오를 변호하려고까지 했다. 이런 이유로 내용상 줄거리가 맞지 않는 부분도 있다. 예로 들면 계책을 내어 촉나라의 장수 위연을 처벌하는 부분에서 제갈량이 선견지명을 갖췄다고 서술하고 있지만, 위연을 죽이기 위해 취한 조치를 그는 알아채지 못했다. 소설의 이런 몇몇 부분 때문에 사람들은 혼란에 빠지게 되는데, 루쉰이 지적한 대로 제갈량이 요괴 같다는 느낌을 지울 수가 없다.

넷째, 《삼국지연의》와 그 후에 나온 아류작들을 분명히 구분해야 한다.

《삼국지연의》가 수백 년에 걸쳐 널리 읽히면서 원전이 개작 혹은 재창작되는 경우가 많았고, 그로써 아류작이 대거 쏟아져나왔다. 아류작으로

《삼국지연의》의 전파 경로는 더욱 증가했고 그 영향력도 확대되었다. 아울러 등장인물과 이야기도 더욱 다양해졌다.

《삼국지연의》에서는 유비를 처음 만났을 때 제갈량의 옷차림에 대해 "비녀를 꽂은 관을 쓰고 새털 옷을 입었다"라고 묘사한다. 적벽대전 후 남방 4군을 정벌할 때도 "비녀를 꽂은 관을 쓰고 새털 옷을 입었으며 깃털 부채를 들었다"라고 묘사한다. 1차 북벌에서 왕랑과 대치할 때는 "두건을 쓰고 깃털 부채를 들고 소박한 옷을 입었다"라고 묘사되어 있다.

이런 묘사는 진나라의 배계가 쓴 《어림》에 나오는 제갈량의 옷차림에 관한 기록을 따른 것이다. 이 책에 보면 "소박한 수레를 타고 갈근을 쓰고 흰 부채를 들고 삼군을 지휘하니 군사들이 그를 따라 나아가고 멈췄다"라는 대목이 나온다. 새털 옷은 진나라 사대부들이 즐겨 입던 것으로, 후한 말부터 동진까지 유명인들에 관한 일화를 모은 《세설신어》에도 자주 등장한다.

명·청 이래 삼국지를 소재로 한 〈삼국극〉이나 희곡작품에서 제갈량은 팔괘의를 입고 스스로를 '도사'라 일컬었다. 그의 행동에서 볼 수 있는 도교적인 색채는 이런 작품에서 더 짙게 나타나고, 그의 계략 또한 신비적인 색채가 더 강하다. 이들 작품을 읽고 나서 제갈량이 요괴 같다는 인상을 받는다면, 그것은 비단 《삼국지연의》 때문만은 아닐 것이다.

이 책에서 제갈량을 묘사하는 데 부적절한 점이 있을지라도 그것은 극히 적은 부분에 지나지 않는다. 소설 속 제갈량의 이미지는 여전히 성공적이고 가장 많은 사람의 사랑을 받고 있다는 것은 엄연한 사실이다. 아울러 앞으로도 후세 사람들에게 큰 가르침을 주고 격려가 될 것이다.

두려움 없이 나아간다는 것

제갈공명의 큰 명성이 온 우주에 드리웠으니

빼어난 신하의 남겨진 초상에는

맑고 고상한 기운이 엄숙히 서려 있다.

천하를 셋으로 나누기 위해 온갖 계책을 마련하고

만고의 역사를 품은 하늘에서 홀로 봉황의 깃털을 날렸다.

백중의 실력을 가진 이는 이윤과 여상이고

그가 침착하게 지휘하니 소하나 조참 같은 이들도 명성을 잃었다.

하늘의 운세가 바뀌어 한 왕조가 끝내 회복되기는 어려웠으나

결연히 뜻을 펼치며 몸 바쳐 군무에 힘썼도다.

－두보의 〈옛 유적에 대한 감회를 노래하다〉 5수 중 다섯 번째 시

구진은 《삼국지연의》 〈종횡담〉에서 이 시를 이렇게 평가했다. "제갈량에 대한 존경심이 넘쳐난다. 그에 대한 애정은 당대 시인 중에서 두보가 단연 최고다."

두보의 시에는 제갈량에 대한 존경심 외에도 그의 비극적 결말에 대한

안타까움과 슬픔이 묻어 있다. 두보에 따르면 제갈량의 재능은 고대의 유명한 현신이었던 이윤과 여상에 겨눌 만하고, 한나라의 개국공신 소하와 조참보다도 뛰어나며, 예전이나 지금이나 제갈량에 견줄 만한 사람은 드물다.

그러나 제갈량은 두보의 또 다른 시에 나오는 구절처럼 출사하여 뜻을 이루지 못하고 몸이 먼저 죽은 비극적인 인물이다. 그는 결국 한 왕실을 회복하지 못하고 중국을 통일하려는 대업을 완성하지 못한 채 세상을 떠나고 말았다.

두보의 시를 잘 이해하고 있던 나관중은 《삼국지연의》에 나오는 "큰 별이 떨어져 한의 승상 하늘로 돌아가다"라는 말로 시작하면서 굉장히 감동적으로 서술하고 있다.

죽음을 앞둔 제갈량은 본래 위나라의 장수였으나 1차 북벌 때 투항한 학문과 무예와 인품을 두루 갖춘 강유에게 이렇게 당부했다.

"나는 온 힘을 다해 중원을 회복하여 한 왕실을 다시 일으키려고 했다네. 하지만 이제 곧 죽게 될 것이니, 이 또한 하늘의 뜻이 아니겠는가! 내가 평생 배운 학문을 24편으로 나누어 써놓았다네. 총 10만 4,112자로 된 이 책에는 〈꼭 해야 할 것 여덟 가지〉와 〈경계해야 할 것 일곱 가지〉〈두려운 것 여섯 가지〉〈상대를 겁먹게 하는 법 다섯 가지〉가 들어 있네. 이를 전하기 위해 사람들을 두루 살펴보았으나 자네 외에는 마땅한 사람이 없다네. 이 책을 자네에게 전수할 테니 절대 함부로 다루지 말게."

또한 제갈량은 위연에게 일시에 화살을 쏠 수 있는 활을 다루는 법(연노법)을 전수하면서 "음평 땅만큼은 심혈을 기울여 잘 지켜야 하네. 그 땅은 비록 험하고 가파르지만 차지하려는 사람이 많아 자칫 방심하면 쉽게 잃어버릴 수 있다네"라고 당부했다.

　제갈량은 마대와 양의에게는 비밀 계책과 함께 위연이 반기를 들었을 때 이를 저지하는 법도 알려주었다. 또한 양의에게는 후퇴하는 방법을 알려주었다. "내가 죽은 뒤에도 무슨 일이든 옛 법에 따라야 하네. 후퇴할 때도 침착하게 군사를 물려야지, 절대 조급하게 굴어선 안 되네." 그리고 이복을 불러 "불행하게도 중도에 돌아가 나라의 큰일을 헛되이 폐하고 말았으니 천하 사람들에게 죄를 지었소. 내가 죽으면 공들은 더욱 충성을 다하여 폐하를 보좌해야 하오. 나라의 옛 제도를 고쳐서는 안 되고, 내가 부리던 사람들을 경솔하게 폐해서도 안 될 것이오"라고 말했다.

　제갈량은 유선에게도 표문을 올렸다. "신 제갈량은 타고난 성품이 어리석고 고지식하지만 어려운 때 나라의 큰일을 맡아 군사를 일으켜 북쪽으로 정벌을 나왔습니다. 그러나 성공을 보기도 전에 이렇게 병이 깊어져 목숨이 오늘내일 하여 폐하를 끝까지 모시지 못하게 되었으니 가슴에 맺힌 한이 끝없습니다. 엎드려 바라옵건대, 폐하께서는 마음을 깨끗이 하고 욕망을 절제하며 스스로를 단속하십시오. 또한 돌아가신 선제께도 효를 다하시고, 백성을 사랑하며, 어진 은혜를 천하에 두루 펼치십시오. 현명하고 행실이 바른 숨은 인재들을 뽑아 쓰시고 간사한 자들은 물리쳐 질서를 엄히 세우십시오."

　제갈량은 정신을 잃었다가 깨어나기를 반복하면서 자신의 뒤를 이을 인물들을 살피더니 장완과 비의를 지목했다. 이처럼 제갈량은 촉나라의 흥망성쇠와 관련된 모든 일에 대해 적절한 대책을 알려준 후에야 숨을 거두었다. 하지만 두보가 말했듯이 그는 결국 한 왕실을 회복하려는 꿈을 이루지 못했다. 지쳐 쓰러질 때까지 온 힘을 다했지만 끝내 그 꿈을 이루

34

지 못한 것이다. 또한 세상을 떠나기 전 부하들에게 이처럼 세심하게 당부했음에도 촉나라는 저무는 해를 어찌할 수가 없었다.

54세에 죽음을 맞이한 제갈량의 비극은 결코 이른 죽음이 아니었다. 하늘이 그 생명을 더 연장시켜주었어도 그의 숙원은 결코 이루어지지 못했을 것이다.

북위시대의 정치가 최호는 《전론》에서 제갈량을 이렇게 평가했다. "그는 구주(九州)가 들끓을 때 유비를 만났으며, 이후 그 둘의 관계는 마치 물과 물고기 같았다. 그러나 천하를 두고 조씨와 다투지 못하여 형주를 잃고 파촉(巴蜀)으로 물러났으며, 유장을 설득해 거짓으로 손씨와 연합하여 험준한 땅을 지키며 비겁하게 살았으니, 이는 계책 중에서도 하급이다. 한나라 때 남월국을 세워 감히 황제 노릇을 하다가 제압당한 조타와 맞먹는 수준이다. 그를 소하 · 조참과 나란히 둔 것은 과장이 심하다."

한편 동양 철학을 연구한 에드워드 포터는 철학 박사 논문 〈제갈량과 촉나라〉에서 "제갈량은 신묘한 지략과 계책의 소유자지만, 그의 선택은 근본적으로 잘못되었다"라고 주장했다.

최호의 "책략 중에서도 하급이다"라는 지적은 제갈량이 근본적으로 잘못된 선택을 했다는 것을 의미한다. 또한 에드워드 포터의 의견도 역사유물주의 관점에서 볼 때 맞는 말이다. 제갈량의 가장 큰 실책은 형주를 잃고 파촉으로 물러난 열악한 상황에서 무리하게 천하를 삼분하려는 계획을 세웠다는 점이다. 물론 제갈량의 천하삼분은 일시적인 생각이 아니라 당시 위 · 촉 · 오의 국력을 살핀 데서 비롯된 주장임을 감안해야 하겠지만 말이다.

《삼국지》〈제갈량전〉에 인용된 장엄의 《묵기》를 보면 제갈량과 사마의를 비교하는 글이 나온다. "제갈량은 파촉 땅에서 일어나 1주(州)의 땅만을 밟았다. 대국에 비하면 그 군대와 백성은 9분의 1정도에 지나지 않았다." "제갈 승상은 실로 군주가 늘 바른 길로 나아가도록 돕는 신하였지만, 고립되고 외진 땅에 거했으며 군사가 5만도 되지 않았다. 관문을 닫고 험한 지역을 잘 지키기만 했다면 군신 모두 무사했을 것이다. 그러나 헛되이 군사를 이끌고 해마다 정벌에 나서 지척의 땅으로도 진격하지 못하고 제왕의 기업도 넓히지 못했으며 자국을 황폐하게 하고 그에 따른 부역과 조세를 서토(西土)에 부담시켜 백성을 괴롭게 했다. 반면 위나라의 사마의가 펼친 용병술은 결코 가볍게 볼 수 없는 막강한 것이었다. 군사전략가라면 마땅히 적을 살피고 또다시 살펴 진격하는 것이 기본이다. 만약 승상이 이를 헤아렸다면 각고의 노력으로 공훈을 세운 것이나, 이를 헤아리지 못했다면 그를 명철한 인물이라고 부를 수 없다. 온 세상이 그를 칭송하는 것에 나는 쉽사리 동의할 수가 없다."

그러나 촉나라의 열 배나 되는 땅과 견고한 성을 차지하고 정예 부대를 보유했던 사마의에 맞서 제갈량은 '공격'이라는 적극적인 수비 자세를 취할 수밖에 없었다. 당시 상황으로 볼 때 이는 불가피한 선택이었다.

한편 도덕적인 관점에서 볼 때 에드워드 포터의 의견은 틀렸다. 제갈량의 비극은 객관적인 사실을 거스르고 불가능한 줄 알면서도 감행했기 때문에 빚어진 것이다. 불가능한 일을 감행했다는 것은 승패를 떠나 숭고하고도 엄숙한 비극 정신이 내포되어 있다. 제갈량은 어려움 속에서도 두려움 없이 행동했으며 죽더라도 후회하지 않겠다고 각오를 다졌던 것이다.

어떤 사람들은 "가능할 때 나아가고 어려움을 깨닫게 되면 물러나는 것이 군사로서 마땅히 취해야 할 행동이다"라고 했다. 이는 위험을 알고 행동으로 옮겨야 하며, 불가능한 일을 억지로 하지 말라는 의미다. 그러나 어려움을 알고 물러나는 것이 현명한 선택이라면 과연 영웅이 존재할 수 있겠는가! 제갈량은 유비의 은혜에 보답하기 위해 위태로운 시기에 그 명을 받아 패군의 임무를 맡았고, 마침내 천하삼분의 국면을 이루어냈다. 물론 익주가 황폐해지고 위태로운 순간에 처했을 때 출정하지 않고 험한 요새의 수비에 집중했더라면 촉나라는 잠시나마 그 생명을 연장할 수 있었을 것이다. 또한 제갈량의 건강도 그처럼 나빠지지 않았을 것이다.

모종강은 《삼국지 읽는 법》에서 제갈량을 두고 이렇게 말했다. "예전의 책들을 살펴보면 현명한 신하는 많았지만 제갈량을 따라갈 자는 없었다. 그는 여유롭게 거문고를 연주하면서 세상을 등진 채 조용히 사는 은사의 풍류를 지녔는데, 출사하여 깃털 부채를 쥐고 두건을 쓴 소박한 옷차림을 고수했지만 교양과 품위를 지닌 고상한 사람의 풍취에는 변함이 없었다. 초려에서도 이미 천하삼분을 알고 하늘의 이치를 통달했으며, 유비의 유언을 받들어 육출기산 하며 신하로서의 책임을 다했다. 그는 귀신이 아닌가 싶을 정도로 대단한 일들을 해냈다. 칠종칠금, 최고의 미로인 팔진도, 식량을 운반하기 위해 말이나 소의 모양으로 만든 수레인 목우유마(木牛流馬)를 봐도 그렇지 않은가. 몸을 아끼지 않고 지쳐 쓰러질 때까지 나라를 위해 일했던 그는 신하된 자로서의 진정한 마음을 보여주었다. 춘추시대 제나라의 재상 관중과 전국시대 저명한 연나라 장군 악의보다도 뛰어났으며, 이윤과 여상과 어깨를 나란히 할 정도다. 이처럼 제갈량은 고금의 신하들 중에서 으뜸가는 기인이었다."

하늘의 이치를 통달하고 신하로서의 책임을 다했으며 지쳐 쓰러질 때까지 나라를 위해 몸바쳐 일했다는 평가는 정확하다. 다만 그다음의 지나친 과장이 없었다면, 모종강의 평가가 더 정확했을 거라는 진한 아쉬움이 남는다.

나관중은 제갈량이라는 인물을 창조할 때부터 그를 '하늘의 이치'와 '신하로서의 책임'이라는 모순 속에 두었다. 촉나라가 천하를 통일하지 못한 역사적 사실을 하늘의 이치로 보았고, 유비의 손을 잡고 초려를 나온 순간 제갈량의 비극이 시작되었음을 소설 속에서 암시하고 있다.

그렇다고 해도 나관중은 제갈량에 대해 시종일관 긍정적이었다. 다시 말해 저자는 제갈량의 비극 정신을 찬미하고 있다. 이는 나관중이 가장 심혈을 기울인 부분이며, 독자에게는 가장 감동적이고, 후세에게는 가장 큰 영향력을 미친 부분이다. 이 점을 간과한 일부 사람들은 나관중이 제갈량의 지혜를 찬미하고 과장한 면만 주목해서 그를 지혜의 전형으로만 여겼다.

나관중은 제갈량을 굉장히 개성 있는 인물로 창조했다. 소설 속의 일부 장면은 훗날 〈군영회〉〈초선차전〉〈공성계〉 등 독립된 희극작품으로 거듭나기도 했다. 이들 작품은 천하통일이 불가능하다는 사실을 알면서도 포기하지 않은 제갈량의 비극성을 고스란히 드러낸다. 그의 탁월한 지혜와 능력은 사람들에게 안타까움을 안겨줌으로써 비극적인 분위기를 가중시킨다. 사람들은 "그토록 지혜로운 사람이 결국 실패를 만회하지 못했구나"라고 탄식을 터트린다.

중국의 현대문학가 주광첸은 《비극심리학》에서 〈포박된 프로메테우스〉에 나오는 오케아니데스의 노래를 인용했다. 그는 "아! 아무리 지혜로운 인간이라 해도 결국 신이 만들어놓은 운명에서 도망칠 수 없네"라는 가사가 비극의 본질을 대표한다고 말한다.

이런 점에서 제갈량도 예외가 될 수 없었다. 《삼국지연의》에서 나관중은 유비의 삼고초려 전 사마휘를 다시 등장시켜 훗날의 비극적인 결말을 조심스럽게 암시한다. 여기서 사마휘는 유비에게 제갈량을 추천하면서 "와룡과 봉추 이 두 사람 가운데 하나만 얻어도 천하를 평정할 수 있습니다"라고 말했다. 하지만 서서가 제갈량을 추천했다는 사실을 알고 사마휘는 제갈량을 찾아가 하산할 것을 부탁하는 유비에게 "서서가 떠나려고 하면 가게 놔둘 일이지 무엇 하러 제갈량을 나오라고 하십니까?"라고 차갑게 말했다. 이를 두고 모종강은 "사마휘와 서서가 제갈량을 추천한 배경은 각기 다르다. 서서는 유비의 곁에 인재가 없을까 걱정하며 제갈량이 세상 밖으로 나오기를 바랐고, 사마휘는 서서가 추천한 것을 염려하며 제갈량의 하산을 안타까워하고 있다"라고 설명했다.

사마휘는 왜 제갈량의 하산에 그처럼 냉담한 태도를 보였을까? 그는 제갈량과 작별할 때 하늘을 바라보면서 크게 웃으며 한마디 했다. "와룡은 그 주인을 만나기는 했으나 때를 얻지 못했으니 참으로 아쉽다!" '주인을 얻는 것'과 '때를 얻는 것'은 상호 모순을 이룬다. 주인과 때를 모두 얻는 것은 대단히 어렵다. 때를 얻고 주인을 얻지 못하는 것은 군자의 도리가 아니며, 주인을 얻고 때를 얻지 못하는 것 또한 어려운 일이다. 하지만 군자는 어려움을 알고도 나아가지 않는가.

처음 초려를 방문했을 때 유비는 제갈량, 서서, 방통과 함께 사마휘의 4대 제자인 최주평을 만났다. 그는 유비가 온 뜻을 알고 이렇게 말했다. "공은 난리를 평정하려는 뜻을 품으셨는데 그 마음은 비록 어질기는 하지만, 예로부터 다스림이 극치에 이르면 어지러움이 생깁니다. 고조께서 흰 뱀을 베고 의로운 군사를 일으켜 무도한 진나라를 뒤엎으셨으니 어지러운 세상이 평화롭게 다스려지는 세상으로 들어가게 되었습니다. 그러다가 애제와 평제 시대까지 200년이라는 오랜 세월 태평스럽더니 왕망이 황제 자리를 빼앗아 평화롭게 다스려지던 때에서 다시 어지러운 세상으로 들어갔습니다. 이후 광무제께서 중흥하여 조상의 기업을 다시 일으키셨고 어지러운 세상을 평온하도록 바꾸셨습니다. 그 후로 지금까지 200년 세월이 흘러 백성이 오랫동안 편안한 생활을 영위하다가 또다시 사방에서 전쟁이 일어나게 되었습니다. 곧 평온하던 세상에서 어지러운 세상으로 바뀌려고 하니, 이 상황을 단시간 내에 안정시켜야 합니다. 장군은 제갈량을 품으셨으니 비틀어진 하늘과 땅을 회복시키고 찢어진 세상을 꿰매려고 하시나 일이 쉽사리 풀리지 않을 것입니다. 그래서 공연히 정신과 힘을 낭비하게 될까 두렵습니다. '하늘을 따르는 자는 편안하고 하늘을 거스르는 자는 어려움에 처한다'라고 하지 않습니까. 또한 '하늘의 운수가 정해지면 인간의 이치로 빼앗을 수 없고, 운명이 정해지면 사람이 억지로 바꾸려고 해서는 안 된다'고 하지 않습니까."

이는 제갈량이 한 왕실을 회복하지 못하고 공연히 정신과 힘을 낭비하는 비극적인 결말을 예시한 대목이다. 이에 대해 모종강은 "제갈량이 공연히 정신과 힘을 낭비할 거라는 말은 그가 하산하기도 전에 그 비극적인 결말에 대한 복선을 깔고 있는데, 이는 굉장히 뛰어난 기법이다"라고 부연 설명을 넣었다. 나관중과 모종강은 모두 제갈량이 벼슬길에 진출했으나 뜻을 이루지 못하리라는 결말을 분명히 알고 있었다. 그럼에도 불가능을 알고도 도전하는 그의 정신을 이해했으며, 그의 비극 정신을 높이 칭송했다.

"하늘을 따르는 자는 평안하고 하늘을 거스르는 자는 어려움에 처한다. 서서는 시작은 있되 끝이 없으니 출사하지 않은 것만 못하고, 제갈량은 죽을 때까지 전력을 다해 일했으나 결국 위나라를 멸망시키지 못했고 오나라 또한 삼키지 못했으니 무엇을 얻었는가. 삼국의 뜻 있는 자들이 사마휘, 최주평, 석도, 맹건을 배워 몸을 바쳐 뜻을 바로 세우고자 하지 않는다면 어려움을 아랑곳하지 않던 제갈량이 어찌 천고에 전해질 수 있었겠는가? 현덕이 '어찌 감히 하늘의 명을 미루겠는가!'라고 말한 것처럼, 제갈량이야말로 하늘의 명을 미루지 않은 진정한 군자다!"

여기서 하늘을 따르는 것과 하늘을 거스르는 것은 '출세(出世)'와 '입세(入世)'를 의미한다. 출세는 모든 것을 세상의 자연스러운 이치에 맡기는 행위로, 자신의 삶을 자연에 맡기고 사회적인 활동을 하지 않으며 편안하게 지내는 것이다. 따라서 출세는 개인의 안위를 보장할 뿐 역사에는 어떤 이로움도 없다. 그와 달리 입세란 적극적이고 진취적인 태도다. '하늘을 거스르며 행동을 취하는' 것으로 결국 역사 발전에 큰 도움을 준다.

러시아의 체르니세프스키는 "비극은 인간의 위대한 고통 혹은 위대한 인물의 죽음이다"라고 말했다. 제갈량은 '하늘을 거스르는' 입세를 선택했고, 실제로도 피를 토할 정도로 온몸을 바쳐 죽기까지 고통을, 다시 말해 위대한 고통을 감내하는 인생을 선택했다.

《삼국지연의》에 보면 오장원에 군대를 주둔하고 있을 때 위나라 군대가 나와 싸우지 않자 제갈량은 여자들이 사용하는 옷과 장식을 큼직한 함에 넣어 사마의에게 보냈다. 이는 수비로 일관하던 사마의를 겁 많은 여인네에 비유함으로써 그의 자존심을 건드려 전투에 적극적으로 임하도록 만들기 위해서였다. 하지만 사마의는 오히려 사자를 후대하며 제갈량의 일상생활과 그가 하는 일에 대해 물었다. 사자는 "승상께서는 아침 일찍 일어나고 밤늦게 주무시며, 식사량은 몇 홉밖에 되지 않습니다. 군율을 어긴 자에게 매를 스무 대 이상 치는 일을 직접 살피곤 하십니다"라고 대답했다. 이 말을 들은 사마의는 장수들에게 "제갈량은 먹는 것이 적은데 처리하는 일이 많으니 머지않아 수명이 다하겠구나"라고 말했다.

사자가 돌아와 사마의의 말을 전하자 제갈량은 "그는 나를 제대로 파악하고 있구나!"라고 말했다. 이에 대해 모종강은 "제갈량도 자신이 머지않아 세상을 떠날 거라는 사실을 알고 있었다"라고 설명했다. 회계를 담당하던 주부 양옹은 제갈량에게 이렇게 충고했다.

"제가 보니 승상께서는 늘 손수 모든 공문을 처리하십니다. 가만히 생각하건대 그렇게 하실 필요가 없습니다. 다스림에는 체제가 있으며, 위와 아래는 서로 침범해서는 안 됩니다. 집을 다스리는 도리로 비유해보겠습니다. 반드시 남자 종을 시켜 농사를 짓게 하고 여자 종을 시켜 불을 피워 밥 짓는 일을 하도록 하는데, 이렇게 하면 집안일이 제대로 돌아가 모두 만족스러워합니다. 그 집의 주인 역시 편안해져 베개를 높이 하고 쉬면서 먹고 마실 겁니다. 그런데 만약 집안의 모든 대소사를 직접 하려고 한다면 몸은 피로하고 정신도 고달파 결국 아무것도 이루지 못합니다. 그렇다고 해서 그 지혜가 종들보다 못해서 그렇겠습니까? 그런 것이 아니라 집주인이 주인 된 도리를 잃었기 때문입니다. 옛사람들이 말하기를 '앉아서 천하를 다스리는 도리를 논하면 삼공(三公)이라 하고 움직여 일하면 사대부라 한다'라고 하지 않았습니까. 한나라 승상 병길은 자신이 맡은 소임이 농사와 관련되어 있다 보니 소가 헐떡이는 것을 보고 농사의 풍흉을 예견하며 흉년이 들까 걱정하면서도 길에 놓인 시체는 전혀 신경 쓰지 않았습니다. 한나라의 기틀을 다진 명재상 진평은 돈과 식량에 관한 수치를 모르지만 '맡은 자가 있으니 어련히 알아서 하겠지'라고 태연했습니다. 그런데 승상께서는 사소한 일을 친히 다루면서 종일 땀을 흘리시니 어찌 수고스럽지 않겠습니까. 사마의의 지적은 지극히 옳습니다!"

이 말을 들은 제갈량은 이렇게 대답했다.

"내가 그 이치를 모르겠는가. 다만 선제께서 돌아가시면서 아드님을 맡기는 무거운 부탁을 받았는데, 다른 사람이 나처럼 마음을 다 바치지 않을까 두렵다네!"

"촉에 대장이 없어 늙은 요화가 선봉이 되었다"라는 말이 있다. 이는 촉나라에 인재가 부족하다는 사실을 단적으로 보여주는 말이다. 다른 불리한 면들은 다 제쳐놓고, 촉나라는 인재가 절대적으로 부족했다. 명·청 교체기의 대표적인 사상가 이지의 《장서》에 보면 장수들의 등급을 매겨 평가한 〈무신전〉이 있다. 여기서 최고로 평가되는 '대장군'으로 주유·여몽·육손·육항을 꼽았다. 위나라의 인물은 한 사람도 없다. 강유는 장료·등애와 함께 '명장'의 반열에 오른 데 반해 관우와 장비는 '현장' 급에 머물렀다. 위나라와 오나라에 비해 촉나라의 국력은 미약했고 인재 역시 부족했다. 이런 상황이다 보니 제갈량이 대소사를 도맡아 처리했던 것은 불가피한 일이었을 것이다.

이에 모종강은 "마속에게 맡겼으나 가정 땅을 잃었고, 구안을 놓아주자 배반했으며, 이엄에게 임무를 맡겼으나 그 또한 배반했으니 어찌 일을 직접 처리하지 않을 수 있겠는가. 일을 적절하게 분배할 줄 알았던 한나라의 일등 공신 진평이나 재상 병길이 살았던 시대였다면 그렇게 하지 않아도 되었을 것이다. 반면 제갈량이 처한 상황에서는 불가피한 선택이었다"라고 덧붙였다.

촉나라의 열악한 환경에서도 제갈량은 유비에 대한 충성심으로 위험한 국면을 하나씩 해결해나갔다. 이런 이유로 그는 다른 사람을 잘 믿지 못했고, 부하가 직무를 충실히 수행하지 않으면 어쩌나 늘 염려하여 모든 일을 직접 처리하려고 했다. 인재 등용에 번번이 실패하자 이런 불신은 더욱 커졌다.

인재 등용에서 제갈량은 완벽성을 기했으며 '덕'을 지나치게 중시했다. 그는 아랫사람에게 국력이 약한 촉나라에 절대 충성하도록 요구했다. 그 결과 촉나라의 관리들은 대부분 지나치게 원리원칙대로 움직여 진취성이 부족했다. 제갈량의 이런 면모는 조조와 분명한 대조를 이룬다. 조조는 "천하의 힘에 맡겨 도로써 다스리면 불가능한 것이 없다" "크게 쓰이는 자는 작은 일에 힘쓰지 않는다"라고 하며 인재 선발에서 개방적인 태도를 취했다. 어쩌면 제갈량은 촉나라의 열악함을 인식하고 더 나아가 '실패'까지도 예감했는지 모른다. 그럼에도 그는 외골수 성격 때문에 홀로 묵묵히 고통과 불행을 짊어지고 걸어갔을 것이다. 이것이 바로 비극적인 결말의 원인이다.

이처럼 제갈량은 자신이 실패자임을 분명히 인식하고 있었던 것 같다. 〈출사표〉에서 그는 "신 제갈량은 일이 성공할지 실패할지, 순조로울지 어려울지를 예견하는 데 그리 밝지 못합니다"라고 말했다. 이를 두고 이지는 《장서》에서 "성공할지 실패할지 예견치 못하면서 왜 전심전력했을까?"라고 지적했다. 하지만 이는 제갈량을 제대로 이해하지 못한 데서 나온 말이다. 성공을 확신한 다음 시도하는 것은 그의 참모습이 아니다. 그는 절대 운명에 굴복하지 않았는데 실패 가운데서도 승리하려고 애썼으며, 그런 정신력으로 상대를 제압하여 영원히 불패의 자리에 서고자 했다. "죽은 제갈량이 살아 있는 사마의를 물리쳤다"라는 말이 널리 전해진 것도 대중이 '제갈량은 죽었어도 그 정신은 죽지 않았다'는 사실을 널리 인식하고 있었다는 반증이다.

제갈량의 일생을 살펴보면 결코 성공적이라고 말할 수는 없다. "사람으로서 해야 할 일을 다했으니 이젠 죽어도 여한이 없다. 죽어도 여한이 없으니 죽지 않는 것은 그 마음이고 죽은 것은 그 일이다." 이처럼 불가능함을 알면서도 도전했던 불굴의 정신은 제갈량을 가장 잘 드러내는 단어다. 나관중이 제갈량의 이미지를 이처럼 설정한 이유는 자신의 정치적 이상을 피력하기 위해서였다.

꿈을 이루지 못한 제갈량의 비극은 당시 정치적·윤리적 관계에서 살펴봐야 한다. 그래야만 그 인식적이고 심미적인 가치를 발견할 수 있다. 계몽철학자 리쩌허우는 《미의 역정》에서 "불가능하다는 사실을 알면서도 행한다는 것은 공자의 세계관에 맞는 적극적인 인생 태도다. 더 나아가 이런 행동은 '군자라면 당연히 쉬지 않고 자신을 강하게 단련하며 삶을 영위한다'는 낙관적이고 진취적인 정신에서 발전된 것이다"라고 말했다.

이는 숙본화의 염세주의 인생철학과 분명한 대조를 이룬다. 그는 불가능함을 미리 알고 실행하지 않는 태도를 '사양(辭讓) 정신'이라고 했으며, 이야말로 인간의 생명을 유지시키는 진리라고 보았다. 그는 비극이란 일종의 해탈을 얻음으로써 희열을 불러일으키는 것이라고 생각했다.

"궁(窮)하면 홀로 그 몸을 잘 보존하고, 달(達)하면 더불어 천하를 구한다"는 말이 있다. 이는 벼슬길에 나아가지 않을 때는 혼자 수신(修身)에 힘쓰다가 관직에 나아가면 최선의 노력으로 천하를 위해 일한다는 의미다. 그런데 제갈량은 융중에서 농사를 지으며 생활하던 때부터 이미 통일의 대업을 계획하고 있었다. 유비가 삼고초려로 하산을 요청했을 때 처음에는 "오랫동안 밭갈이를 즐기며 세상일과는 무관하게 살고 싶다"라고 말하며 재차 사양했다. 하지만 유비의 설득에 결국 하산하여 촉나라의 관리가 되었고 죽을 때까지 온 힘을 다해 충성을 다했다.

중국의 고대소설은 불가능함을 미리 알고 도전조차 하지 않는 염세주의자를 비판한다. 고대소설에서 찬미하는 대상은 죽음과 실패를 두려워하지 않고 적극적으로 도전하는 인물이다. 그 대표적 인물이 바로 제갈량이다. 또한 《수호지》의 송강, 《서유기》의 손오공, 《홍루몽》의 가보옥 등이 그런 인물이라고 말할 수 있다. 이들이야말로 중국 고전소설의 정수다.

제갈량의 흔적들

중국에는 영련(楹聯)이라는 것이 있는데, 이는 건축물의 기둥이나 벽 등에 붙이는 글귀를 말한다. 그 글귀는 주로 대를 이루고 있어 대련(對聯)이나 대자(對子)라고 부르기도 한다.

영련은 축약된 언어로 생각을 표현하며 정교하게 대구를 이루고 있어 리듬감 있게 읽혀 예로부터 대중의 많은 사랑을 받았다. 특히 대련은 위로는 제왕장상으로부터 아래로는 백성에 이르기까지 다양한 인물을 대상으로 삼았다. 그 내용은 고금의 역사를 논하고 인물을 평가하고 작가의 정서뿐 아니라 그 지역의 풍경을 칭송하는 등 아주 다양하다. 게다가 대련은 대부분 유명한 문장가가 쓴 것이 많아서 사상과 예술 측면에서도 그 가치를 인정받고 있다.

대련에 가장 많이 등장하는 정치가를 꼽으라면 당연히 제갈량이다. 따라서 그와 관련된 대련의 내용을 살펴보면 후세 사람들이 그를 어떻게 평가하는지 알 수 있다. 제갈량을 추모하는 사당인 무후사를 방문하면 많은 대련을 볼 수 있다. 현재 산시성의 우장위안으로 불리는 오장원에 자리한 제갈량 묘에는 그를 찬미하는 다음과 같은 대련이 있다.

의로움과 충성심은

육경(六經) 이래 두 출사표에 가득하고

아들을 부탁하는 유언을 받든 신하여,

하·은·주 삼대 이래로 가장 뛰어난 자로구나.

작자 미상의 이 대련은 아들을 부탁한 유비의 유언을 받들어 죽을 때까지 촉나라를 향한 충성심을 보여준 제갈량을 칭송하고 있다. 오장원은 제갈량이 병사한 곳이며, 촉나라를 위해 죽을 때까지 온 힘을 다하겠다는 약속을 지켜낸 곳이기도 하다.

지금의 청두시 무후사에는 만청(晩淸) 때 사천 지역의 총독 심보정이 남긴 대련이 있는데, 제갈량에 대한 추모의 감정이 잘 표현되어 있다.

천년의 세월을 넘어 남쪽 승상의 사당을 찾았더니,

그 명성이 우주에 드리우네.

만리교를 달려 동쪽 양양으로 가서

노인들에게 물으면 얼마나 많은 사람이 당시를 기억할까.

심보정은 사병에서 급제하여 출사한 인물로, 관직에 있을 때 비교적 평이 좋았다. 작가는 '명성이 우주에 드리운' 제갈량 사당에 이르러 그를 추모하면서 자연스럽게 양양 융중의 제갈량이 밭 갈던 곳을 떠올린다. 1000년이 지나서도 사람들이 여전히 제갈량을 찬양하는 모습을 두고 "얼마나 많은 사람이 당시를 기억할까"라고 표현하며, 자신을 비롯해 후세 사람들이 제갈량을 그리워하고 있음을 드러냈다.

무후사 대련 중 대부분은 제갈량의 일상과 사적을 서술하면서 그를 찬미한다.

두 출사표로 삼고초려에 보답했고,
융중대책은 오래도록 길이 남을 만하네.

이는 명대의 문인 유준이 삼고당 정문에 쓴 대련이다. 상련에서 말하는 '두 출사표'는 〈전출사표〉와 〈후출사표〉를 가리키는데, 제갈량이 촉 건흥 5년(227년)과 건흥 6년(228년) 두 차례 위나라 정벌에 나서기 전 유비의 아들 유선에게 자신의 심경과 태도를 밝힌 글이다. 작가는 유비가 그 해 삼고초려 했던 상황을 회고하면서 제갈량이 '삼고초려에 보답했'고 적었다. 하련에서 말하는 '융중대책'은 제갈량이 유비에게 자신의 정치적 포부를 드러내며 패업을 도모할 수 있는 완벽한 계책을 제시했던 대화다. 이후 제갈량은 이 계책에 따라 유비와 유선을 보좌하며 촉나라 정권을 건립한 후 '한 왕실의 회복'을 시도했다.

1965년 1월 중국의 국가 부주석 동비무는 이런 대련을 썼다.

삼고초려에 천하삼분 계책을 세웠도다.
융중대책은 예나 지금이나 실로 칭송받는 위대한 업적이로다.

동비무는 당나라 대시인 두보의 칠언율시 〈촉상〉에 나오는 시구를 인용하여 상련을 적고 대를 맞춰 하련을 지었다. 그는 제갈량을 대표하는 '삼고초려'와 '융중대책'을 소재로 무산계급 혁명가인 제갈량에 대한 존경과 애도의 정을 잘 표현했다.

무후사의 대련 중에는 제갈량이 이루지 못한 일에 대해 평론을 내린 것도 있다. 후베이성 샹양시에 위치한 고융중 무후사에는 청나라 문인 오요두의 제갈량에 관한 긴 대련이 있다.

한 평민의 융중대책은
천년에 이어지고,
삼고초려에 잠룡이 일어났네.
촉 승상이 되어 쓰러질 때까지
충성을 다했도다.

그의 명성은 양 대에 드리워
한 왕조가 장차 명을 다하자
비 맞은 학 깃털의 운명이니
두보가 가슴 아파 오열한 까닭이
바로 여기에 있도다.

이 대련은 제갈량의 빛나는 일생을 노래한 작품이다. 작가는 산림에서 직접 밭을 갈며 노래를 읊조리던 때부터 삼고초려로 하산하여 양 대에 걸쳐 두 황제를 보좌하던 시절을 노래하다가, 마지막에는 쓰러질 때까지 온몸을 바쳐 충성을 다했던 제갈량의 공적을 칭송하고 있다.

이 작품에서 작가는 제갈량에 대해 객관적이고 공정한 평가를 내리고 있다. 그는 제갈량이 유비의 삼고초려를 받아들여 하산한 뒤 유비에 대한 충성심으로 평생 촉나라를 위해 살았으며 쓰러질 때까지 충성을 다한 것은 거역할 수 없는 운명이었다고 말한다. 작가는 제갈량을 존경했던 두보의 시구, 곧 "출사하여 뜻을 이루지 못하고 몸이 먼저 죽어 영웅의 눈물이 소매를 적신다"를 빌려 자신의 생각을 나타냈다. 통일 대업을 완성하지 못한 사실에 두보가 심히 안타까워했다는 것도 설득력 있는 부분이다.

1964년 궈모뤄가 융중 무후사를 방문했을 때 '제갈초려'라는 글을 써서 편액(扁額), 즉 액자를 만들었다. 그리고 베이징에 돌아와 제갈량이 살았던 초려에 대해 짤막한 대련을 지었다.

뜻은 〈출사표〉에 보이고, 양보음(제갈량이 애창하던 노래)을 즐겨 불렀네.

저명한 문학가 궈모뤄의 작품이라고 하기에는 너무 간략해 보이지만, 여기에는 그의 숨은 의도가 담겨 있다. 어떤 사람들은 제갈량이 큰 업적을 이루기는 했으나 문학적 재능이 떨어진다고 지적한다. 궈모뤄는 이에 대해 "만약 제갈량이 평생 은거했더라면 문장에 몰두했을 것이고, 그랬다면 도연명 못지않은 글을 남겼을 것이다"라고 반박했다. 그는 이 간결한 대련을 통해 제갈량의 문학적 재능을 긍정하고 싶었던 것이다. 궈모뤄는 역사유물주의 관점에서 객관적이고 공정하게 제갈량을 평가했으며, 그의 이런 평가는 후세 사람들에게 깊은 인상을 남겼다.

또 다른 무후사의 대련들은 제갈량의 역사적 공적을 칭송하면서 그의 색다른 면모를 상상하게 해준다. 다음 대련은 서예 작품이나 명승고적지의 돌에 새겨져 사람들에게 당시 상황과 제갈량을 회상하도록 해준다. 이는 역사서나 신화 혹은 전설에서는 기대할 수 없는 효과다.

마음을 공격할 수 있으면 반란이 절로 수그러드니
예로부터 군대를 잘 알았으나 싸움을 좋아하지 않았다.
형세를 살피지 않는다면 관대함과 엄격함이 모두 그릇되니라.

언제나 자신의 부족한 점을 살피고
예로부터 병법을 잘 알았으나 싸움을 좋아하지 않았다.
미래에 촉 땅을 다스리는 사람은 이를 심사숙고해야 하리라.

지금 청두시 무후사에 있는 청말 문인 조번의 작품이다. 상련은 제갈량이 운남 지역에서 일어난 소수민족의 반란을 진압할 당시 무력보다는 마음을 공략하는 공심(攻心) 전술을 쓴 것에 대해 칭송한다. 이는 구체적으로 칠종칠금을 가리킨다. 맹획은 일곱 번이나 잡혔다가 풀려나기를 반복하다가 마지막으로 일곱 번째 풀려났을 때 결국 자신의 잘못을 반성하며 제갈량에게 감동하여 "공은 하늘의 위엄을 갖추고 계십니다. 우리는 더 이상 반란을 일으키지 않겠습니다!"라고 외쳤다. 반면 하련은 옛 고사를 인용하여 정치적으로 부패한 청말 시대를 풍자하고 있다.
　그러면 이제 허난성 남양 무후사의 대련을 살펴보자.

마음은 항상 조정에 있어 선주와 후주를 가리지 않고 충성을 다했네.
　그의 명성은 이미 천하에 높은데 구태여 양양인지 남양인지 따져야 하겠는가.

이 대련은 당시 남양 부지사였던 고가형의 작품이다. 이는 제갈량이 농사짓던 곳이 어딘가에 대한 오랜 기간의 쟁론을 불식시키려는 의도에서 쓰여진 것으로 보인다. 작가는 제갈량이 평생 유씨 부자에게 충성을 다함으로써 천하에 명성을 떨치고 많은 사람의 존경을 받았다고 말한다. 그러고는 제갈량의 은거지에 대해서는 양양인가 남양인가를 굳이 따질 필요가 없으며, 후세 사람에게도 이런 역사적 쟁론을 신경 쓰지 말라고 한다. 여기에는 어느 정도 일리가 있다.

사실 제갈량의 은거지가 양양인지 남양인지 하는 쌍방의 쟁론에는 다 이유가 있다. 여행 열풍이 부는 요즘 각 지역은 여행지를 넓히고 유명 인사를 자신의 지역으로 유치하려고 안달인데, 이는 당시 양양 대 남양 분쟁과 놀라울 정도로 닮아 있다.

무후사의 대련 내용을 살펴보면 대부분 인물 중심이다. 이는 제갈량이 중국인의 추대를 받는 것과 깊은 관련이 있다. 그의 충정과 불굴의 의지, 고상한 인격은 중국인의 민족 정신이다. 그러니 지금까지 많은 사람이 제갈량을 칭송하는 것은 당연한 일이다. 무후사의 대련은 그를 칭송하고 널리 알리는 데 있어 다른 형식으로는 대신할 수 없는 효과를 낳았다.

제갈량이 신격화된 이유

　사람들은 왜 제갈량을 신격화하는 것일까? 이에 대한 대답에 앞서 군주와 신하의 관계를 살펴보자. 군주와 신하의 관계는 한마디로 물고기와 새우의 관계다. 물고기가 크면 새우를 잡아먹고 새우가 크면 물고기를 잡아먹는다.

　포숙아의 진언으로 규의 옛 신하인 관중을 재상 자리에 앉힌 제나라의 환공, 호와 싸워 북방으로 국토를 확대시켰으며 호복기사를 채택하고 군제개혁을 실시함으로써 국력을 신장시킨 조나라의 무령왕은 선진시대의 가장 유명한 군주였다. 하지만 그들은 어땠는가? 신하에게 억압당해 결국 궁에 갇혀 굶어죽고 말았다. 법가의 사상을 대성한 한비가 말하지 않았던가. "군주와 신하의 관계는 신하의 충성심으로 유지되는 것이 결코 아니다. 그들의 관계는 힘에 따라 유지된다." 군주가 힘을 잃으면 신하의 힘이 강해지고, 그렇게 되면 군주는 비참한 최후를 맞게 된다.

　인문학자 바이양은 중국 역대 군주 중 3분의 1이 모두 비명에 죽었다고 했다. 중국 역사상 군주는 모두 559명인데, 그중 비명에 죽은 군주는 183명에 달했다. 중국 역사상 비명에 죽지 않은 군주, 꼭두각시가 아닌 군주,

54

권력을 빼앗기지 않은 군주, 황위를 찬탈당하지 않은 군주는 5분의 1도 되지 않는다. 다시 말해 중국 역사상 군주들 중 대부분은 위협에 굴복해 왕위를 빼앗기거나 꼭두각시 노릇을 했다. 혹은 나라의 기강을 어지럽히는 불충한 무리가 군주 자리에 오르기도 했다.

앞서 열거한 이들이 역대 군주였다니, 그들을 두고 신성하다는 말을 하기가 민망할 정도다. 봉건사회의 윤리적 기준으로 봤을 때 이는 참으로 불가사의한 일이다. 하지만 분명한 것은 그 일이 모두 사실이었다는 점이다. 요컨대 봉건사회의 윤리적 기준으로 봤을 때 황권은 신성한 것이지만 실제 역사 속의 군주들은 비명에 죽는 경우가 많았고, 신하들에게 꼼짝하지 못하는 허수아비가 많았고, 황위를 빼앗기는 경우가 많았고, 불충한 무리에게 속아 황위를 빼앗기는 경우가 많았다. 이는 어느 역사가들도 뒤집을 수 없는 자명한 사실이다.

사관들은 역사서를 기록할 때 늘 황권의 신성함을 강조했는데, 문제는 삼국시대였다. 삼국시대에는 신성하다고 할 만한 황권이 존재하지 않았다. 삼국시대의 막이 열렸을 때 겉보기에 신성의 상징이었던 한 헌제는 조조 무리에 둘러싸여 황제의 권한을 행사하지 못하는 꼭두각시에 지나지 않았다. 한 헌제는 평생을 속임수에 빠져 우롱당한 채 살았으며, 그에게서 신성과 존엄성은 찾아보기 힘들었다.

실권을 가진 세력은 표면적으로는 황제에게 예를 갖추긴 했지만, 사실 황제를 가지고 놀았다. 그들은 황제의 존재를 의식하지 않고 자신들의 권력을 마음껏 행사했다.

복황후는 머리카락을 잡힌 채 질질 끌려나가 죽음을 맞기도 했다. 그녀는 한 헌제에게 살려달라고 애원했으나, 그는 그저 눈물만 흘리며 바라볼

뿐 도와주지 못했다. 다만 신하들에게 "도대체 이런 법이 어디 있소? 이런 법이 어디 있단 말이오?"라고 중얼거렸을 뿐이다.

조조와 조비, 조예로 대표되는 조씨 가문의 세력이 커지면서 신하들은 한 헌제를 기만하기 시작했다. 그리고 조조가 죽은 지 9개월 후 아들 조비는 한 헌제한테서 제위를 물려받아 스스로 황제가 되었다. 역사서는 조씨 형제를 태주 무황제, 태종 문황제라고 불렀는데, 이는 나라를 어지럽히는 불충한 무리가 힘을 얻었기 때문이다.

삼국의 역사는 여기서 끝나지 않는다. 훗날 조비가 죽고 그 뒤를 이은 조예조차 얼마 지나지 않아 죽음을 맞자 사마의는 쿠데타를 일으켜 권력을 거머쥐었다. 또한 사마의가 죽은 후 정치적 실권은 그의 아들 사마사와 사마소에게 승계되었다. 결국 또다시 나라를 어지럽히는 무리가 황제에 오르고 그 불충한 무리도 일단 힘만 얻으면 갑자기 위대한 존재가 되었다. 정말 우스꽝스러운 상황이 아닐 수 없었다.

삼국시대에는 황제의 존엄함을 찾아보기 어렵다. 오히려 나라를 어지럽히는 불충한 무리가 득세하던 시기였다. 막강한 세력을 가진 신하는 어리석은 황제를 옹호하려고 노력했는데, 심지어는 황제가 바보이기를 바랐다. 물론 이런 현상은 삼국시대 이전에도 있었다. 그렇다고 해서 실권을 잡은 신하가 아직 세상물정 모르는 어리고 무력한 자를 황위에 오르도록 한 선례는 없었다. 삼국시대에는 이제 막 젖을 뗀 아이를 황제에 추대하는 일이 비일비재했다.

그러면 이젠 제갈량을 왜 신격화했는지 눈치챘을 것이다.

나라를 어지럽히는 불충한 무리와 달리 제갈량은 철두철미하고 어리석을 정도로 우직한 충성심을 가진 인물이었기 때문이다. 물론 이는 황권 사상을 선전한 결과다. 그의 진정한 모습은 이렇지 않았을 것이다. 황권 사상이 제갈량을 신격화한 것은 단지 그를 본받아야 한다는 것을 전하기 위해서였다. 제갈량의 어떤 점을 본받아야 한다는 것일까? 외골수로 충성하는 마음을 본받으라는 것이다. 충군 사상을 선전하고 드높이려 할 때 제갈량은 그 본연의 모습이 아닌 충성심을 가진 인물이 되었다.

황제가 무지하더라도 백성은 그에게 충성을 다해야 한다. 그런 점에서 제갈량은 훌륭한 인물이었다. 그는 신하로서 자신이 맡은 일을 완벽하게 해냈다. 세력이 커지면 황위를 찬탈한다는 것은 제갈량에게 상상조차 할 수 없는 일이었다. 그런 점에서 그는 위대한 인물이었다. 중국 역사를 살펴보면 제갈량 같은 위대한 신하를 찾아보기 힘들다. 요컨대 '제갈량의 신격화'는 바로 충군 사상을 강조하는 사람들한테서 시작되었다.

그런데 이상한 점이 한 가지 있다. 어떻게 보면 미련하기까지 한 맹목적인 충성심에 사람들이 계속 흥미를 갖는 이유는 무엇일까? 그 이유는 《삼국지》와 《삼국지연의》가 제갈량의 재능과 능력을 부각시키면서 그 역시 황제가 되고 싶었고 많은 사람이 권유했으나, 결국 스스로 신하의 길을 선택했음을 강조했기 때문이다.

소설에서는 후주 유선의 어리석음과 무능력함을 강조하면서 그럼에도 제갈량은 그런 그에게 충성을 다했음을 보여주었다. 한편으로는 촉나라가 중원을 평정하지 못한 것은 무능한 유선 때문임을 강조하며, 제갈량에 대한 변명을 찾으려고 애썼다. 소설은 유선과 같은 무능한 황제는 황위에서 물러나야 했지만, 제갈량은 그런 유선에게 충성을 다했다고 말한다.

중국 역사에서 제갈량처럼 훌륭한 신하는 찾아보기 힘들다. 세력을 가진 신하에게 충성을 바란다는 것은 상상 속에서나 할 수 있는 일이다. 사실 제갈량은 나라를 어지럽히는 불충한 신하가 되지 않으려고 노력했다기보다 그럴 만한 능력이 없었다. 훗날 황권정치 아래서 감히 삼국의 역사를 평론할 사람은 없었지만, 이런 역사적 진상을 썼다면 황권의 신성함은 존재하지 않았을 것이다. 황제와 신하는 근본적으로 물고기가 크면 새우를 잡아먹고 새우가 크면 물고기를 잡아먹는 관계였으니 말이다.

맹위를 떨쳤던 조조나 사마의도 입으로는 황제가 되겠다고 쉽게 말하지 못했다. 그런데 제갈량이 유선을 대신하여 황제가 되고자 했다면 어떻게 되었을까? 신하로서의 지위도 명예도 모두 잃어버렸을 것이다. 제갈량이 황제의 자리를 넘보지 않았다는 것만으로 그는 칭찬받을 만하다. 당시 그의 세력은 조조와 사마의에 비할 바가 되지 못했으니 말이다.

그럼에도 후세 사람들은 모두 한마음으로 제갈량을 미화하고 신격화했다. 그들은 제갈량이 황제가 되고자 했다면 충분히 그럴 만한 능력을 가졌는데, 그렇게 하지 않고 유선을 보좌했다는 것이 후세 신하들의 모범이 되기에 충분하다고 여긴 것이다.

앞서 살펴봤듯이 신하의 세력이 커지면 황제는 꼭두각시가 되거나, 그 일가는 몰살당했다. 남북조시대와 수나라, 당나라, 오나라 시대에도 그런 일이 있었다.

송, 명, 청대 이후 중국의 소농경제가 고도로 발달하면서 황권은 관료기구를 여러 개로 나누어 권력을 분산시킴으로써 더는 누구도 황권을 넘보지 못하도록 했다. 그제야 비로소 황권은 얼마간 신성함을 드러냈다. 물론 모든 것은 이익과 세력에 따라 좌우되었지만 말이다.

송대 이전 황제에게는 신성함을 찾아볼 수 없었고, 신성함이란 단어는 봉건시대 어용문인들의 헛소리에 지나지 않았다. 심지어 당대 역사만 보더라도 대부분의 황제는 비명에 죽거나 황위를 빼앗기거나 허수아비로 전락했는데, 예외가 있다면 겨우 태종 이세민 정도일 것이다. 그런데 이세민 역시 형제를 죽이고 아버지를 협박하여 황제의 자리에 오른 인물로, 요컨대 황제에게 신성함과 존엄함이 있다는 말은 잘못된 것이다.

태종의 아버지 고조 이연은 강제로 황위에서 물러났으며, 그의 아들 고종 이치는 아내의 허수아비 역할을 했을 뿐이다. 그의 두 아들 또한 비참한 최후를 맞았는데, 중종 현(顯)은 처자식의 손에 죽었고, 예종은 아들의 협박으로 황위에서 물러나야 했다. 그리고 그의 셋째 아들인 현종 이융기는 총신의 반란으로 훗날 아들에게 죽음을 당했다.

이후로도 당나라 황제들은 잇달아 환관의 우두머리인 태감에게 옹립되고 죽음을 당했다. 꼭두각시 노릇을 하지 않았다고 하더라도 거대한 힘을 가진 장수들에게 둘러싸여 감히 입도 벙긋하지 못하는 꼴이 되었다. 남북조와 오대십국 황제들의 상황은 이보다 훨씬 더 비참했다. 나라를 어지럽히는 무리가 일단 세력을 거머쥐면 황실 가문 전체의 씨를 말렸던 것이다.

중국의 역대 황제들은 한비의 말처럼 중풍병자도 불쌍하게 여길 정도였다. 황실 가족들은 다음 세상에서는 절대로 황실 가문에 태어나지 않기를 바라며 한탄했다고 한다. 그럼에도 어용문인들은 황제의 신성함과 존엄함을 선전하고 신격화해야만 했다. 그렇다 보니 몇몇 '충신'을 뽑아 크게 선전할 수밖에 없었다. 요컨대 제갈량은 이런 정치적 선전의 수혜자에 지나지 않는다고 말할 수도 있다.

제 2 장

엄격히 가르치고 행동으로 제압하라

제갈량은 충신의 상징이며, 중국 고대 신하들 중 가장 모범적인 인물이다. 어려운 상황에서도 몸을 아끼지 않고 유비에게 충성을 다했으며, 촉나라를 위해 한평생을 바쳤다. 그런데 그는 왜 충신이 되려고 했을까? 충신이 되고자 했던 마음과 실제 그의 행동에 모순은 없었는가? 만약 충신이 아니었다면 어떤 삶을 살았을까?

가치 중심의 창조적 치국 방략

진수는 《삼국지》에서 제갈량을 다음과 같이 평가했다.

"제갈량은 승상이 되어 백성을 보살피고 예의와 법도가 무엇인가를 보여주었다. 또한 관직을 간소화하고 시의적절한 제도를 만들었고 성실한 마음으로 공정한 정치를 펼쳤다. 충의를 다하고 시대에 이로움을 준 사람에게는 비록 원수라도 반드시 상을 내리고, 법을 어기고 태만한 행위를 일삼은 자에게는 비록 가까운 사람이라도 반드시 벌을 주었다. 죄를 인정하고 반성하는 자에게는 무거운 죄를 지었다 하더라도 풀어주었으며, 진실을 숨기고 말을 교묘하게 꾸미는 자에게는 비록 가벼운 죄를 지었을지라도 사형에 처했다. 작은 일이라 해도 선을 행하면 상을 주고, 아무리 사소한 일이라도 사악한 행위를 하면 처벌했다. 여러 가지 일에 정통하고 사물의 근원을 이해했으며, 명분을 따랐으며, 거짓을 일삼는 사람과는 함께하지 않았다. 그 결과 촉나라 백성은 그를 존경하고 아꼈으며, 형법과 정치가 비록 엄격해도 원망하는 자가 없었다. 이는 그가 공명정대하고 상벌의 기준이 분명했기 때문이다. 제갈량은 세상을 다스리는 이치를 터득한 뛰어난 인재로서 관중이나 소하와 비교할 만하다."

촉나라 백성은 제갈량이 죽은 후에도 그를 추모하며 계절마다 제사를 지냈다.

역사 기록에 따르면 제갈량이 통치할 때 촉나라는 밭에 곡식이 풍성하고 창고에 곡식이 가득했으며, 다양한 농기계가 있었다고 한다. 또한 조정 회의는 검소했으며, 길에는 술 취한 사람이 없었다. 유언과 유장이 다스리던 시절에도 나라는 풍요로웠으며, 유선이 진나라에 항복할 때까지 백성은 들판에서 경작하고 남은 식량을 밭에 놓아두었으며, 창고에 각종 비단이 각각 20만 필이나 있었다.

후세 사람은 제갈량의 치국 공적을 높이 평가할 뿐 아니라 완벽한 인격의 소유자로 칭송한다. 여기에다 문학적이고 미신적인 색채를 더하여 인간 제갈량과 그가 행한 모든 행동을 신격화하기에 이르렀다. 관료와 문인부터 백성에 이르기까지 이구동성으로 그를 칭송했다. 이는 중국 역사상 보기 드문 현상이다. 제갈량 신드롬이 일어난 이유도 바로 이 때문이다.

이 문화적 현상을 분석할 때는 신화나 소설적인 측면에 치우쳐서는 안 된다. 또한 제갈량을 두고 유가냐, 도가냐, 법가냐를 놓고 논쟁할 필요도 없다. 우리는 현대적인 관점과 과학적인 해석으로 제갈량이라는 인류문화의 걸출한 인물을 풀어나가야 한다. 다음에 나온 글은 '제갈량 신드롬'을 기초로 하고 있으며, 그의 치국 사상에 관한 분석을 기본 틀로 정한 후 중국의 전통문화, 특히 선진제자 사상과 연결시켜 짤막하게 자신의 견해를 밝힌 것이다.

삼국시대는 춘추전국시대와 비슷한 문화전환기였다. 막대한 토지와 세력을 가진 이들은 부정부패로 몸집을 부풀려 지방에서 세력을 형성했고, 중앙집권의 전제정치는 점점 와해되기 시작했다. 양한 이래로 통치계급을 지배해왔던 유가와 사서오경을 연구하는 학문인 경학의 입지는 동요하기 시작했다. 사회적 모순은 나날이 깊어지고 농민 봉기가 끊임없이 일어났다. 이렇듯 동한의 사회적 분위기는 심각한 위기 속으로 빠져들어 갔다.

사회적으로 끝없이 동요가 일고 군웅 간의 싸움이 일어나자 안전한 금고 속에 보관되어 있던 것처럼 움직임이 없던 사상 체계가 서서히 꿈틀거리기 시작했다. 양한 통치자들에게 파면당했던 백가(百家)들은 다시 기회를 얻었고, 한창 세력을 떨치던 유교와 도교는 변화를 통해 발전해야 한다는 필요성에 직면하게 되었다. 제갈량의 치국 사상은 이런 시대적 배경에서 비롯되었다.

제갈량의 치국 방략은 상벌을 분명히 구분하는 법치 정신을 기초로 삼았는데, 이는 그의 치국 사상을 꿰뚫는 핵심이다. 제갈량의 법치 사상이 갖는 의미는 중국 역사상 유일무이하다. 그의 법치 사상은 선진시대 신불해와 한비의 법가 사상, "서한시대에 시작되고 수당 시기의 전성기를 이루면서 대대로 이어져 내려온 유교의 덕이 핵심이 되고, 형벌이 그 덕을 보조한다"는 사상과는 확연히 다르다. 그의 법치 사상에서 핵심은 유가에서처럼 예를 중심으로 한 차등적인 도덕이 아니라, 사회변환기에 적합한 부국강민의 효과를 발휘하면서 사회의 총체적 발전에 도움이 되는 가치원칙, 다시 말해 공평하고 밝은 이치를 밝히는 것이었다.

허린 교수는 일찍이 인류 법치의 유형을 제갈량의 법치, 신불해와 한비식의 법치, 근대 서구민주주의의 법치로 구분했다. 그러면서 제갈량의 법치를 도덕에 기초한 것이라고 주장했다. 하지만 그는 도덕의 뜻을 언급하지 않았고, 구분도 그리 과학적이지 못했다. 다만 제갈량의 법치 사상에서 '공명정대하게 상벌을 내리고 엄격한 규율을 세웠으며 사사로움에 치우치지 않았다'는 특징을 지적한 것은 정확했다.

제갈량의 법치 사상은 몇 가지 중요한 특징을 지닌다.

첫째, '엄격함, 공정함, 청렴, 신뢰, 충성' 등의 가치 원칙을 법률과 규범의 선상에 두고 있다. 또한 법률 집행 과정에서 법이 가장 큰 사회적 효력을 발휘하도록 했다. 이는 고대 사회, 특히 농업 생산을 토대로 한 동양의 전제주의 사회에서는 좀처럼 찾아볼 수 없는 것으로 그 가치가 굉장히 높다. 게다가 이는 촉나라를 성공적으로 다스릴 수 있는 수단일 뿐 아니라 권위를 가지되 사랑으로 정치를 펼칠 수 있는 근본적 토대가 되었다.

가치를 강조한 제갈량의 법치 사상은 자연히 신불해와 한비 식의 법치와는 큰 차이가 난다. 신불해와 한비도 "법이 있되 반드시 근거가 있어야 하며 상벌의 원칙을 분명히 해야 한다"는 점을 강조했지만, 법의 인도주의적 가치를 경시한 면이 있었다. 다시 말해 법을 중시하되 사람을 중시하지 않았고, 황제 혼자 천하를 다스리는 권력을 독식하는 병폐가 있어 결과적으로 진시황 식의 폭정을 야기할 가능성을 내포하고 있었다.

유가의 법제를 살펴보자. 유가의 경우 "주가 되는 것은 덕이며, 형벌은 이를 보조한다"라고 주장했다. 하지만 그 덕은 '예(禮)', 곧 종법윤리 선상의 가치 위에 세워진 것이었다. 그렇다 보니 "형벌은 지배층에게 미치지 않고 예는 서민층에게 적용되지 않는다"라는 내용을 공공연하게 강조해 왔다. 법이 특정 계층 앞에서 그 효력을 상실할 수밖에 없다는 것은 결국 법 실행을 지체시키는 결과를 낳았다.

둘째, 제갈량은 법을 분명히 규정하고 형벌 남용을 반대했으며 인도주의를 추구했다.

66

제갈량은 "상은 요구하는 대로 줄 수 없으며 벌은 함부로 가해서는 안된다"라고 말했다. 상벌을 분명히 하지 않으면 충신이 무고한 죄로 죽게되고, 사악한 신하는 공로가 없는데도 승승장구하게 되어 국가에 큰 위협이 될 수 있다고 보았다.

유비가 촉 땅에 근거지를 둔 후 제갈량은 되도록 빨리 법으로 촉나라를 다스리고자 했다. 그는 법정, 유파, 이엄, 이적 등의 신하를 모아 촉나라의 중요 법전인 〈촉과〉를 제정했다. 또한 〈법검(法檢)〉, 〈과령(科令)〉, 〈꼭 해야 할 것 여덟 가지〉, 〈경계해야 할 것 일곱 가지〉, 〈두려운 것 여섯 가지〉, 〈상대를 겁먹게 하는 법 다섯 가지〉 등의 법규를 제정하여 신분의 고하를 막론하고 모두가 법을 따르도록 했다. 그리고 가르침이 우선하고 형벌은 나중에 두는 법제를 갖추었다.

또한 법치에 따라 구체적인 상벌을 결정할 수 있는 체계를 만들었다. 그는 "정직하고 충성스러운 사람이 관청 일을 맡아 처리하게 하고, 청렴하고 공정한 사람이 상벌을 주관하게 해야 한다"라고 주장했다. 그리고 "형벌을 집행할 때는 신중을 기하여 억울한 사람이 생기지 않도록 해야하고 죄인을 놓치지 말아야 한다"라고 강조했다. 다시 말해 그는 인간을 존중하는 도리를 지키며 형벌을 집행하도록 했다. 다소 성급하게 법을 적용한 면이 있기는 하지만, 잔혹함을 찾아볼 수 없다. 그 예로 훗날 이엄과 요립 등을 처리했던 경우를 들 수 있다.

셋째, 형벌의 적용을 받는 사건이 일어나면 융통성 있게 처리했으며, 교화가 최우선임을 강조했다.

그 유명한 〈법정에게 답하는 글〉에서 제갈량은 촉나라를 건립한 이후 엄격하게 법치를 시행하는 이유에 대해 설명했다. 그는 형벌과 금령을 풀어줄 것을 주장하는 법정에게 이렇게 말했다.

"그대는 한 면만 알고 다른 한 면은 모르고 있소. 진나라는 포악무도한 데다 법령까지 가혹하여 백성의 원망이 대단했소. 그리하여 필부조차 반기를 들어 천하가 와르르 무너졌고, 고조는 그 기회를 틈타 크게 성공할 수 있었소. 하지만 유장은 어리석고 무능하여 아버지 유언이 통치한 이래로 부자 양 대에 걸쳐 조그만 혜택을 베풀었을 뿐이니, 법령은 제멋대로이고 관리들은 적당주의로 일관하여 덕정의 기풍이나 법령의 위엄이 모두 사라졌소. 촉나라의 호족 부호들이 권세를 누리며 멋대로 행동하니 군신 간의 도리마저 점차 사라졌소. 만약 직위를 주어 달래다가 줄 자리가 더는 없으면 얕잡아볼 것이고, 혜택으로 비위를 맞추다가 줄 것이 없으면 태만히 굴 것이오. 병폐란 바로 여기서 비롯되는 것이오. 나는 지금 법으로써 국가의 위엄을 세우고자 하며, 법을 엄하게 집행할 때 비로소 개개인이 누릴 수 있는 혜택을 깨닫게 될 것이오. 직위와 관록으로 그들을 제한해야만 직위와 관록이 높아졌을 때의 영예로움을 깨닫게 될 것이오. 또한 혜택과 영예를 겸용하여 서로 보충하도록 해야 상하 간에 법도가 있게 될 것이오. 나라를 다스리는 핵심이 바로 여기에 있소."

제갈량은 법치의 중요성을 강조한다. 또한 법률은 그 시대의 상황에 맞도록 제정되어야 하며, 관대할 때는 관대해야 하고 엄격해야 할 때는 엄격해야 한다는 사실을 지적한다.

또한 촉과 서한 초기의 각기 다른 상황을 예로 들어 덧붙여 설명했다. 한나라 초기에는 진 왕조가 지나치게 법을 강조하고 도가 없어 가혹한 정치로 백성의 원망이 들끓게 되자 형벌을 완화하고 백성의 숨통을 트이게 하는 것이 시급했다. 그래서 한 고조는 진 왕조의 잔혹한 법률을 폐지하

68

고 '약법삼장(約法三章)'만을 남겨 사회적 모순을 완화시킴으로써 정권을 공고히 다졌다.

촉나라의 경우 유언과 유장이 통치할 당시 나약하고 무지하여 법률의 기강이 제대로 서지 않아서 지방 세력이 권력을 휘두르자 전국이 혼란에 빠졌다. 그래서 거세진 지방 세력을 잠재우고 방종을 제재할 엄격한 법이 절실히 필요했다. 또한 제갈량은 법치 이행과 교육 강화가 서로 보조를 이루어야 한다고 했다. 상을 내림으로써 성과를 장려하고 벌로써 간사한 행위를 금지시키는 법의 진정한 목적이 실현되도록 노력했다. 그는 "군자의 도는 교육을 우선으로 삼고 벌은 나중으로 해야 한다. 가르치지 않고 싸워서 제압하려는 것은 곧 포기한다는 의미다"라고 말했다. 진나라의 학자 습착치는 제갈량의 법치에 대해 이렇게 평가했다.

"법은 꼭 필요한 경우에만 집행되었고, 형벌은 죄를 범한 자에게만 적용됐으므로 분노를 드러내지 않았다. 관리에게 작위를 줄 때도 공명정대했다. 이런 제갈량에게 충심으로 복종하지 않을 자가 어디 있겠는가! 그는 형벌을 공정하게 처리했는데, 전한 이래로 이만한 인물이 없었다."

이 칭찬은 결코 지나치지 않다. 삼국시대 이후 중국의 다른 어떤 왕조에서도 제갈량이 법치를 시행하여 얻은 성과를 흉내 내지 못했을 정도다.

제갈량의 법치 사상은 그의 창조적인 성격에서 비롯되었으나, 그렇다고 해서 근원이 없는 사상은 아니다. 중국 법률 사상의 발전 과정을 살펴보면, 제갈량이 예를 중시한 유가 사상과는 달리 법과 예를 동일시하는 《관자》의 법률 사상을 받아들였음을 알 수 있다.

《관자》〈심술편〉에서는 예를 이렇게 해석한다. "예는 사람의 정에 따르고 의의 이치를 따라서 마디와 무늬를 만들어낸다. 그러므로 예란 '이치가 있다'는 뜻이다. 의를 설명할 때는 예의 이런 의미를 밝혀야 한다. 요컨대 예는 의에서 나오고, 의(義)는 이(理)에서 나오고, 이는 의(宜)를 따른다."

이는 공자가 말한 '예'와는 차이가 난다. 《관자》에서는 "법이란 나라가 부득이하게 실시하는 것이다"라고 말하면서 법을 모든 사람이 공동으로 지키는 강제성을 띤 규범이라고 정의한다. 또한 예와 법에 대해 긍정적인 견해를 보이며 예의 사회적 가치를 내포한 법과 통일된 규범을 부과했다. 제갈량은 《관자》의 이런 예와 법이 결합된 사상을 진일보시켰다. 그는 예가 내포하고 있는 의·이·의에서 일련의 가치 원칙을 파생시켜 법과 동일선상에서 결합시켰다.

삼국의 제후들을 살펴보면 정치, 군사, 외교는 늘 연관되어 있다. 또한 성공한 정치적 군사 활동은 모두 외교적 책략과 결합되어 있다. 제갈량은 춘추전국시대의 유세가 소진과 위나라의 모사인 장의 등의 외교 전략을 숙지했으며, 선인의 지혜를 외교에 현명하게 활용했다.

제갈량의 치국 사상에서 '오나라와 연합하여 조조에 대항한다'는 외교 정책은 상당히 중요한 의미를 지닌다. 후에 여러 차례 좌절을 겪기도 했으나 그는 이 외교 정책을 평생 견지했다. 이는 제갈량이 촉나라를 다스리고 위나라를 정벌하는 데 밑거름이 되었고, 적벽대전 후에 손권과 유비의 동맹은 더욱 공고해졌다. 그때 형주를 빌려 익주와 한중을 얻은 유비는 유례없는 전성기를 맞았다.

오나라와 촉나라의 관계가 악화된 것은 이후 관우가 형주를 잃었을 때인데, 이 때 유비는 군사를 일으켜 오나라로 쳐들어가 이릉 전투에서 참패를 당하고 말았다. 결국 오나라와 촉나라 간의 동맹은 깨지고, 손권은 오히려 조조에게 가버렸다.

유비가 죽은 뒤 제갈량은 가장 먼저 오나라와의 동맹을 회복하려고 했다. 이를 위해 장수 등지를 오나라로 보냈고, 그 후 두 나라의 동맹은 빠르게 회복되었다. 오나라와의 동맹은 결과적으로 촉나라가 원활하게 정치를 펼치고 이민족을 다스리며 편안한 생활을 영위하는 데 훌륭한 외부 환경을 만들어주었다. 이후 제갈량은 여러 차례 비의와 진진 등을 오나라로 파견했다.

건흥 7년(229년) 손권이 스스로를 황제라고 칭하자 촉나라에서는 한 차례 쟁의가 일어났다. 일부는 촉나라의 정통성을 확보하기 위해서라도 오나라와의 동맹을 단절해야 한다고 주장했다. 이에 대해 제갈량은 거시적 관점에서 분석하고 결정을 내렸는데, 그 내용은 다음과 같다.

"손권이 반역의 마음을 가지고 있은 지 오래지만, 지금껏 그의 도발을 따지지 않은 것은 적을 견제하는 데 그를 이용하려 했기 때문입니다. 그런데 지금 드러내놓고 오나라와의 동맹을 단절한다면 손권은 우리를 원수로 여기게 될 것입니다. 또한 우리는 군사를 움직여 오나라를 쳐야 하고, 그 땅을 차지한 다음에야 중원 토벌을 논할 수 있습니다. 오나라에는 아직 지혜로운 자가 많고 장군과 재상의 관계가 화목하여 하루아침에 평정할 수가 없습니다. 진을 치고 대치하고 있으면서 그들이 약해지기를 기다린다면 북쪽의 조조가 계책을 세울 것이니, 지금 오나라와의 동맹을 단절하는 것은 올바른 대책이 아닙니다.

지난날 효문제께서는 겸손한 태도로 흉노를 대했고, 선제께서는 후한 조건으로 오나라와 동맹을 맺으셨습니다. 이는 모두 형세의 변화와 커다란 이득을 고려했기 때문입니다. 어떤 이들은 손권의 목적은 삼국정립을 유지하는 것이므로 우리에게 일심협력할 수 없고, 그 소원이 이미 이루어졌으니 강북 안으로 치고 올라와 북벌할 마음이 없을 것이라고 합니다. 이런 말이 옳다고 여길 수 있으나, 따져보면 잘못된 판단입니다. 왜냐하면 손권의 세력은 조조에 미치지 못하므로 오직 장강을 경계로 삼아 자신을 보존해야 하며, 장강을 넘어갈 수 없는 상황입니다. 이는 마치 조조가 한수(漢水)를 넘지 못하는 것과 같은 상황입니다. 따라서 손권은 여력이 있으면서도 이득을 취하지 않는 것이 결코 아닙니다.

만약 우리 대군이 위나라를 토벌한다면 손권의 상책은 위나라 땅을 나눠 가지고 훗날의 계책을 도모하는 것이며, 하책은 국경을 넓히고 무력으로 백성을 약탈하는 것이므로 결코 가만히 앉아 있지 않을 것입니다. 그가 군사를 움직이지 않고 우리와 화목하게 지낸다면 우리는 북벌하더라도 동쪽을 걱정하지 않아도 되고, 조조 또한 황하 이남의 군사를 모두 서쪽으로 움직일 수 없을 것입니다. 이것만 해도 우리에게는 큰 이득입니다. 그러니 손권의 참람한 반역에 드러내놓고 잘못을 따져선 안 됩니다."

이 글에서 알 수 있듯이, 제갈량은 손권을 황제라 칭하는 것은 잘못된 일이며, 이는 촉나라의 정통성에 대한 도전이라고 여겼다. 그럼에도 그는 오나라와의 동맹을 단절해서는 안 되고, 오히려 강화해야 한다고 주장했다. 당시의 군사적·정치적 상황으로 볼 때 이렇게 하는 것이 촉나라에게 훨씬 유리했기 때문이다.

이를 위해 한 무제가 흉노와 화친하여 겸손한 어투로 선우에게 편지를 보낸 이야기를 들려주었다. 유비는 손권과 동맹을 맺기 위해 형주 분할 문제를 해결하여 상수(湘水)를 경계로 하여 그곳의 동쪽 3군을 그에게 나누어주었다. 이런 조치는 형세의 변화에 따라 시행된 융통성 있는 책략이었다.

제갈량이 내정을 운영했던 방식을 살펴보자. 그는 청렴결백한 생활을 실천하는 것으로 모범을 보였으며, 겸허한 태도로 간언을 받아들였다. 젊어서부터 아랫사람에게 학문에 대해 묻는 것을 부끄러워하지 않았던 그는 다른 사람의 의견을 경청하며 듣기에 거슬리는 이야기까지도 겸허하게 귀를 기울였다. 또한 자신의 실수와 결점을 허심탄회하게 이야기함으로써 부하들의 사기를 드높였다. 그는 일찍이 이렇게 말했다.

"나는 최주평과 사귀면서 잘한 일과 잘못한 일에 대해 자주 지적을 받았고, 나중에 서서와 사귀었을 때는 여러 번 가르침을 받았다. 또한 동화와 함께 일한 적이 있는데, 그는 자신의 의견을 솔직하게 이야기할 줄 아는 사람이었다. 호제와 일할 때는 그의 간언으로 여러 차례 부당한 결정을 내리지 않을 수 있었다. 비록 내 성품이 어리석고 연마되지 않아 그들의 의견을 다 받아들이지 못했을지도 모른다. 하지만 이들 네 사람과는 친밀하게 지냈으며, 나는 그들의 직언을 추호도 의심하지 않았다."

제갈량은 일의 성패가 지도자 한 사람에게 달려 있으므로 정확한 결정이 얼마나 중요한지 일찍부터 알고 있었다. 그래서 늘 아랫사람들에게 "부지런히 나의 결점에 대해 공격하고, 나의 단점을 나무라야 하오. 그로써 적들을 소멸할 수 있으며, 성공을 기대할 수 있소"라고 말했다.

또한 승상부에 참서를 설치하여 아랫사람들의 의견을 폭넓게 수렴했다. "각기 직무를 맡은 자는 다른 사람들의 의견을 모아 살핌으로써 주군께 충성되고 이로운 의견을 올리도록 하라. 혹시 다른 의견을 내는 사람을 멀리하고 문제를 지적하는 것에 난색을 표한다면 이는 나라에 큰 해를 끼치는 것이다. 다른 사람의 의견이 옳다면 마땅히 찢어진 신발을 버리고 주옥을 얻듯 그 의견을 수용하라. 사사로운 감정을 물리치고, 처리하기 어려운 일을 만났을 때 서로 의견을 나눈다면 착오와 손실을 줄이게 될 것이다. 또한 적절하게 의문을 던지는 것도 찢어진 신발을 버리고 주옥을 얻는 것과 같다."

중국 고대의 전제주의와 중앙집권주의는 여러 단계의 피라미드식 관료정치 구조로 되어 있었다. 각급의 관료들은 자신의 상위계급에만 복종할 뿐 아래 계급은 신경 쓰지 않았으며, 명분만 중시할 뿐 실질적 성과를 중시하지 않았다. 정치의 성패와 득실은 결국 각 계층에 속한 관료 개인의 인격 수양에 따라, 특히 황제와 재상들의 인격 수양에 따라 결정되었다. 제도 자체는 아무런 힘이 없었다. 《중용》에서는 "그 사람이 권력을 잡으면 그 사람의 정치가 일어나고, 그 사람이 망하면 그 사람의 정치도 따라 망한다"라고 했다. 중국의 고대사회는 줄곧 이런 방식의 정치가 존재했다. 따라서 이런 폐단을 극복하는 유일한 방법은 황제와 관료가 토론의 장을 넓히고 진보적인 정치를 행하는 것이었다.

중국 역사 이래로 가장 뛰어난 정치가로서 제갈량은 이 점을 분명히 인식하고 있었다. 그는 후주 유선에게 여러 차례에 걸쳐 모든 일을 신하들과 의논해서 처리해야 한다고 진언했다. 또한 《편의십육책》《납언》 등의 글에서는 올바른 간언과 납언의 가치를 밝히고 있다.

"올바른 납언은 신하의 충고나 의견에 귀를 기울이고, 그의 지혜와 책략을 받아들이는 것이다. 황제에게는 충성스러운 마음으로 윗사람의 잘못을 간하는 신하가 있어야 한다. 마찬가지로 어버이에게도 이런 자식이 있어야 한다. 불의에 관해 간언하면 그 선을 따르고 악을 바로잡아야 한다. 결코 악을 따라서는 안 되며 선을 거역해서도 안 된다. 만약 악을 따르고 선을 거역한다면 그 나라는 패망할 것이다. 황제가 충간을 거부하면 신하는 자신의 의견을 말할 수 없고 독선적으로 행동하게 되는데, 이는 결국 국가에 해를 입히게 된다. 정도를 걷는 국가에서는 신하와 백성이 정직하게 말하고 행동한다. 그와 달리 정도가 없는 국가는 행동은 올바를지 몰라도 처벌받지 않기 위해 말을 삼가다 보니 아랫사람은 말하지 않고 윗사람은 들을 수가 없다. 공자는 아랫사람에게 묻는 것을 부끄러워하지 않았고, 주공은 아랫사람을 극진히 대접하는 것을 부끄러워하지 않았다. 이들은 훌륭한 인품과 그에 따른 명성으로 후세의 성인이 되었다. 집 아래쪽에서 물이 새면 위에서 막으면 그만이지만, 집 위쪽에서 물이 새면 그 아래쪽에서는 사람이 살 수 없다."

중국 고대사회의 정치구조가 낳은 또 다른 병폐는 탐관오리의 부정부패였다. 부패는 악성종양처럼 전제정치와 불가분의 관계가 있다. 이는 권력의 중앙집권화가 이루어졌던 한나라와 당나라 황실의 친인척 등 고위층 부패에서부터 명·청 시대의 상류계급부터 하층민까지 번진 총체적인 부패로 발전하기에 이르렀다. 역사를 살펴보면 송나라의 정치가 포청천이나 명나라의 관리인 해서 등 청렴한 관리도 있었지만, 사회 전체의 관료구조에 따른 부패는 나날이 심각해져 갔다. 그러나 제갈량의 청렴결백은 후세 사람들과 비교했을 때도 훨씬 견실하고 훌륭한 것이었다. 따라서 예로부터 사람들이 그를 신처럼 대하고, 신의 경지에까지 높인 데는 사회문화적 심리에서 그 근원을 찾을 수 있다.

제갈량의 청렴결백한 면모는 주로 다음 몇 가지로 나타난다.

첫째, 도가 사상으로 자신을 독려하여 물욕에 동요되지 않았다. 제갈량은 겸애(兼愛)를 존중한 묵가 사상, 인위적인 행위와 물욕에 동요하지 않는 노자 사상 등 선인들의 합리적인 사상을 계승했다. 도가 사상에서는 세상에 대한 소극적인 자세를 배제하고 진실을 갈구하고 이익에 좌우되지 않는 합리적인 요소만을 계승하고 발전시켰다. 또한 겸애와 검소함을 주장한 묵가 사상을 받아들여 명예와 사사로운 이익 앞에서도 담담하며 청렴한 정신과 평온한 마음을 유지하는 훌륭한 인격을 연마했다. 그리하여 정치할 때도 사리사욕에 물들지 않고 공명정대함과 청령함으로 자신의 사명을 다하고자 애썼다.

둘째, 법으로써 관리들이 청렴한 정치를 하도록 유도했다. 다시 말해 구체적인 제도와 규범을 만들어 관리로서의 임무를 단속하고, 청렴한 정치로 성과를 이룬 관리에게는 포상을 내려 사사로운 생각을 버리고 자신의 임무에 충실하도록 유도했다.

중국 전통사회에서 법을 적용받는 대상은 대체로 일반 백성이었고, 관료들은 언제나 법의 테두리 밖에 있었다. 하지만 제갈량의 법치 사상에서 법은 백성뿐 아니라 관리를 다스리는 데도 사용되었다. 일부 법은 오로지 관리들을 단속하기 위해 만들어졌다. 이처럼 엄격한 법률을 제정한 목적은 관리들의 방종한 행위를 금지시키기 위해서였다. 제갈량은 관리들을 가르치고 독려하기 위해 여러 가지 법률을 제정했다.

셋째, 자신이 먼저 법을 실천하는 모습을 보여 아랫사람들이 자연스럽게 따르도록 하는 분위기를 만들었다. 그는 일찍이 아랫사람을 교육할 때 이렇게 말했다. "예전에 초나라의 재상 손숙오는 3년간 같은 말을 타면서도 그 말이 암컷인지 수컷인지 몰랐는데, 이는 맡은 일에만 집중하여 최선을 다한 그의 태도를 짐작할 만하다."

이처럼 그도 옛 사람을 본받고자 노력했으며, 재상의 자리에 올라 촉나라의 정사를 살필 때도 청렴한 삶을 유지했다. 사사로운 재산을 챙기지 않았고 재산과 비단을 쌓아두는 일도 없었으며, 그의 아내는 여벌 옷조차 두지 않았다. 또한 죽는 순간까지 "한중의 정군산에 묻되 산세를 이용해 무덤을 만들고 묘혈은 관이 들어갈 수 있을 만큼만 파고 입관할 때는 평소 입던 옷을 입히고 부장품은 어떤 것도 넣지 말라"고 유언했다. 이처럼 솔선수범했던 제갈량의 영향으로 촉나라 관리들은 청렴한 풍모를 갖추었다. 명예와 이익을 좇지 않고 사유재산을 챙기지 않았던 이들로는 비의, 동화, 유파, 강유가 있다.

넷째, 가정교육을 중시했으며 근검을 입신의 근본으로 삼아 자식들을 가르쳤다. 제갈량은 〈아들을 훈계하는 글〉〈외조카를 훈계하는 글〉〈형 제갈근에게 아들 교에 대해 알리는 글〉 등 가정교육에 관한 문장과 서신을 남겼다. 이를 통해 그가 얼마나 가정교육에 엄격하고 세심했는가를 엿볼 수 있다.

"명예와 이익을 추구하지 않고 큰 뜻을 품어 순수하게 학문을 익히며 근검하고 올바른 품성을 기르도록 해야 한다." 이처럼 그는 자녀들에게 어려운 환경에서도 스스로를 단련하도록 강조했다. 역사 기록을 보면 제갈량의 엄격하고 세심한 교육 덕분에 그의 자식들은 모두 훌륭한 품성과 덕을 갖추었다. 촉나라가 멸망해 갈 무렵 그의 아들 제갈첨과 손자 제갈상은 자신들의 소신을 굽히지 않고 죽음을 택함으로써 후세에 "삼대가 모두 충정을 지켰다"는 칭송을 받았다.

최고의 충신이
황제의 대권을 휘두른 까닭

제갈량은 충신이자 촉나라의 대소사를 총감독하는 대집사였다. 그는 촉나라의 모든 권력을 거머쥐었으며, 후주 유선은 허수아비였을 뿐이다. 그렇다면 제갈량은 천하의 도리를 어기고 권력을 남용한 것인가?

우선 그가 권력을 남용했다는 문제에서 출발해보자. 《논어》를 보면 "명분이 올바르지 않으면 하는 말도 정당할 수 없다"라고 했다. 그렇다면 그는 어떤 명분을 가지고 촉나라의 군대를 통솔했을까? 군대의 총사령관인 대장군이 아니었으므로 촉군의 최고통수권을 가질 명분이 없었다고 말하는 사람이 있는데, 이는 그가 익주목을 담당했다는 사실을 간과한 데서 비롯된 것이다.

익주목은 중대한 임무를 띤 자리로, 유비는 한중왕이 되기 전 스스로 익주목이라는 직책을 맡았다. 유비가 죽은 후 제갈량도 자신을 직접 이 직책에 봉했는데, 그가 죽은 뒤에는 어느 누구도 이 직무를 맡지 않았다.

하나의 주를 다스리는 가장 높은 관직인 주목은 주 소속의 군대를 거느릴 수 있는 군권을 소유했다. 게다가 당시 주목이 보유한 군대는 중앙정부의 통제를 받지 않았으며, 황제도 주목의 군대를 직접적으로 지휘할 권한이 없었다. 주목의 군비도 주를 다스리는 기관인 주부가 직접 충당했다. 요컨대 제갈량 수하의 부대는 개인 소유로 익주목의 부대일 뿐 후주 유선의 소유가 아니었다. 만약 제갈량이 자신에게 대장군 직함을 부여했다면 그의 권력은 오히려 축소되고, 부대는 후주 유선의 소유가 되어 그의 관할 하에 놓였을 것이다.

그런데 이상한 일은 당시 촉나라는 익주 외에 다른 어떤 영토도 갖지 않았다는 것이다. 결국 익주목인 제갈량과 후주 유선은 실제로 관직상 같은 급이었다. 또한 제갈량은 모든 실권을 가졌으나 유선은 명목상 이름만 유지했을 뿐이다. 따라서 여기서 제갈량 스스로 익주목을 자신에게 부여했다고 한 것은, 촉나라가 익주만 소유했기에 상식적으로 유선이 그 직무를 제갈량에게 부여했을 리가 없기 때문이다.

제갈량은 유비 사후에 곧바로 권력을 쥐고 자신에게 익주목을 부여했다. 그리고 위나라를 정벌하기 위해 벌인 다섯 차례의 전투는 익주부 군대와 위나라 군대 간의 전투였을 뿐, 촉군과 위군 간의 전투가 아니었다. 다만 제갈량이 죽은 뒤에 일어난 촉위 전쟁은 촉군과 위군 간의 전쟁이라고 말할 수 있다.

제갈량은 군권에 익주목을 적용시켰는데, 이는 군대에 더 큰 의미의 자주권을 행사하기 위해서였다. 하지만 중앙정권에서 권력을 발휘하는 데 있어 익주목으로는 역부족이었다. 관리들에게 관직을 내리는 것은 익주목이 아니라 촉나라였기 때문이다. 다행히 그는 또 다른 직무인 승상 자리를 보유했는데, 이 두 가지 직책으로 촉나라의 권력을 거머쥘 수 있었다. 한편 유선은 그 자신에게만 부여되는 종묘 제사권, 연호를 바꾸는 개원(改元) 권리, 비빈 책봉권 등의 대권을 가졌다.

삼국시대에 제갈량과 같은 인물이 또 한 사람 있었는데, 바로 조조다. 초기에 그가 자신에게 부여했던 관직이 바로 주목이었으며, 그의 부대는 주부군이었다. 중·후기에 조조 군대는 위 공부군과 위 왕부군까지 승격되었으며, 군비는 위부에서 지출되었다. 다시 말해 한나라의 황제는 이 부대와 아무런 관련이 없었다.

제갈량이 자신에게 직접 익주목을 부여한 것은 명분을 내세워 군권을 정당하게 쟁취하기 위해서였다. 여기서 유비가 죽을 당시 촉나라의 상황을 살펴보자. 위연은 한중을 점령했고, 이엄은 지금의 총리에 가까운 상서령과 중도호가 되어 내외 군사를 통솔하며 영안(永安)에 머물고 있었다. 당시 유비는 위연에게 한중을 지키도록 했는데, 당시 형주계 부대 전체가 위연의 부하였을 가능성이 크다. 이엄이 사천 지방 동쪽을 지켰을 때, 유비는 오나라 정벌에 실패한 뒤 사로잡은 익주계비를 위연에게 넘겨주었다. 당시 유비는 뜻한 바가 있어 이엄을 익주계의 수뇌로 명하여 내외 군사를 통솔하게 했다. 하지만 체계가 제대로 잡히지 않은 익주계가 이엄을 인정했을 리가 없다. 따라서 익주계에 속한 사람들은 대부분 제갈량의 명을 받들었을 것이다. 죽기 전 제갈량에게 유선을 부탁할 때 유비는 그에게 군대를 넘겨준다는 유언을 하지 않았다. 당시 제갈량은 군직과 병사 통솔권이 있었을 뿐 자신의 부대를 소유하지 못했다.

유비가 죽으면서 제갈량에게 준 것은 중앙 정령권으로, 제갈량은 군권이 필요했다. 군권이 있어야만 독자적인 정치 행보를 보장받고 유비를 따르는 무리를 공고히 다져 군사력으로 익주 등의 지방 세력을 되찾을 수 있었기 때문이다.

당시 제갈량이 직접 자신을 대장군에 임명하는 것은 물론 가능한 일이었으나, 사실 이것은 아무런 효력이 없었다. 대장군은 다른 관리의 병력을 자신에게 귀속시킬 수 있는 권한이 없었기 때문이다. 또한 대장군은 병사 통솔권도 없었다. 그런 이유로 천하의 금기를 무릅쓰고 자신에게 익주목이라는 직무를 부여했던 것이다. 이를 비난하는 사람들이 없는 걸로 보아 일단 성공을 거둔 셈이었다. 당시 주목은 황제와 같은 권력을 가져 부하들의 병력을 자신에게 귀속시킬 수 있었다.

대장군은 위연의 병사를 귀속시킬 권한을 갖지 못했다. 만약 위연에게 배반이라는 죄명을 씌워 그를 죽이고 부대를 빼앗는다고 해도 그 부대를 후주 유선에게 바쳐야 했다. 또한 그 부대를 누구의 휘하에 둘지 결정하는 것도 유선의 몫이었다. 그런데 익주목이 위연의 병사를 귀속시키는 것은 합법적인 일인 동시에, 황제의 명에 따르지 않아도 되는 일이었다.

여기서 유비가 한중의 수장으로 장비가 아닌 위연을 임명한 이유를 살펴보자. 첫째, 한중의 수장을 임명하는 일과 형주의 관우 문제를 연결시켜 보았다. 유비는 형주를 관우 한 사람에게만 맡기지 않았다. 문관 한 명을 더 두었는데, 그가 바로 마량이다. 그는 유비가 익주를 얻기 전 제갈량과 방통을 제외하고 모사형 인물 중에서 으뜸이었다. 당시는 방통이 죽은 뒤였으니 마량은 문관으로서 서열 2위였다.

'무관 1호 관우와 문관 2호 마량이 형주를 지킨다.' 이는 굉장히 적절한 배치였다. 형주는 유비에게 아주 중요한 곳이었고, 당시 그는 아직 익주를 손에 넣지 못한 상태였다. 유비가 문관 1호 제갈량을 형주에 두지 않은 것은 그와 관우가 평소 사이가 좋지 않아 함께 있으면 다툴 것이 뻔했기 때문이다. 하지만 얼마 후 유비는 무관 1호와 문관 2호의 완벽한 결합도 결과적으로 성립될 수 없다는 사실을 깨달았다. 얼마 후 마량은 선주에게 좌장군연으로 임명되어 조정으로 들어가게 되었다. 여기에는 분명 관우가 관련되어 있을 것이다. 다시 말해 마량이 조정으로 불려간 데는 관우가 결정적 원인을 제공했을 것이다.

유비는 형주에서의 일이 한중에 일어나지 않기를 바라면서 장비를 그곳 수장으로 임명하지 않았다. 하지만 이에 대해서는 역사적인 기록을 찾을 수가 없으므로 이 첫 번째 관점은 성립되지 않는다.

그렇다면 둘째 추론으로 나이를 들 수 있는데, 장비는 나이가 너무 많았다. 따라서 한중을 그에게 넘겨주면 인재의 대가 끊기는 문제가 발생할 수 있었다. 의외의 상황이 발생하지 않고 순조롭게 일이 진행된다면, 유비가 죽고 유선이 즉위하고 그 후 관우가 죽고 장비가 죽으면 명신 중 장들의 자리가 위험해질 수 있었다. 또한 그로써 유선이 후계자를 가려 뽑는 일에도 혼란이 생겨 큰 착오가 벌어질 수밖에 없었다.

유비가 한중의 수장으로 장비를 택하지 않고 위연을 뽑은 것은 그가 아들을 도울 만한 중신이었기 때문이다. 또한 이후 한중을 지키는 자를 뽑을 때도 유선이 골머리를 앓는 일 없이 계속 그를 활용해 나갈 수 있었기 때문이다. 유비는 어느 정도 시간이 지나 한중에 적당한 인물들이 뽑혀 안정을 찾게 되면 위연을 중앙으로 불러들여 대장군이나 유선 정권의 군방 1호에 앉힐 계획을 세웠다. 이처럼 유비는 심사숙고한 끝에 위연을 한중의 수장으로 임명했으며, 그의 소임은 굉장히 막중한 것이었다.

그러나 제갈량이 촉나라를 집정하게 되면서 그는 위연의 병권을 빼앗고, 아주 낮은 자리로 강등시켜 유비의 본뜻을 저버리고 말았다. 유비는 제갈량이 위연의 권력을 빼앗을 거라고는 생각지도 못했다. 사실 그는 유비가 제갈량을 제어하기 위한 목적으로 세워둔 세력이었다.

다시 제갈량의 이야기로 돌아와 〈촉서 이엄전〉의 기록을 살펴보겠다.

9년(231년) 봄 제갈량의 군대는 기산에 주둔했고, 이엄이 식량 수송을 감독했다. 여름부터 가을까지 계속 장맛비가 쏟아진 탓에 식량 수송이 원활하게 이루어지지 않자, 이엄은 제갈량에게 참군 호충과 독군 성번을 통해 거짓 편지를 보내 군량이 부족하니 회군할 것을 권했다. 제갈량은 그에 따라 군사를 퇴각시켰는데, 이 사실을 듣고 이엄은 거짓으로 놀란 척하며 "군량미가 아직 충분한데 어찌하여 돌아오시는 겁니까?"라고 말했다. 그로써 제갈량에게 진군하지 않은 잘못을 뒤집어씌워 자신이 일을 제대로 처리하지 못한 책임에서 벗어나려고 했던 것이다. 또한 유선에게는 표를 올려 이렇게 말했다.

"우리 군대가 거짓 후퇴한 것은 적을 꾀어 싸우기 위해서였습니다."

그러나 나중에 모든 사실을 알게 된 제갈량은 이엄이 쓴 편지를 처음부터 끝까지 공개함으로써 그의 잘못을 밝혀냈다. 이에 이엄은 자신의 죄를 고백하고 용서를 빌었다.

여기서 궁금한 것은 왜 이엄이 그토록 뻔한 실수를 저질렀는가 하는 점이다. 자신이 쓴 편지를 언젠가 제갈량이 공개하여 분명히 잘못을 밝힐 거라고 예상하지 못했던 것일까? 그는 자신의 실수에 대한 증거를 제갈량의 손에 넘긴 다음에 스스로 유선에게 고자질한 셈이 아닌가. 다시 말해 자기 무덤을 스스로 판 것이다.

한편 이 일을 제갈량 외에 아무도 눈치채지 못했을까? 눈치챘지만 그에 대한 의문을 입 밖으로 꺼내지 않았을 거라고 생각한다. 어쨌든 증거는 확실했고 제갈량이 이 사실을 추궁하자 그는 곧장 자신의 죄를 인정했다. 또한 자신의 수하에 있던 2만 명의 병사를 넘겨주는 것으로 협상을 벌이기도 했다.

진수의 기록이 사실이라면, 이 사건은 제갈량이 이엄의 죄를 날조하여 그를 모함한 것이 확실하다. 이런 사건이 성립되고 이엄이 유죄로 판명된 것은 사실 제갈량의 권세가 높아질 대로 높아졌기에 가능했다. 그가 사슴을 보고 말이라고 하면 모두 그렇다고 믿을 정도였다. 제갈량은 22명의 대신들 이름으로 상서를 올려 이엄의 관직을 박탈했다. 그가 많은 대신의 이름을 적은 것은 분명히 이엄의 관직 박탈을 강하게 요구하면서 유선에게 반대의 여지를 주지 않기 위해서였다. 사실 이엄은 유비가 제갈량의 권력을 견제하기 위해 유선에게 남겨준 최후의 힘이었다. 한편 당시 위연은 이미 세력의 중심부에서 밀려난 상태였는데, 유선에게 그를 곁에 둘 힘이 있었다면 분명 그렇게 했을 것이다.

《삼국지》〈촉서 제갈량전〉의 기록을 보면, 유비는 죽기 전 제갈량에게 뒷일을 부탁하면서 이렇게 말했다. "그대의 재능은 조비의 열 배는 되니 틀림없이 나라를 안정시키고 마침내 큰일을 해낼 것이오. 만약 후계자가 보좌할 만한 인물이면 그를 보좌하고 그 재능이 부족하다면 그대가 권력을 취하시오." 이 대목의 뒷부분에는 동진의 학자인 '손성이 말하기를'이라고 시작하는 주가 달려 있다. "유비가 제갈량에게 명했으니, 제갈량이 아니면 누가 할 수 있었겠는가." "진실로 충직한 신하에게 부탁한 것이니, 그의 말에는 그릇됨이 없었다. 제갈량이 아니었다면 황제의 자리를 찬탈하려는 자를 물리칠 수 없었을 것이다." "유선이 실로 어리석어 앞날을 내다보는 능력이 없었으나 제갈량의 위엄과 계략이 실로 대단하여 누구도 감히 다른 마음을 품지 못했다."

유비의 유언은 진심이었고, 그는 제갈량의 능력을 인정해주었다. 따라서 자신이 죽기 전 이미 취해놓은 조치들도 제갈량을 견제하기에 역부족이라는 사실을 알고 있었다. 그의 조치는 거의 완벽하다고 할 수 있었지만 문제는 이를 수행해야 하는 유선이 제갈량만큼 뛰어나지 못하다는 것이었다. 그래서 유비는 제갈량에게 후계자의 재능이 부족하면 그가 권력을 취하라고 말했던 것이다. 이는 또 한편으로 제갈량한테서 "신은 온 힘을 다하여 죽을 때까지 충정의 절개를 바치겠습니다"라는 말을 이끌어내기 위한 것이었다.

사실 이 대화 속에는 두 사람의 속내가 분명히 드러난다. 만약 유비가 제갈량을 죽인다면 남은 부하들 중 촉나라를 지탱할 만한 인물이 없어 그가 세운 나라는 멸망할 것임에 틀림없었다. 역사의 기록을 살펴보면 유비는 후주 유선에게 조서를 내려 "너는 승상과 함께 나라를 다스리고 그를 아버지처럼 섬겨라"고 말했다. 이것이 바로 유비의 뜻이었다. "내가 죽으면 제갈량 그대가 나라를 찬탈할 수도 있겠지만, 지금은 너를 죽이지 않는 쪽을 택하겠다." 결국 유비는 제갈량이 나라를 찬탈하더라도 그로써 자신의 후대가 보전되기를 바랐던 것이 분명하다.

유선은 제갈량이 죽은 다음에야 일부 권력을 소유하게 되었는데, 바로 군대 소유권이었다. 이는 적어도 명의상으로는 유선에게 귀속되었다. 장완은 제갈량의 승상 직무를 계승했으나 군권은 절반만 주어졌을 뿐이고, 유선의 명으로 대장군에 봉해졌다.

제갈량이 죽은 후 남은 인물들 중에는 그를 뛰어넘을 만한 사람이 없었고, 장완도 대장군에 봉해질 만한 뛰어난 인물은 아니었다. 하지만 권력에 별 관심이 없어 보였던 유선이 그를 대장군으로 임명한 것이다. 물론 군권이 완전히 계승되지 않아서 장완의 승상 권력은 완전한 것이라고 말할 수 없었다. 그리고 남은 권력은 모두 유선에게로 돌아갔다.

"황제 조모를 폐위시키고 전권을 거머쥔 사마소의 마음은 길가는 사람도 다 안다"라는 말이 있다. 그런데 왜 제갈량의 야심을 아무도 눈치채지 못했을까? 노골적으로 위나라의 권력을 쥐고 흔들었던 사마소의 속이 뻔히 들여다보이는 야심은 처음부터 모두 알았으나 '제갈량의 속마음'은 그 경우가 달랐다. 사마소는 증거로 삼을 만한 일을 벌였지만, 제갈량은 나라를 찬탈한 사실도 없고 나라를 찬탈하겠다는 구체적 표현을 한 적도 없었다. 이것이 이들 두 사람의 차이다.

제갈량은 왜 대권을 거머쥐고 유선을 허수아비 황제로 만들었을까? 그것은 유비를 따르는 무리가 나약하고 인재가 부족했기 때문일 것이다.

유비가 오나라와의 전쟁에서 패배하고 백제성에서 병사하자 촉나라의 분위기는 불안정했다. 유비를 따르는 핵심 장군이었던 관우와 장비 모두 이미 세상을 떠났지만, 그들을 대체할 만한 중진 부하가 없었다.

그러나 익주 지역은 유비가 유장의 수중에서 탈취해 온 곳으로, 유장 수하에 있던 문신과 무장 다수가 유비의 신하가 되었다. 그들 중에는 누가 군주가 되든지 간에 상관하지 않는 중간파로 부를 수 있는 무리가 있었다. 한편 '숨은 반대파'가 있었는데, 이들은 익주를 점령당한 후 어쩔 수 없이 유비의 부하가 되었지만 원래 유장과의 관계가 돈독해 호시탐탐 유비 무리의 통치를 뒤엎을 기회를 노리고 있었다. 이 무리의 대표자가 바로 이엄이었다. 그는 유장의 세력 내에서 명망이 높았으며 환대를 받았다. 유비는 유장 무리의 인재들을 천천히 처리할 생각이었는데, 미처 그렇게 하기도 전 전쟁에서 패하고 병이 위중해져 이 세상에서의 삶이 얼마 남지 않게 되었다. 그래서 유비는 부득이하게 차선책을 강구하여 촉나라 정권의 운명을 제갈량의 수중에 맡겼던 것이다.

유비는 제갈량을 자신의 아들을 맡길 수 있는 제1 대신으로 정했고, 이 엄을 제2 대신으로 정했다. 그의 생각은 아주 분명했다. 제갈량을 통해 촉나라 정권의 붉은 깃발이 꺾이지 않도록 하는 동시에 유장 무리의 반란을 잠재우면서, 한편 이엄에게 제갈량을 견제하도록 하여 후주 유선이 허수아비로 전락할 상황을 만들지 않으려고 했다.

제갈량은 유비가 자신에게 부탁한 아들을 책임지는 중신의 지위를 이용하여 군정대권을 장악하고 이엄을 선두로 하는 유장 무리의 남은 세력을 소멸시켰다. 또한 이 무리와 관련된 사람들의 반발을 방지하기 위해 제갈량은 어쩔 수 없이 대권을 휘둘렀으며, 심지어는 후주 유선의 권력마저 빼앗았던 것이다.

제갈량의 행동은 언뜻 보기에는 부득이한 것이었다. 하지만 그의 진짜 의도를 아무도 눈치채지 못했다. 그가 최선을 다해 보좌했던 후주 유선조차도 말이다.

여기서 한 가지 언급할 것이 있다. 제갈량 사후에 많은 사람이 그를 위해 사당을 세우자고 건의했지만, 유선은 "그런 법도는 없다"라는 이유를 들어 동의하지 않았다. 그는 경요 6년(263년) 봄에 이르러서야 면양에 제갈량을 위한 묘를 세우도록 했다. 제갈량의 권력투쟁 속에서 실패자를 손꼽는다면 이엄과 위연일 테지만, 가장 큰 실패자는 바로 후주 유선이었다고 할 수 있다.

마음을 비우고 먼저 행하라

염결(廉潔)이란 무엇일까? 동한의 문학가 왕일은 "받지 않는 것을 염(廉)이라 하고 더럽히지 않는 것을 결(潔)이라 한다"라고 해석했다. 다시 말해 염결은 곧 청렴결백함을 가리키며, 욕심 많고 하는 짓이 더럽다는 뜻의 탐오(貪汚)와 반대되는 말이다.

요즘 사람은 공적인 재산으로 사유재산을 불리지 않고 탐하거나 불의한 일을 하지 않는 것을 염결이라고 여긴다. 그런데 염결은 이보다 더 큰 함축적 의미를 가졌지만 여기서는 논하지 않겠다.

예로부터 중국의 최고통치자와 통치계급에 속한 지식인들은 모두 청렴결백을 내세우며 부정부패에 반대했다. 《한서》〈공우전〉을 보면 우(禹)가 효문제에게 "염결을 중시하고 탐오를 천히 여겨야 한다"라고 말한 기록이 있다. 하지만 수천 년의 역사를 지닌 중국의 봉건사회는 지주계급의 잔혹하고 탐욕스러운 계급적 본성 때문에 입으로 청렴을 말한 사람은 대단히 많지만 실제로 청렴한 삶을 살았던 사람은 얼마 되지 않는다.

역사 기록에 따르면 제갈량은 촉나라를 다스리는 동안 자신을 비롯한 촉나라 관리들이 청렴한 정치생활을 하도록 이끌었다. 《삼국지》〈촉서 제갈량전〉의 기록을 보면 "제갈량이 촉나라를 다스리던 시절 관리로서 간교한 사람을 용납하지 않았으며, 사람들은 길에 떨어져 있는 물건조차 탐하지 않았고, 강자가 약자를 침해하지 않으므로 건전한 사회적 기풍이 조성되었다"라는 글이 있다. 이 평가는 지주계급의 사학가로서 제갈량을 지나치게 찬미한 경향이 있지만 제갈량이 촉나라를 다스리던 시기에 정치적으로 투명하고 관리들도 청렴했다는 기록으로 보건대 역사적 진실성을 갖추었다고 볼 수 있다.

지주계급의 정치가로서 제갈량이 공명정대하고 청렴한 정치를 행한 이유는 무엇일까? 이는 촉나라 당시 역사의 객관적 조건과 제갈량 개인의 주관적 노력에서 비롯된 것이다.

촉나라가 막 건립된 초기의 경제 상황을 살펴보면 장기간 전란으로 민생은 피폐해질 대로 피폐했으며, 백성의 수중에는 관리들이 착취할 만한 재산이 거의 남아 있지 않았다. 상황이 이 지경이다 보니 백성을 착취하여 사치를 일삼는 행위를 엄격히 금해야 했다. 이는 촉나라의 통치자들이 근검절약하고 청렴결백한 정치를 할 수 있던 요인이 되었다. 또한 제갈량의 개인적인 노력에서 비롯되었다는 사실도 간과해서는 안 된다. 그는 크게 세 가지 측면에서 많은 노력을 기울였다.

첫째, 엄격한 법률을 세웠다.

역사를 살펴보면 통치자가 법률을 올바로 세우고 실행할 때 탐관오리가 근절되고 관리들이 청렴한 정치를 행하게 된다.

제갈량은 유비를 보좌하여 익주를 얻고 나서 과거 유장이 익주를 통치할 시기의 상황을 지적했다. "법률이 엄격한 체계를 갖추지 못하여 기강이 흐트러지고 서로의 잘못을 눈감아주어 올바른 정치가 이루어지지 못했다. 권력을 남용해 군신의 도가 무너져 자신을 따르는 자에게는 특혜를 주고 그 특혜가 없으면 태만해졌다." 이런 이유로 제갈량은 엄격한 법률로 촉나라를 다스려야 한다고 강하게 주장했다. 그는 관리들에게 "마음을 깨끗이 하고 욕심을 비워 스스로 근검절약하고 백성을 사랑하라"고 요구했다.

관리들이 욕심을 비우고 근검절약하며 청렴한 정치를 행하도록 하기 위해 심지어는 가뭄이 들었을 때 금주령을 내려 술을 빚는 자는 형벌에 처하고 술 빚는 도구를 숨긴 자도 형벌을 처하도록 규정했다. 또한 제갈량은 여러 가지 규율을 만들어 신하들을 독려했다.

둘째, 청렴결백을 주장했다.

통치자의 청렴결백은 관리들이 부정부패를 일삼지 않고 청렴하게 공직생활을 하는 데 필수조건이다. 청렴결백하려면 반드시 다음 세 가지에 주의를 기울여야 한다.

하나는 나라를 위해 충성하되, 사사로운 욕심으로 자기 잇속을 챙기지 않도록 해야 한다. 다시 말해 재물에 대해 분명한 인식이 있어야 한다. 나라에 대한 충성심이 깊은 자들은 대체로 청렴하다. 그와 달리 탐관오리들은 재물을 목숨같이 여기고 사사로운 욕심에서 빠져나오지 못한다. 제갈량은 촉나라를 다스릴 때 끊임없이 전자를 주장하고 후자를 경계했다. 그가 칭찬하고 발탁한 대부분 관리는 나라에 대한 충성심이 투철했는데, 사리사욕이 채우려는 자들은 완전히 배척당했다. 제갈량이 높이 평가하고 중용했던 인물 중에는 충성심이 깊고 고아한 기상을 갖췄으며 백성의 안녕을 근본으로 삼아 정치했던 장완, 강력한 충성심을 보였던 동화, 공적인 일 외에는 말을 아꼈던 양홍, 직무에 충실했던 강유 등이 있다. 이들과 달리 항상 자신의 몸을 사리며 나랏일을 수수방관하면서도 명성을 좇고 자기 이익에만 연연해하던 이엄은 제갈량한테서 경멸과 책망을 받았다.

다른 하나는 검소함을 강조하되 사치는 반대했다.

많은 사례를 살펴보면 근검과 절약은 서로 밀접한 관련이 있다. 또한 탐욕과 사치도 불가분의 관계에 있다. 일반적으로 백성의 어려움을 살필 줄 알고 근검절약한 관리는 청렴한 정치를 행한다. 반면 백성의 어려움에는 관심이 없고 주색에 빠져 방탕한 생활을 일삼는 관리들은 백성의 재산을 빼앗으려 했다. 제갈량은 촉나라 관리들의 청렴결백을 위해 검소함을 강조하고 사치를 반대했다. 또한 검소함으로 덕을 기를 수 있고, 욕심 없는 깨끗한 마음이어야 뜻을 밝힐 수 있다고 말했다. 제갈량이 중용한 많은 관리도 근검절약을 실천하고 청렴결백한 정치를 행했다. 예를 들어 그와 장완의 뒤를 이어 촉나라의 승상이 된 비의는 고아한 성품을 갖췄으며 소박하여 집안에 재산을 쌓아두려 하지 않았다. 그의 아들들도 검소한 옷을 입었고, 식사도 소박하게 하고, 외출할 때는 수레를 이용하지 않아 서민들과 조금도 다르지 않았다. 상장 자리에 있었으며 군신의 수장이었던 강유는 청렴하고 소박하다 못해 초라한 집에 살았고 재산은 없었다. 또한 별당에 첩을 두어 불결한 행동을 하는 일도 없었고 후당에서 음악을 연주하거나 노래하는 소리도 들리지 않았다. 유파는 청렴하고 수수한 생활을 하면서 재산 불리기에는 관심을 두지 않았다. 동화는 솔선수범하여 절약하고 수수한 옷을 입었으며 간소한 식사를 했다. 또한 신분에 벗어나는 행위를 금하고, 이에 대한 규제를 만들어 부임한 곳마다 건전한 분위기를 조성해 백성이 법규를 두려워하고 범하지 않도록 했다. 역사는 그를 두고 "관직에 올라 녹봉(祿俸)을 받으면서부터 밖에서는 먼 지역의 장관이 되었고 안에서는 나랏일의 중추를 맡아 20여 년을 지냈건만 죽을 때는 집에 쌀 한 가마니의 재산조차 없었다"라고 기록한다. 동화가 죽은 후 제갈량은 여러 차례 그를 칭송하며 관리들에게 그를 본받도록 했다.

마지막 하나는 술과 여색에 제한을 두었다.

술은 성품을 흔들어 혼란스럽게 하고 색은 사람을 미혹케 한다. 제갈량은 관리들이 청렴한 생활을 유지하도록 술과 여색에 제한을 두었다. 연회를 여는 목적은 예와 정을 표현하기 위해서라고 생각했던 그는 이렇게 주장했다. "술은 적절히 마시고 절제할 줄 알아야 한다. 또한 예를 다 표했으면 그 자리에서 물러나야 한다. 그로써 진정한 화목이 이루어진다. 주인의 흥이 아직 미진하고 손님도 여지가 있을 경우에는 취하도록 마실 수 있으나, 어지러울 정도로 마셔서는 안 된다." 또한 제갈량은 음탕하고 나태하면 정신을 제대로 다스릴 수 없다고 생각했다. 이와 관련해 그는 후주 유선의 부패를 방지하기 위해 동윤을 시중으로 임명하고 호분중랑장을 겸하도록 했으며 황궁을 수비하는 근위병을 모두 관리하도록 했다. 동윤은 아름다운 여인을 뽑아 후궁을 채우려던 유선에게 "고대 황제의 후비는 열두 명을 넘지 않았으며, 지금 궁궐 안의 비인이 벌써 채워졌으니 더는 늘리지 않는 것이 옳습니다"라고 주장하며 끝내 그의 청을 들어주지 않았다.

셋째, 솔선수범했다.

제갈량은 자신이 주장하는 것을 먼저 실천함으로써 모범을 보였다. 그의 가슴속에는 한 왕실이 항상 자리하고 있었으며, 선주 유비와 후주 유선을 구분하지 않고 죽는 날까지 충성을 다했다.

제갈량은 자기 자신에게 굉장히 엄격한 사람이었다. 그는 고위 관직에 올라 촉나라의 대권을 장장 10여 년간 장악하면서 늘 한결같이 청렴하고 근신하는 모습을 보여주었다. 교만하거나 개인의 이익을 도모하거나 사치하는 일도 없었으며, 솔선수범하여 관리들이 청렴하도록 격려했다. 관리의 청렴을 그토록 중요하게 여겼던 그의 집에는 뽕나무 800그루와 메마른 땅 15이랑이 전부였다. 필요한 옷과 음식은 모두 관부에서 주는데, 재산이 무슨 필요가 있느냐고 하면서 재물을 모으지 않았다. 이처럼 근검절약하는 그의 태도는 재물이나 권세를 믿고 횡포를 부리는 호강지주들의 탐욕스럽고 극악무도한 삶과 크게 대조를 이룬다. 당시 삼국의 통치자들 가운데 제갈량 같은 인물은 극히 드물었다.

관리로서의 청렴과 함께 중요한 것은 가정을 잘 다스리고 자녀교육에 힘쓰는 것이었다. 제갈량은 자녀들에게 굉장히 엄격한 아버지였다. 북벌에 나섰을 때 그는 아들 제갈교와 여러 장수의 자제들에게 군사와 영욕을 함께하도록 했다. 또한 그들에게 500~600명에 달하는 병사들의 군수물자를 산골짜기까지 운송하는 일을 감독하도록 했다.

역사는 유장에 대해 매우 사치스러운 생활을 영위하다가 결국 재산을 탕진하고 집안까지 기울었다고 기록한다. 이를 잘 알고 있던 제갈량은 죽는 날까지 청렴결백을 고수하며, 장례식도 간소화하라고 일렀다. 이처럼 제갈량은 평생 청렴하고 결백한 삶을 살았다.

그는 엄격한 법률을 세워 촉나라를 다스리고, 청렴의 모범을 보여 관리들이 청렴한 정치를 하도록 이끌었다. 따라서 당시 촉나라는 여러 가지 농기계가 있었고, 들판에는 곡식이 풍성하게 익어 고개를 숙였으며, 곳간에도 곡식이 가득 쌓여 있었다. 또한 길에 술에 취해 비틀거리는 사람이 없을 정도로 건전한 사회적 분위기가 조성되었다.

제 3 장

위대한 전략은 시대에 따라 바뀐다

제갈량의 삶에서 가장 주목을 받는 것이 바로 융중대책이다. 어떤 사람은 이를 천재적 전략이라

평가하고, 또 어떤 사람은 실패한 계획일 뿐이라고 말한다. 과연 융중대책은 그 시대에 맞는 전

략이었는가, 아니면 그 반대였는가? 또한 융중대책은 어떻게 실행되었는가?

융중대책은 실패한 전략인가

유비가 제갈량을 알게 된 것은 관도대전에서 조조에게 패해 유표에게 의탁한 채 인생의 갈피를 잡지 못하고 있을 때였다. 바로 그 무렵 유비는 삼고초려로 제갈량을 만났다. 그들은 천하를 삼등분하여 다스리는 것에 대해 이야기를 나누었는데, 그 계획이 바로 '융중대책'이다.

유비는 제갈량에게 "현재 조조가 북방을 차지하고 있고 천하가 군벌에 의해 할거되어 나는 설 자리가 없소"라고 토로하면서 어떻게 하면 자신의 뜻을 펼쳐 천하를 통일하고 한 왕실의 땅을 회복할 수 있는지 물었다.

이에 제갈량은 이렇게 대답했다.

"후한 말기의 무장 동탁 이래로 수많은 호걸이 여기저기서 반기를 들고 일어나 각 지역을 차지하고 있습니다. 조조는 하북 지역을 중심으로 강력한 세력을 구축한 원소와 비교했을 때 그만큼 명성을 얻지 못했고 따르는 무리도 적었으나 결국 그를 격파했습니다. 약자가 강자를 누른 것은 천운과 함께 사람의 노력 덕분입니다. 지금 조조는 100만 대군을 보유하고 천자를 위협하며 제후들을 호령하고 있으므로 절대 그와 다투어서는 안 됩니다. 그리고 손권은 3대째 강동에 웅거하고 있습니다. 강동은 지세가 험하고, 백성은 그를 믿고 따르며, 현명하고 능력 있는 인재가 많으니 도움이 될 수 있지만 함께 일을 도모하기는 어렵습니다.

형주는 북쪽으로 한수와 면수가 흐르고 남으로는 남해로 통하는 이로움이 있으며, 동쪽으로 오군·회계와 연결되어 있고, 서쪽으로 파촉과 통합니다. 이는 군사를 부리기에 유리한 전략적 요충지라는 뜻입니다. 하지만 그 땅의 주인 유표는 그곳을 지킬 만한 능력이 없습니다. 지금 하늘이 장군에게 그 땅을 주려 하는데, 장군의 뜻은 어떻습니까?

익주는 험준한 요새지만 1000리나 되는 기름진 땅과 생산물이 풍부한 곳으로, 한 고조는 이를 기반으로 제업을 이루었습니다. 이 땅의 주인인 유장은 어리석고 나약합니다. 그리고 북쪽을 차지하고 있는 오두미도(五斗米道)교의 교주 장로는 인구가 많고 부유한 나라를 소유하고 있으나 백성을 보살필 줄 모릅니다. 이런 상황이다 보니 지금 지혜롭고 재능 있는 선비들은 현명한 주인을 기다리고 있습니다.

장군은 황실의 후예로서 신의를 중요하게 여기고 영웅들을 거느리고 있으며 목마른 사람이 물을 찾듯 인재를 그리워합니다. 형주와 익주를 차지하여 험한 요새를 지키고, 서쪽과 남쪽으로 여러 오랑캐와 화친을 맺어 그들을 달래고, 밖으로는 손권과 동맹을 맺고 안으로는 정사에 힘쓰십시오. 그리고 천하에 변란이 있기를 기다렸다가 상장에게 명하여 형주군을 완과 낙양으로 진군하도록 하고, 장군은 몸소 익주군을 이끌고 진천으로 출격한다면 백성들은 기뻐하며 환영할 것입니다. 실로 이와 같이 된다면 패업을 이루고 한 왕실을 부흥시킬 수 있을 것입니다."

여기서 제갈량은 당시의 정세를 분석한 다음 천하삼분론을 설명하고 있다. 이는 중국을 세 나라가 나누어 갖는 전략적 대안이다.

제갈량이 융중대책을 내놓을 당시 유비는 그야말로 진퇴양난에 빠져 있었다. 따라서 현실성 있는 전략을 세우고 그 가능성을 철저히 점쳐봐야 했다. 형주와 양양을 먼저 점거한 뒤에 시간을 두고 파촉을 넘본다는 것은 당시 유비에게 유일한 생존 방법이었다. 물론 융중대책은 제갈량만이 생각해낼 수 있는 전략은 아니었다. 주유나 손권의 참모였던 노숙에게 의견을 물었다면 그들 또한 같은 의견을 내놓았을 것이다.

결론부터 이야기하면, 융중대책은 실현되지 못했다. 그 이유에 대해서는 의견이 분분한데, 어떤 사람들은 유비나 관우 혹은 제갈량의 무능함을 탓하기도 한다. 하지만 이 계획이 결실을 보지 못하고 중도에 좌절될 수밖에 없었던 진짜 이유는 각 지역을 차지한 세력의 변화무쌍함과 당시의 복잡한 정치 상황 때문이었다.

융중대책이 나오기 전 유표는 근거지를 강릉에서 같은 남군에 속한 양으로 옮겼다. 제갈량과 같은 생각을 하고 있었기 때문이다. 다시 말해 북쪽으로 중원을 노리고 서쪽으로 익주를 차지하려고 했던 것이다. 아마도 이 전략은 수하였던 괴월과 채모한테서 나왔을 가능성이 높다. 어쨌든 유표 역시 그 전략을 성사시키지 못했다. 결단력이 부족했고, 동쪽으로 늘 숙적이 도사리고 있었기 때문이다. 오히려 유표의 전략은 전부 들통나고 말았다.

젊은 나이에 제갈량이 보인 식견은 아주 예리했다. 그의 융중대책에는 세 가지 핵심이 있다. 먼저, 형주와 익주를 차지하는 것이다. 다음으로, 동쪽으로 손권과 결탁하는 것이다. 그리고 천하에 변란이 생기기를 기다리는 것이다. 여기서 융중대책이 과연 실현 가능성이 있었는지 한번 살펴보도록 하자.

우선 형주와 익주를 차지하는 것에 대해 이야기해 보겠다. 적벽대전 이후 형주의 양양에서 강하 일대의 상황을 살펴보면, 조조 역시 소득이 전혀 없었던 것은 아니지만 손권과 유비가 차지한 지역이 거점이라고 말할 수 있다. 하지만 손권이 중요한 남군을 차지하면서 융중대책은 그 첫 단추를 잘못 끼우게 되었다. 역사서에 상세한 기록은 없지만, 유비가 남군을 획득했다는 것은 엄연한 사실이다. 하지만 뒤이은 전투에서 유비는 형세를 유리하게 이끌어가지 못했다. 게다가 유장이 멍청한 인물이 아니었다면 유비와 제갈량은 더 큰 고생을 했을지도 모른다.

유비는 진천으로 들어가 법정의 보좌를 받으며 한중을 쟁탈하고 마침내 조조와의 전투에서 처음으로 승리를 거두었다. 그로써 편히 쉴 수 있는 자리를 확보한 그는 상용으로 눈을 돌렸다.

한나라의 제도에 따르면 상용의 여러 현은 본래 한중군에 속했다. 하지만 한나라가 멸망한 뒤로 신탐, 신의 등 거대 호족들이 험준한 지세를 가진 이 지역을 장악해 중앙정부에서도 이들을 통제하지 못했다. 유비도 군사를 진군시켰지만 완전히 제압하지는 못했다. 마지막에 신탐과 신의가 백기를 들기는 했으나, 상용의 지세가 험준하고 마치 철통 보루 같아서 호족들의 군대는 여전히 남아 있었다. 그 군대를 통제할 수 없자 유비는 어쩔 수 없이 당시 상황을 받아들여야만 했다.

유비는 맹달을 상용으로 보내 3군을 감독하도록 했다. 이는 결코 쉽게 내린 결정이 아니었다. 촉나라 내에서 복잡한 관계에 얽혀 있던 맹달은 문무관에서도 결코 얕볼 수 없는 막강한 영향력을 가졌다. 그런 그를 외부로 보낸 데는 정치 중심부에서 내쫓기 위해서이고, 그 명망과 군대를 이용해 신탐과 신의를 제압하기 위해서였다. 한편 맹달에게도 상용을 지키는 것은 이로운 일로, 수중에 좋은 패가 절로 굴러들어온 셈이었다. 뒤늦게 이 사실을 눈치 챈 유비는 유봉을 파견했다.

관우가 전쟁에서 패하자 이 미묘한 상황에서 큰 소용돌이가 일었다. 맹달은 애초부터 관우의 승리를 원치 않았던 것으로 드러났고, 그로써 그의 패는 점점 빛을 잃어갔다.

상용 3군이 위나라의 손에 넘어간다고 해도, 위나라에게 이곳은 먹지 못하는 풋사과에 지나지 않았다. 정치적으로는 성과가 있을지 몰라도 실질적으로는 아무런 소득이 없는 곳이었다. 이 문제는 나중에 사마의가 기회를 잡아 쉽게 상용을 차지하면서 해결되었다.

상용을 잃자 형주와 익주로 가는 통로는 이제 삼협뿐이었다. 이전에 유비는 군대를 두 차례나 파견시켜 병사가 부족한 상태였고, 관우의 병력도 축소될 수밖에 없었다. 결국 유비는 오나라에 국토의 절반을 빼앗기고, 관우는 진퇴양난에 빠지고 말았다. 그들은 상용과 통하는 통로를 찾아내려고 온갖 노력을 다했지만 양양의 특수한 전략적 위치로 오나라와 위나라가 결탁함으로써 그 바람은 무참히 짓밟히고 말았다. 결국 융중대책의 실현 가능성은 완전히 물 건너갔다.

이번에는 동쪽 지역을 차지한 손권과 결탁하는 것에 대해 살펴보겠다. 손권의 입장에서 조조와 유비 간의 싸움에 오나라가 들러리를 선다는 것은 용납할 수 없는 일이었다. 주유와 노숙, 감녕 등은 일찌감치 형주에 눈독을 들이고 있었다. 또한 그들은 장강 끝까지라도 가서 천하를 움켜쥐고자 하는 야심을 가졌다. 어찌 보면 제갈량보다 배포가 더 컸다고 말할 수 있다. 그들은 당시 천하의 형세와 손권의 능력을 바탕으로 전략을 세웠는데, 그것은 우선 남쪽을 장악한 뒤에 북쪽을 치는 것이었다. 이는 융중대책보다 실현 가능성이 더 높은 전략이었다.

손권과 유비의 동맹관계와 상황이 진행되는 상태로 봤을 때 훗날 그들 간의 싸움은 불가피해 보였다. 따라서 융중대책의 실패가 전적으로 유비 혹은 관우, 제갈량 한 사람의 탓이라고 말하는 것은 잘못이다. 유비가 익주로 갔다면 손권은 그 틈을 타서 관우를 공격하려고 했을 것이다. 손권은 호랑이를 곁에 둘 인물이 아니었다. 손권에게 관우는 전성기 때의 유표보다 더 위협적인 존재였다. 게다가 관우의 군대는 나날이 강대해지고 있었다.

융중대책에서 손권과의 연맹을 주장했지만 '과연 무엇을 빌미로 삼아 그와 결탁할 것인가' 하는 문제를 진지하게 고민하지 않았다. 이 점은 분명 실수였다. 조조가 대규모 군대를 이끌고 국경을 압박할 때 촉나라와 오나라는 자국의 안위를 위해 결속하겠지만, 외부 공격이 없는 경우에는 상호간의 이익 분배를 두고 갈등을 일으키다가 우위를 점하기 위해 다툴 것이 뻔했다.

관우가 볼 때 남군 지역의 상황은 위태로웠다. 서둘러 공격하지 않으면 양쪽에서 압력이 들어와 손 쓸 사이도 없이 당할 것이 불을 보듯 뻔했다. 한편 관우의 힘이 커질수록 손권은 그를 가만히 놔둘 수가 없었다. 당시 관우는 손권의 동맹 요청에 대한 태도가 아니라 전체적 전략에 대해 숙고하지 않은 잘못을 범했다.

마지막으로 융중대책에서는 앞의 두 가지 전략을 성공시킨 다음 '천하에 변란이 일어나기를 기다린다'고 했다. 하지만 이 두 가지가 무산되었으므로 천하에 변란이 일어나더라도 융중대책은 이미 효력을 잃고 말았다.

제갈량은 사실 이 문제를 염두에 두고 있었다. 그래서 유비가 동쪽으로 세력을 확장하는 것에 반대했다. 당시 촉나라가 가장 먼저 할 일은 전략 수정이었다. 유비는 적절한 시기에 손권과의 관계를 점진적으로 회복시켜야만 했다. 하지만 물불 가리지 않고 관우의 원수를 갚겠다고 덤빈 유비의 무모함과 의형제의 죽음으로 오나라와의 관계는 더욱 악화되어 갔다. 이를 두고 전적으로 제갈량의 탓이라고 해서는 안 된다. 당시 그의 정책 결정권은 방통이나 법정보다 약했기 때문이다.

어떤 사람들은 "용맹한 장수였던 방통을 앞세우고도 유비가 전투에서 승리하지 못했으니 결코 훌륭한 우두머리라고 할 수 없다. 그런데 제갈량의 용병술은 이런 유비에도 미치지 못하는 것이었다"라고 평가한다. 이 평가에 대해 확실히 말해 두고 싶은 것이 있다. 해를 거듭하며 군대를 일으켜 큰 나라를 위협했던 제갈량이 유비보다 못하다는 말은 어불성설이라는 것이다. 제갈량은 여러 차례 전투를 감행했다. 대륙의 한 귀퉁이에 자리하고 있던 촉나라에게 이것은 불가피한 선택이었다. 적극적인 방어 태세를 취하지 않으면 살아남기 힘들었기 때문이다. 제갈량의 군사 통솔력은 단연 으뜸이었고, 이런 이유로 고금을 막론하고 사람들은 그를 칭송하는 것이다.

그러나 지나치게 과장해서 제갈량을 맹목적으로 칭송하는 것은 잘못이다. 일부 역사학자들은 계속 공격하는데도 사마의가 대항하지 않은 것은 제갈량이 더 강력했기 때문이라는 억지를 부린다. 본래 전쟁이란 도에 어긋나는 일이며, 손권도 "전쟁은 어차피 속임수다"라고 말했다. 전쟁에서 승리하려면 거짓과 속임수가 있을 수밖에 없고, 전쟁에서 자신의 강점으로 상대의 약점을 공격하는 것은 당연한 일이다.

촉나라와 서부 지역에서 접전을 벌였을 때 사마의는 막강한 군사력을 보유했음에도 공격을 자제하고 수비에 전념했다. 원정에 나선 촉나라는 속전이 유리하다고 생각했는데, 사마의는 이 점을 간파하고 촉나라 군사가 스스로 지칠 때까지 기다렸던 것이다. 그런데 이를 두고 무지한 자들은 사마의가 전쟁이 두려워 피한 것이라고 말한다. 요동을 정벌하고 상용을 격파했던 사마의가 과연 전쟁을 무서워했을까. 단지 그는 상대에 따라 전술을 달리했을 뿐이다.

사마의는 특히 위나라 내부에서 위나라를 공격하겠다는 밀서를 제갈량에게 전하고, 반란을 꾸미던 맹달을 격파시키고 나서 그와 거사를 함께한 신탐과 신의를 공격하여 승리를 거두었다. 그로써 위나라의 세력을 한중의 동쪽 지역까지 떨쳤다. 반면 제갈량은 지나치게 안전을 지향한 나머지 결국 아무런 성과도 거두지 못했다.

육출기산에서 시의적절했던 북벌은 1차 때뿐이었다. 그때 위연은 제갈량에게 자오곡을 통해 장안을 침공하자는 전략을 제시했는데, 이는 위험은 있었지만 성공 가능성은 굉장히 높았다. 촉나라가 위나라를 물리치기 위해서는 기발한 전략을 써야 했지만 제갈량은 소심하고 조심성이 많아서 그의 전략을 받아들이지 않았다.

흥미로운 사실은 2차 북벌에서 제갈량이 곧장 관중을 공격했다는 것이다. 이런 결정에는 위연의 의견이 영향을 미친 듯하다. 하지만 위나라 장수 조진이 제갈량의 계획을 꿰뚫어보고 관중의 방어 태세를 재정비해 놓아 2차 북벌은 실패로 돌아갔다. 이런 점으로 미루어보아 "제갈량은 군대를 통솔하는 능력은 뛰어났으나, 탁월한 전략가는 아니었다"라는 진수의 평가가 옳았다고 할 수 있다.

과연 융중대책은 예견된 것인가

어떤 사람들은 앞날에 대한 제갈량의 식견을 보잘것없다고 평가한다. 한 역사학자는 "당시 제갈량이 살던 지방은 예주와 형주 사이에 있어 교통이 발달했으며 소식을 빠르게 전달할 수 있었다. 또한 그는 일부 명사들과 자주 왕래해서 형국을 정확히 분석할 수 있었을 뿐, 이를 두고 대단한 예견이라고 평가하는 것은 부적절하다"라고 말했다.

그러나 제갈량의 뛰어난 능력은 융중대책에 집중되어 있다고 말할 수 있다. 이 계획에서 우리는 그의 뛰어난 안목을 발견할 수 있다. 그는 초려를 나서지도 않은 채 천하삼분을 알았고, 유비를 위해 뛰어난 정치적 노선을 제시해 주었다. 한 왕실을 회복하여 천하를 통일하려던 유비에게 융중대책은 자신의 꿈을 실현시켜줄 멋진 계획이었다. 흥미로운 것은 지금처럼 교통이나 통신이 발달하지 못한 상황에서 어떻게 이처럼 정확하게 형세를 파악하고 미래를 정확히 예측했을까 하는 점이다.

명나라 관리 홍자성의 《채근담》에 보면 "바람이 잠잠하고 물결이 고요한 중에 인생의 참된 경지가 보이고, 차분하고 평온한 곳에서 마음의 본 모습을 알게 된다"라는 구절이 나온다. 이는 평온한 환경과 소박한 생활 속에서 인생을 깨달을 수 있다는 의미다. 제갈량의 삶은 진정 이와 같았다고 말할 수 있다. 〈아들을 훈계하는 글〉에 보면 제갈량이 융중대책을 제시한 이유가 드러나 있다. "군자는 고요한 마음으로 수양하고 소박함으로 덕행을 길러야 한다. 욕심을 비우고 마음을 깨끗이 해야 뜻을 이룰 수 있으며, 마음이 편안하고 고요해야 원대한 포부를 이룰 수 있다. 학문을 연마할 때는 마음이 편안해야 한다. 또한 배우지 않고서는 많은 재능을 가질 수 없으며, 포부 없이 학문을 이룰 수 없다. 방종하면 강인한 정신력을 갖출 수 없으며 조급하면 마음을 훈련시키기가 어렵다."

당시 양양은 지리적 위치로 봤을 때 삼국이 만나는 지점에 있었다. 또한 정치·경제·문화의 교차지로 뛰어난 재능을 가진 선비와 지식인이 많이 모인 곳이었다. 제갈량은 그곳에서 좋은 벗들과 함께했는데, 당시 그의 지적 능력은 그들보다 뛰어났다.

융중대책의 예견은 예주와 형주 간의 편리한 교통과 빠른 소식통에 근거한 것은 사실이지만, 어떤 예견이든 간에 모두 객관적 상황에 근거하여 결과를 분석하기 마련이다. 어떤 사람들은 당시 오나라 손권의 총참모 노숙, 위나라 조조의 모사 정욱과 같은 인물도 이런 예견을 했으니 제갈량의 경우를 두고 거창하게 예견이라고 평가하는 것은 지나친 과장이라고 말한다.

유비의 삼고초려는 건안 12년(207년)의 일로, 제갈량은 바로 이 해에 융중대책을 제시했다. 다시 말해 적벽대전이 일어나기 한 해 전의 일이다. 노숙과 정욱은 모두 건안 13년에 예견했는데, 이는 조조가 남쪽 지역 정벌에 나섰을 때로 당시 영웅들의 소견이 비슷했다고 말할 수 있다. 그러나 시간상에서는 차이가 난다. 제갈량이 그들보다 1년 빨랐으므로 그의 경우에는 예견이라고 할 만하다. 이후 역사의 진행 과정을 살펴보면 촉나라의 세력이 왕성해진 것은 융중대책에 따른 결과임이 분명하다.

군사 배치는 과연 실패였나

송나라의 문인 소철은 "제갈량은 유비에게 천하를 버리고 파촉으로 들어가기를 재촉했는데, 당초 그 땅을 선택한 것은 적절치 못했다"라고 했다. 촉나라 땅의 기후가 그다지 좋지 않았다는 것은 그 이유였다. 중국을 대표하는 사상가 왕푸즈는 "제갈량은 유비에게 직접 군대를 통솔해 진천을 나오게 하고, 또 한쪽으로는 완과 낙양으로 향하게 했으니 이는 옳지 못한 판단이었다"라고 말했다. 이는 제갈량의 융중대책이 전략상의 위치를 잘못 지정했다는 지적이다.

그러나 융중대책은 기본적으로 훌륭했으며, 익주에 주력한 것은 상당히 정확하고 뛰어난 전략이었다고 생각한다. 익주는 지세가 아주 험한 곳으로, 음평과 검각 등의 땅은 소수의 군사로도 충분히 방어할 수 있는 전략적 요충지였다. 그러므로 전략 전술을 잘 세워 수비만 잘한다면 익주는 충분히 천하를 쟁취할 수 있는 근거지가 될 만한 곳이었다. 제갈량은 유비에게 형주와 익주를 차지할 것을 건의하면서 우선 약한 곳부터 치도록 했다. 당시의 상황을 객관적으로 볼 때 대단히 현실적인 처신이었고, 훗날 상황도 제갈량의 예측대로 전개되었다. 적벽대전이 끝난 뒤 유비는 조조와 맞설 수 없는 상황에 처해 서쪽으로 뻗어나갈 수밖에 없었는데, 이것만 보더라도 융중대책이 대단히 정확했음을 알 수 있다.

'주력을 익주에 두느냐, 형주에 두느냐' 하는 문제를 따져봤을 때 이론적으로는 형주에 두는 것이 옳았다. 형주는 군사를 써서 싸움을 할 만한 곳으로, 완과 낙양을 공격할 수 있는 전략적 요충지였기 때문이다. 하지만 객관적인 상황이 사람의 생각을 바꿀 수는 없었다. 적벽대전 후에 형주는 분리되었고 유비는 공안, 강릉, 이릉을 차지했다. 이곳은 모두 지형이 좁고 기다란 형태를 띠고 있어 적의 공격에 노출되어 있었다. 다시 말해 북부와 동부는 조조와 손권에 포위되었고, 서부는 높은 산과 험한 협곡에 면해 있어 서촉과의 소통이 단절되었다. 따라서 군사적으로 위험에 처하면 후원군을 요청하기가 아주 힘든 지형으로, 후퇴할 만한 여지도 없는 곳이었다.

《구주춘추》를 보면 이런 기록이 나온다. "모두가 유비에게 말하길 '형주는 황폐하고 인재가 다했습니다. 동으로는 오나라의 손권이 있고 북으로는 조조가 있으니 천하삼분 계략은 성공하기가 어렵습니다'라고 했다."《삼국지》〈법정전〉에서도 이와 관련된 기록을 볼 수 있다. "제갈량이 답하여 말하길 '주공이 공안에 있을 때 북쪽으로는 조조의 강대함을 두려워하고 동으로는 손권의 압박을 걱정하고 가까이로는 손부인 신변에 변고가 생길까 두려워했습니다. 그때는 진퇴양난의 처지였습니다'라고 했다."

만약 주력을 형주에 두었다면 촉나라는 도읍을 이곳으로 정해야 했는데, 이는 매우 위험한 일이었다. 형주는 쉽게 함락될 수 있는 곳이 아니던가! 유비 또한 형주의 중요성을 간과하지 않았는데, 이 지역을 두고 오나라와 두 차례 전쟁을 치렀던 것이다. 215년의 일이었다. 손권은 여몽을 보내어 장사, 영릉, 계양 등 3군을 취하도록 했으며, 유비는 직접 5만 군대를 이끌고 형주 3군을 놓고 오나라와 쟁탈전을 벌였다. 이후 조조가 한중을 차지하자 유비는 익주를 잃을까 걱정스러워 그제야 오나라에 전투를 중단하자고 전달했다. 관우가 죽었을 때 유비는 가능한 한 모든 군대를 동원하여 오나라를 토벌하려 했으나 결국 실패하고 말았다. 그로써 촉나라의 형세는 기울기 시작했고 형주에 도읍을 두려던 계획은 물거품이 되기 직전이었다.

관우의 일은 적을 얕보던 그의 오만함에서 비롯되었다. 하지만 다른 각도에서 봤을 때 삼국의 교차지에 있던 형주라는 민감한 지역에서 군사적 행동을 취하면 아주 쉽사리 쌍방의 공격을 당할 수밖에 없다는 사실을 깨닫는 계기가 되었다. 유비는 처음에 자신의 군대를 적재적소에 배치하고 서촉에서부터 촉나라를 세웠다. 계양은 한동안 전성기를 구가하는가 싶었는데, 후에 형주가 습격을 당하고 이릉은 참패하고 말았다. 그 원인으로는 여러 가지가 있겠지만, 융중대책에서 그 원인을 찾기보다는 관우(오나라와 연합하여 위나라를 멸망시킨다는 생각)와 유비(오나라와 연합하여 위를 멸망시키고, 익주에 도읍을 정해 기회를 기다렸다가 움직이겠다는 생각)가 이 계획에 따르지 않았기 때문이라는 것이 더 타당하다.

제갈량이 융중대책에서 진천을 주요한 돌파구로 삼아 완과 낙양으로 진군하도록 한 군사 전략은 당시의 천하대세에 비추어볼 때 심사숙고 끝에 내린 적절한 선택이었다.

융중대책의 득과 실

청나라 때 간행된 고전 산문 선집인 《고문사유찬》에는 북송의 병법학자 소순의 《권서》〈항적〉이 실려 있다. 이 글에 실린 항우의 용병술에 대한 평가를 살펴보자. "항우는 전투에서 백전백승할 정도로 뛰어났으나 생각이 짧고 도량이 좁아 천하를 제압하기 위한 전략의 중점을 함양에 두지 못했다. 결국 그는 해하에서 죽고 말았다." 또한 이 글에는 제갈량이 전략상 중대한 실수를 저질렀다는 내용이 언급되어 있다. "제갈량은 형주를 버리고 오히려 서촉을 취했는데, 이는 무능함에서 비롯된 실책이다. 그는 촉나라의 지세가 군대를 위험에 빠뜨릴 수 있다는 사실을 사전에 알지 못했다. 그는 촉나라 땅에서 중원으로 들어갈 때 반드시 거쳐야 하는 검문(劍門)만 있으면 멸망하지 않을 것이라고 여겼다. 촉나라 땅은 안에서 수비에 힘써야지 외부 공격에 중점을 두어선 안 되는 곳이었다. 싸움터로 나갈 경우 보급로를 차단당해 결국 군대는 고립된 채 두려움에 떨 수밖에 없다. 그런 상태에서 어찌 중원을 제압할 수 있단 말인가.

지금 부자들은 교통이 남북으로 발달한 도읍에서 살면서 재물을 사방으로 퍼지게 하여 천하로부터 이익을 얻으려고 한다. 작은 마을에 사는 백성들은 금 덩어리 하나만 얻어도 상자에 넣어 여러 겹 숨기고 문을 걸어 잠근 채 그저 지키려고만 한다. 하지만 잃지 않으려고 애쓴다면 결코 부자가 될 수 없다. 나중에는 큰 도둑이 들이닥쳐 빼앗아갈 것이니, 제갈량은 그곳을 결국 잃게 되리라는 것을 몰랐다." 소순은 제갈량이 전략의 중점을 익주에 두어 천하를 취할 수 없었다고 분석하면서, 이것이 그의 실패 원인이라고 지적했다.

마오쩌둥은 제갈량에 대해 이렇게 말했다. "애초 제갈량의 잘못은 융중대책에서 비롯되었다. 그는 병력을 1000리나 멀리 떨어진 형주와 사천 지역에 갈라놓았다. 그리고 관우와 유비, 제갈량 자신이 병력을 셋으로 쪼개어 가졌으니 어찌 패배하지 않을 수 있었겠는가." 마오쩌둥은 소순이 지적한 제갈량의 전략상 실책에 대해서는 찬성하지 않고, 촉나라의 멸망 원인을 융중대책이라고 지적했다.

중국 병법에서는 '병력 집중'을 강조한다. 병력을 집중시킨 세력이 병력을 분산시킨 적을 이길 수 있다고 보았던 것이다. 이는 마오쩌둥 자신이 자주 쓰던 책략이기도 했다. 그의 견해로 봤을 때 촉나라는 병력을 셋으로 나누어 멸망으로 치닫게 되었다는 것이다.

제갈량이 가정 땅을 잃은 마속을 군율에 따라 눈물을 흘리며 처형한 일은 슬픈 이야기로 전해진다. 이 사건을 평한 글이나 경극 공연에서는 법률을 엄격히 집행하기 위해 아까운 인재를 눈물을 흘리며 처형할 수밖에 없었던 제갈량을 찬양한다. 하지만 마오쩌둥은 이 사건에 대해 자신만의 독특한 견해를 피력했다. "첫 전투에서 제갈량은 마땅히 자신이 직접 진영을 이끌어야 했다. 또한 가정 전투에서도 그가 직접 대군을 이끌고 진군해야 했다." 제갈량이 1차 북벌에 실패한 원인은 병력을 잘못 배치했기 때문이다. 장합이 마속을 포위하고 있을 때 제갈량은 북쪽 가정으로 진격하여 마속과 합동 작전을 펼쳐 장합과 결전을 벌였다면 승리를 거둘 수 있었다는 것이 마오쩌둥의 생각이다.

명제 청룡 2년(234년) 제갈량은 10만 대군을 이끌고 야곡(斜曲)을 나와 위수 남쪽 언덕에 제방을 쌓았다. 명제는 사마의에게 명하여 촉나라 군대를 제압하도록 했다. 당시 대군을 이끌고 나왔으므로 속전속결하는 것이 가장 좋은 전략이었다. 그런데 사마의는 수비만 할 뿐 섣불리 공격을 시도하지 않았다. 촉나라 쪽에서 여러 차례 싸움을 걸어오자 장수들이 제갈량과 결전을 벌이자고 건의했음에도 사마의는 동의하지 않고 적이 지치기를 기다렸다. 그러자 제갈량은 사마의에게 여자들이 쓰는 장식품을 보냈는데, 이는 화를 돋우어 싸움을 유도하기 위한 것이었다. 이에 사마의는 그가 지쳤다는 사실을 알아차리고 일부러 크게 화난 척하며 분노에 찬 병사들을 진정시키기 위해 일부러 조정에 결전을 허락하도록 요청했다. 조정은 이를 허락하지 않았고, 후한 말의 문신 신비 또한 사마의의 생각을 알아차려 나가 싸우지 말고 지키라는 공문을 내렸다. 왕명을 빌어 제갈량을 제압한 사마의의 지략은 대단했다. 그는 직접 싸우지 않고도 제갈량 스스로 패하게 만들었던 것이다. 마오쩌둥은 "사마의는 제갈량의 지혜에 대적했다. 그는 굉장히 뛰어난 인물로, 내가 보기에 조조보다 훨씬 똑똑하다"라고 말했다.

융중대책은 유비에게 근거지를 마련해주는 등 중대한 영향력을 미쳤다. 그러나 또 한편으로 융중대책의 전략적 실책으로 촉나라 군대는 발전하지 못했으며, 결국 단명하고 말았다. 중국 병법 이론을 바탕으로 이 계획의 전략적 실책을 분석해보면 세 가지 결론을 낼 수 있다.

첫째, 전략사상 면에서의 실책이다.

중국 병법에서 추구하는 최고의 방법은 '싸우지 않고 상대를 굴복시키는 병법'이다. 《손자병법》을 보면 이런 글이 나온다. "최고의 장수는 적의 군대를 굴복시키지만 전쟁을 강행하지 않으며, 적의 성을 함락하지만 구태여 공격을 일삼지 않는다. 적국을 허물어뜨리되 장기전은 펼치지 않는다. 반드시 자국의 군사를 온전히 지키면서 천하를 두고 다툰다. 그러므로 그 군사는 피해를 입지 않으며 그 이익을 온전히 유지할 수 있는 것이다. 이것이 모략으로 공격하는 방법이다." 요컨대 전쟁을 벌이지 않고 주변의 안전을 확보하면서 승리를 거두어 모두의 이익을 실현하는 것이야말로 최고의 전략이다.

그와 달리 병사를 일으켜 전쟁을 벌이고 성과 땅을 공격하여 죽기살기로 싸우는 것은 전략상 하책이다. 유명한 병법서 《울요자》에서는 "전쟁에서 두 번 승리한 경우 그 피해를 따져봤을 때 한 번 패배한 것과 같다"라고 했다. 백전백승이라고 해서 무조건 뛰어난 것이 아니라 오히려 싸우지 않고 이기는 것이 뛰어난 병법이라고 말할 수 있다.

그러나 융중대책의 주된 사상은 '승리를 위해 먼저 전쟁을 일으키는' 것이었다. 결국 유비 세력을 격전의 소용돌이로 몰고 가서 쉴 새 없이 전쟁을 할 수밖에 없도록 만들어 굳이 싸워서 승리를 구하도록 만든 셈인데, 이는 이 계획의 전략상 실책이라고 하겠다.

둘째, 전략적으로 불리한 위치를 선택했다.

중국 병법에서는 자연지리적 조건을 전략상 중요한 요소로 손꼽는다. 유리한 전략적 위치를 차지하여 지형의 유리한 조건을 충분히 활용했을 때 전쟁에서 승리를 거머쥘 수 있다. 《손자병법》〈지형편〉을 보면 이런 내용이 나온다. "적의 상황을 잘 헤아려 승리할 수 있는 계획을 세우고, 사전에 전투를 벌일 지형이 험한지 평탄한지를 살피고 도로의 멀고 가까움을 잘 계산하는 것이 훌륭한 장수의 임무다. 지형의 장점을 잘 파악하고 이를 작전에 활용하는 장수는 반드시 승리하며, 그렇지 못한 장수는 반드시 실패한다." 이는 장수가 적과 자신의 힘을 잘 파악하여 그에 따라 유리한 장소를 선택해야 한다는 의미다. 또한 원정에 나설 경우 후발대의 지원이 없으면 승리하기 어렵고, 손에 넣어도 수비가 힘들어 유지하기 어려운 지역은 쟁취할 필요가 없다는 의미다.

융중대책에서 유비 세력이 차지하고자 했던 전략적 지역은 형주와 익주였다. 형주는 전략적으로 반드시 쟁취해야 하는 곳이자 시비가 분분했던 곳이다. 다시 말해 유비에게 점령당한 형주는 유비 세력을 전략상 수동적인 상황에 처하도록 만들었으며, 결국에는 다시 빼앗겨 수많은 촉나라 병사를 잃게 만들었다. 익주는 지리적으로 변방에 위치하여 공격해 들어가기는 쉽지만 출정하기에 어려움이 많아 천하를 제압할 때 무리가 따르는 지역이었다. 제갈량은 익주에서 병사를 일으켜 여섯 차례의 출정 끝에 여섯 차례 모두 패했는데, 객관적인 실패 요인은 지리적 조건이었다.

셋째, 전략적 조치가 미흡했다.

전쟁은 다양한 실력을 겨루는 장이며, 여러 방면에서 실력이 강한 자가 약한 쪽을 이기게 되어 있다. 《손자병법》에서는 "전쟁은 이길 수 있는 형세를 만드는 자가 승리한다"라고 했다. 그래서 모든 중국 병법은 병력을 집중시켜 병력이 분산된 적을 이기는 것을 대단히 중시했다. 상대보다 약세에서 출발한 전쟁일 경우 최대한 전쟁의 주도권을 확보하는 데 힘써야 한다. 이를 위해서는 적을 조정해야지 적에게 조정당해서는 안 되고, 적의 병력을 분산시키고 자국의 병력을 집중시킴으로써 적을 섬멸해야 한다. 융중대책에서는 천하에 변란이 있기를 기다렸다가 한 군대는 진천으로 출격하고 다른 군대는 완과 낙양으로 출격하면 천하를 취할 수 있다고 했다. 진천으로 출격할 때는 한 고조 유방이 천하를 제패하려던 옛 경로를 이용하고, 완과 낙양으로 출격할 때는 한 광무제 유수가 한 왕실의 중흥을 계획한 곳을 경로로 이용한다. 역사를 살펴보면, 유비는 형주를 점령한 후 서쪽으로 익주를 취했다. 그다음 형주에 관우 군대를 주둔시켜 지키도록 했다. 제갈량은 성도를 차지하고 나서 또 한중으로 진군했다. 이런 이유로 마오쩌둥은 "관우, 유비, 제갈량이 병력을 삼분화했다"라고 말한 것이다. 그렇지 않아도 상대에 비해 약한 병력을 셋으로 나누어 병력 집중화를 이루지 못한 촉나라는 결국 멸망으로 치닫는 비극을 맞이했다.

유비는 제갈량 덕분에 천하의 한 모퉁이 땅을 차지할 수 있었다. 그로써 당시 형세는 위·촉·오 이렇게 세 나라가 대립하는 국면이었다. 물론 이는 융중대책 덕분이었지만, 그보다는 당시의 역사적 대세가 그렇게 흘러갔다고 보는 것이 옳다.

결론적으로 말하면 융중대책은 당시 실정에 맞지 않았고 병법을 제대로 활용하지 못한 전략이었으며, 제갈량은 뛰어난 전략가가 아니었다. 또한 훌륭한 책략이 결여되었고, 그의 명석함이 조금 부족했다. 위나라 참모 곽가가 조조에게 올린, 조조에게는 10가지 승리 요인이 있고 원소에게는 10가지 패배 요인이 있다는 십승론(十勝論)에 비하면 융중대책은 여러모로 부족한 점이 많았다.

당시 많은 사람이 제갈량의 전략상 실책을 인식하고 있었다. 사마의는 일찍이 이렇게 말했다. "제갈량은 뜻은 원대하지만 기회를 제대로 엿보지 못했고, 모략은 많으나 결단력이 부족했으며, 병사를 모으는 재주는 있으나 군대를 지휘하는 능력을 갖추지 못했다. 비록 병졸 10만 명을 뽑았으나 이미 내 계략에 말려들어 패하게 될 것이다." 또한 진수는 제갈량을 "계속 군대를 이끌고 전투에 나섰으나 성공하지 못했으니, 이는 그에게 임기응변의 지략이 부족했기 때문이 아닌가 싶다"라고 평가했다. 북송시대의 무학(武學) 박사 하거비도 "제갈량은 병사들을 모으는 능력은 갖추었을지 모르지만 군대를 지휘하는 지혜는 갖추지 못했다"라고 지적했다. 이는 모두 정확한 평가다.

유비의 실패 원인이 궁극적으로 융중대책에 있다는 견해는 그리 많지 않다. 물론 제갈량의 전략이 실패로 돌아갔음을 지적한다고 해서 그가 이룩한 역사적 공헌을 부정하는 것은 결코 아니다. 다만 이를 통해서 당시 혼란한 상황을 극복해나가는 과정과 그 가치를 모색하고자 하는 데 그 목적이 있다.

제갈량이 전략상 실책을 범한 원인은 그의 인생 자체와 깊은 관련이 있다고 말하고 싶다. 그는 독서할 때 탐독하기보다는 다양한 분야에 관심을 기울이는 스타일이었다. 젊은 나이에 그는 초려를 나오지 않고서도 유비의 예우와 인정을 받았다. 이렇듯 젊은 시절 그 능력을 인정받고 높은 자리에 올랐으니, 인생의 큰 고난을 겪은 경험이 없었을 것이다. 또한 중국 병법에 대해 다양한 사상적 깨달음이 없다 보니 그 정수를 취할 기회도 없었다. 그는 유비에게 유방과 유수가 걸었던 길을 따라가기만 하면 한 왕실을 부흥시킬 수 있다고 말하면서 천하를 취하는 데 지나치게 보수적인 길을 선택했다.

중국의 병법 사상은 내용이 참으로 다양하고 의미가 심오하다. 인생의 우여곡절을 겪어봐야만 그 사상의 참된 의미와 정수를 깨우칠 수 있다는 말이다.

융중대책의 구상을 자세히 살펴보면 제갈량이 정한 목표는 삼국의 할거가 아니라 천하통일이었다. 하지만 이 목표는 결국 실패로 끝났다.

이 계획에서 언급한 주요 전술을 살펴보면 강함을 피하고 허점을 공격하는 방식으로, 고금의 전략가들이 공통적으로 활용한 것이다. 제갈량은 약세인 유비에게 북방의 강적 조조와 다투지 말 것을 주장했으며, 한편으로 손견, 손책, 손권 3대가 자리 잡은 강동 쪽으로도 힘을 확장하지 말도록 권유했다. 이처럼 그는 앞을 내다볼 줄 아는 안목을 가졌다.

그러나 제갈량이 유비를 위해 세운 3단계 전략은 주도면밀하지 못했다. 1단계로 형주를 취하도록 한 것은 강함을 피하고 허를 공격하는 원칙에 위배되는 조치였다. 형양 9군은 중앙부의 강한 평원에 자리하여 강의 흐름이 교차하는 곳이었다. 기병을 핵심으로 삼는 위나라 군대와 수군을 주력으로 하는 오나라 군대와 모두 싸워야만 하는 상황이었다. 육지전은 조조보다 못하고 수전은 손권보다 못한 유비 세력이 이곳에서 강한 적수와 싸움을 벌인다면 패배할 것은 불 보듯 뻔한 일이었다. 적벽대전 이후 유비는 조조와 손권 간의 갈등을 이용하고 정치적 혼인과 '잠시 빌리는' 방식을 통해 형주의 핵심부를 제압했다. 하지만 북부 양번 지역은 조조의 군대가 점령하고 장강 이남은 손권에게 내주게 되어 형주는 사실상 셋으로 쪼개진 형국이었다. 그 후 유비는 사천 지방으로 세력을 뻗어나가면서 관우에게 핵심 병력으로 그곳을 지키도록 했다.

제갈량은 융중대책에서 우선 형주를 취하고 그다음으로 사천을 공격하라고 했다. 그러고는 '일단 천하에 변란이 생기면' 다시 형양과 사천에서 병사를 두 갈래로 나누어 북벌하도록 건의했다. 이 전략의 치명적인 결점은 원래부터 병력이 부족했던 유비에게 병력을 다시 둘로 나누도록 함으로써 병가의 금기를 어긴 데 있다. 게다가 당시 촉도가 험난하다는 것은 누구나 다 아는 사실로, 형주와 천 리나 떨어진 땅에서 구원 부대를 보낸다는 것은 상당히 어려운 일이었다. 형주에 남아 그곳을 수비하던 관우는 조조와 손권, 양쪽에서 공격을 받았을 때 당연히 패배할 수밖에 없었다. 그 후 유비가 형주를 반격하다가 다시 이릉에서 대패하면서 촉나라는 쇠락의 길을 걷게 되었다.

제갈량은 융중대책에서 유비에게 형주를 취한 뒤에 익주를 취하도록 건의했다. 형주도 좋고 익주도 좋지만 두 땅은 각각 문제가 있는 지역인데, 이 넓은 지역을 아울러서 한 나라로 묶어 통치하고자 했던 것이다. 그러다가 결과적으로 문제를 더욱 키워 대세는 오히려 불리해졌다. 장점이 있으면 단점도 있는 법인데, 두 곳의 장점을 다른 각도에서 보면 단점이 된 것이다.

형주를 살펴보면, 먼저 쉽게 함락할 수 있으나 그만큼 지키기 어려운 곳이다. 이곳을 안정적으로 지키려면 많은 병력이 필요했는데, 전란 시 대규모의 군대를 이동시킨다는 것은 불리한 상황을 자초하는 격이었다. 그다음, 형주는 예로부터 누구나 호시탐탐 노리는 곳으로 이곳을 수비하는 사람은 누구나 정신적 부담감이 클 수밖에 없었다. 그러니 제갈량의 융중대책은 그저 이상적인 책략에서 나온 결과물이었을 뿐이다. 제갈량은 유비에게 형주 땅을 전부 그의 것으로 만들라고 했지만, 그것은 불가능한 일이었다. 적벽대전 후에 조조, 손권, 유비 세 사람이 형주를 두고 싸우는 일이 빈번했는데, 오나라의 대장군 여몽이 몰래 형주를 습격하여 성공한 후에야 그곳은 안정을 되찾았다.

이번에는 익주를 살펴보자. 먼저, 익주는 수비하기에 아주 쉬운 지역이었지만, 이곳에 대군을 배치시킨 후에는 다른 나라를 공격하기 위해 출정하는 것이 아주 힘들었다. 그다음, 후방 군대와 전방 군대 간의 상호 연락망을 유지하기가 어려워 전방 부대가 지원을 받아야 할 상황이 발생하면 후방에서 지원하기가 다른 지역에 비해 무척 힘들었다.

제갈량의 융중대책에 따르면 촉나라의 영토는 반드시 형주와 익주가 포함되어야 했다. 만약 그렇게 되었다면 촉나라는 영토를 수비하는 데 막대한 병력을 소비해야 했을 것이고, 이는 중원을 통일하는 데 있어 매우 불리해진다. 통일을 위해서는 두 나라를 공격할 병력이 필요한데, 수비에 이미 막대한 병력을 충원했다면 두 나라와 싸울 힘은 어디서 나온단 말인가. 또한 이 두 지역을 연결시킬 경우 다른 지역에 비해 몇 배의 힘이 든다. 설사 형주와 익주를 연결시킨다고 치자. 하지만 익주에서 볼 때 형주는 큰 부담이 된다. 형주에 불이 났을 경우 아주 먼 데서 물을 길어다가 불을 꺼야 하는 일이 벌어지게 된다. 다시 말해 형주에 전쟁이라도 벌어져서 군사적으로 큰 손실이 생겨 병력이 부족하면 익주에서 군대를 동원해야 한다. 하지만 익주의 군대는 반드시 장강을 따라 남하해야 하고, 그 길이 험해 진군 속도는 느릴 수밖에 없다. 재차 강조하지만, 형주는 예로부터 병가들이 다투던 땅이다. 왜냐하면 이 지역은 중원의 중심부에 위치해 있고, 지형적으로 장애가 거의 없어 이곳에서 군대를 출격하여 다른 나라를 공격하기가 아주 좋기 때문이다.

따라서 형주와 익주, 이 두 곳을 모두 얻는다는 것은 무척 힘든 일이었다. 물고기와 곰을 동시에 잡을 수 없는 노릇이 아닌가. 그러니 두 곳 중 하나만 선택해야 했다. 이때 만약 형주를 택한다면 유표처럼 수비에만 힘써야 했다. 반면에 익주는 수비하기가 훨씬 수월해서 형주보다는 상황이 좀 나은 편이었다. 수비적인 면에서 봤을 때는 익주가 훨씬 수월했다. 비록 대군을 이동시키기에 지리적으로 어려움이 있지만, 대부분의 관심과 병력을 수비에 둘 경우 더디게나마 한 발 한 발 대군을 전진시키며 위나라 정벌에 형주보다 훨씬 유리했을 것이다.

융중대책의 전략은 처음부터 치명적인 문제점을 안고 있었다. 형주와 익주를 한데 묶어 하나의 나라가 통치하고자 했다는 점이 바로 그것이다. 익주에게 형주는 부담이 되었고, 형주에게 익주는 있든 없든 간에 별 상관없는 곳이었다.

오늘날 과학적인 방법으로 당시의 실력, 지리 조건, 병력 분포 상황을 분석해보겠다. 만약 시공을 초월하여 연구자료를 갖고 융중에서 유비를 위한 계획을 세운다면, 가장 적당한 지역은 바로 한중 분지다. 먼저 이곳은 신야와 거리가 멀지 않다. 또한 한중을 통치하던 장로가 도교적 종교인 오두미도를 전하면서 평민들의 재산을 착취하여 종교 재산으로 거둬들이고 화폐를 폐지하고 병이 나도 교법을 의지하며 약을 먹지 못하도록 하는 등 여러 가지 문제로 한중의 전투력이 매우 약해졌을 것이다. 따라서 유비가 군대를 이끌고 파산을 넘어 동쪽으로 가서 한중을 취하는 것은 그리 어렵지 않았을 것이다. 이곳에 안착하고 나서 남으로 익주를 취하고 북으로 농서 지역에 방치된 여러 부(部)를 취했다면, 이는 서남과 서북으로 뻗어나갈 전략적 요충지가 되었을 것이다. 하지만 안타깝게도 제갈량은 미처 이 전략을 생각해내지 못했다. 당시로서는 고대의 정보 전달이 순조롭지 못한 탓이 아니었을까 싶다.

전략상 실책은 결코 전투에서 승리를 이끌어낼 수 없다. 제갈량이 막 초려를 나왔을 때는 조조가 주요 부대를 집결시키고 남하하여 형주를 차지하려고 손권과 크게 한판을 붙을 때였다. 이때 유비가 기회를 틈타 서쪽 한중으로 진격했으면 좋았을 텐데, 안타깝게도 그 기회를 잡지 못했다. 융중대책을 제시하고 12년 후인 219년 유비는 한중을 차지했다. 이때 조조의 군대는 7~8년 전에 이미 관중과 서량을 차지했으니 가장 좋은 전략적 기회를 놓친 것이다. 만약 유비가 먼저 서북쪽의 군과 광대한 초원을 제압했다면 육지전에서 조나라의 강력한 기병을 누르고 천하통일의 목표를 실현할 수 있었을 것이다.

중국 고대의 전쟁사를 살펴보면 기본적인 유형이 있다. 다시 말해 중국 대륙이 남북으로 분열된 경우에는 북이 강하고 남이 약했으며, 동서로 분열된 경우에는 서가 강했고 동이 약했다. 그 원인은 중국의 동부와 남부 지역은 말을 기르기가 어려워 기병이 절대적으로 부족해 육지전에서 우세를 점할 수 없었다. 이후 제갈량이 중원 북벌에 나설 때 과감하게 위연을 파견하여 곧바로 관중 평원을 습격하여 장안을 취하지 못하고 기산을 기점으로 여러 차례 북벌을 시도한 것은, 서남부의 보병과 장노에 의존하여 상대적으로 취약했던 산악전과 기병의 열세를 메우려는 의도였다. 하지만 그때 위나라와 촉나라의 실력은 현저하게 차이가 났으니, 제갈량의 불굴의 정신이 극에 달했음에도 천고의 지자(智者)가 실패한 영웅이 된 역사적 사실을 뒤바꿀 수는 없었다.

낡은 틀에 얽매이지 말라

융중대책은 제갈량이 유비를 만났을 때 '수석 모사' 자리에 앉을 수 있게 된 비장의 무기였다. 또한 훗날 유비가 세력을 확장시키는 데 유용한 조언이 되었고, 나아가 촉나라를 다스리는 청사진이었다. 그러나 천하삼분만 논했을 뿐 '통일'을 언급하지 않았던 이 보수적인 책략은 과연 촉나라의 발전에 유용한 발판이었을까, 아니면 걸림돌이었을까?

건안 12년(207년) 융중의 한 초려에서 47세 유비는 27세 제갈량이 청산유수 달변으로 천하를 차지하는 방법에 대해 이야기하는 것을 귀 기울여 듣고 있었다.

융중대책은 오늘날로 치면 제갈량이 유비에게 자신의 땅을 차지할 수 있는 방법을 알려준 대화록이다. 이 계획에서 제갈량은 우선 형주를 취하고 나서 익주를 취하면 된다고 말한다. 그렇다면 조조는 어떻게 상대해야 할까? 제갈량은 유비 혼자서는 조조를 이길 수 없으므로 손권과 손을 잡아야 한다고 말했다. 이것이 제갈량이 제시한 천하를 '세 조각'으로, 다시 말해 '삼분'하는 전략이었다.

어떤 사람들은 이 융중대책을 납득하기 어렵다고 말한다. 유비와 제갈량이 처음 만났을 때는 조조의 10만 대군이 남하하여 위협하고 있던 아주 위급한 상황이었음에도 융중대책은 발등에 떨어진 불에 대해서는 한 마디 언급도 하지 않았다. 오히려 "형주의 군대로 완과 낙양으로 진격하고 익주의 군대를 이끌고 진천으로 출격하라"고 하며 조조가 얌전히 앉아 매 맞기를 기다리는 것처럼 말하고 있다.

촉나라는 삼국 중에서 유일하게 역사를 기록하지 않은 나라였으니, 유비가 제갈량을 만났을 때의 기록이 남아 있을 리 없다. 융중대책은 아마 후세 사람이 〈출사표〉에 나오는 '삼고초려'에 덧붙여 지은 위작일 가능성이 높다고 보는 사람도 있다. 위나라의 역사서 《위략》에서는 심지어 유비의 삼고초려 설도 부인한다. 이 책에는 제갈량이 스스로 자신을 추천했다고 나온다. 하지만 이 부분은 그를 폄하하려는 의도가 보이니 더 이상 거론할 필요가 없다.

융중대책이 실제 대화 기록인지 아닌지의 여부를 떠나 그 안에 담긴 사상은 의심할 여지가 없다. 게다가 이 대화 기록은 이미 1100년 동안 전해 내려오면서 제갈량을 성철(聖哲)로 만들어주었다. 그래서 두보는 〈촉상〉에서 "삼고초려 이래 숱한 천하의 계책을 내어, 양조(앞뒤의 두 황제 시대)를 열어 빚 갚는 늙은 신하의 마음이여"라고 노래했다.

더욱 면밀하게 고찰해보면 결과적으로 촉나라는 전쟁에서 승리해도 융중대책 덕분이요, 패배해도 융중대책 때문이라고 할 수 있다.

마오쩌둥도 융중대책에서 병력의 양분화(형주와 익주)를 주장함으로써 촉나라의 부족한 전투력을 더 쇠퇴시켰다고 지적했다. 이 견해는 물론 독창적이기는 하지만, 더 정확하게 말해 병력을 양분화했을 때 '장점과 단점이 있다'고 말하는 편이 좋을 듯하다. 병력을 한 곳에만 집중하기보다는 양분화하여 상호 진퇴에 근거지를 제공하는 편이 더 나을 수도 있기 때문이다. 촉나라가 전쟁에서 이겨도 융중대책 덕분이라고 한 부분부터 설명을 덧붙이겠다.

건안 12년 당시 상황으로 봤을 때 융중대책은 정확하고 현명한 제안이었다. 당시 유비는 본인의 두 발조차 내딛을 땅이 없는 오갈 데 없는 처지였다. 또한 '병사는 10여 명에 예닐곱 개의 창'을 가진 것이 전부였다. 그래서 늘 이곳저곳을 떠돌아다니며 남에게 빌붙어 지내던 처지였다. 그러니 제갈량이 말한 대로 형주와 익주를 점거하여 한 곳에 자리를 잡을 수만 있어도 만족해할 처지였다. 이런 열악한 조건에서 우리 역시 제갈량에게 단번에 하늘을 뒤엎을 만한 거대한 성과를 요구해서는 안 될 것이다.

제갈량은 평생 자신을 관중과 악의에 비유했다. 관중과 악의는 제(齊)나라와 연(燕)나라를 잘 보전한 인물이었을 뿐, 천하통일에 뜻을 두지 않았다. 제갈량 역시 천하를 삼분하는데 전력을 다했을 뿐, 천하통일에 뜻을 두지 않았다. 후세 사람들은 제갈량을 두고 지혜롭다고 하면서도 지나치게 신중하다고 말하는데, 그에 대한 약간의 실망감이 섞여 있다는 생각이 든다.

융중대책에서 제갈량은 조조와 손권을 두고 대적하면 안 되는 강한 상대로 표현했다. 다만 형주의 유표와 익주의 유장은 어리석고 나약하여 그 땅을 지킬 줄 모르는 이들이라고 저평가했다. 하지만 후에는 지세가 험난한 형주와 익주를 차지하고도 그 지형의 이로움을 십분 활용하지 못했고, 관우와 장비 등 훌륭한 장수가 있었음에도 융화를 이뤄내지 못했고, "천하삼분은 이미 정해져 있다"라고 하면서도 혹시 실수할 경우에 대비해서 이를 감출 수 있는 여지를 만들어놓았다. 그래서 전쟁에 패배해도 융중대책 때문이라고 말할 수 있는 것이다.

유비는 제갈량의 이 계획을 다 듣고 나서 탄복해 마지않았다. 유표에게 의탁하고 있을 때 유비는 조조가 북정에 나선 틈을 타서 병사를 이끌고 허창을 기습하자고 권했다. 또한 관도(官渡) 전투 전날에는 원소의 진영에서 직접 병사를 이끌고 조조의 후방을 공격하기도 했다. 하지만 제갈량을 얻은 뒤 조조와는 결코 다투어선 안 된다는 그의 말에 절대 공감하며 적벽대전 후(적벽대전 때는 길이 막혀 달리 방법이 없었음)로는 정면 충돌을 피했다. 형주의 유표에게 얹혀살면서 재능을 발휘할 만한 기회를 얻지 못해 헛되이 세월만 보내는 것을 한탄하던 유비는 천하를 삼분할 수 있다는 사실만으로도 크게 기뻐했다. 원래 오갈 데 없는 떠돌이야말로 혁명을 시도하기에 가장 좋은 조건을 갖춘 셈이다. 기댈 곳 없고 가진 것 하나 없는 완전한 '무(無)'에서 시작할 수 있으니 말이다. 하지만 그 혁명이 성공하자 또다시 이해득실을 두고 골머리를 앓게 되는 것은 실로 불가피한 일이었다.

그래서 적벽대전 후 원래 계획대로라면 손권과 유비의 병사는 손을 맞잡고 북벌에서 승리를 거둬야 했지만, 유비는 오히려 형주를 놓고 주유과 다투었다. 이에 조조는 회복할 시간을 벌게 되었고, 자신을 위해 형주에 불씨를 묻어놓았다. 후에 위나라의 남양에서는 수비대장 후음이 반란을 일으켰다. 후음은 사람을 보내 관우와 관계를 돈독히 하고자 했는데, 결과적으로 관우의 병사가 양번을 나와 칠군(七軍)을 물에 잠기게 하자 깜짝 놀란 조조는 천도하여 그의 공격을 피하려고 했다. 이 때 유비는 한중왕이 되기에 바빠 군대를 파견해 도와주지 않아 관우의 군대는 고립되어 결국 형주를 잃고 맥성으로 도망치는 상황에 이르렀다. 그리고 유비는 형제와 동지를 잃는 운명에 처하게 된 것이다.

유비와 제갈량은 왜 촉나라 초기에 천하통일에 열중하지 않았을까? 그 당시에는 한 헌제가 아직 재위에 있어 설사 조조를 무너뜨린다고 해도 한 왕실을 회복하려는 깃발을 든 유비가 헌제를 어떻게 할 수 없었기 때문이다. 그래서 천하를 삼분하는 것에 만족했던 것이다. 삼국시대의 군벌 중 한 왕실의 충신은 존재하지 않았으며, 충신이 있을 수도 없는 상황이었다. 한 왕실은 이미 간판만 남았을 뿐 그 실체는 아예 존재하지도 않았다. 가죽도 없는데 털을 어디다 붙인단 말인가. 훗날 벌어지는 일들이 바로 이 점을 확실히 증명해준다.

건안 25년(220년) 조비가 한 헌제를 폐위하고 스스로 위 문제가 되어 낙양에서 천자의 자리에 등극했다. 유비는 헌제가 아직 죽지 않았다는 사실을 알면서도 그의 장례를 치렀다. 그는 마음속으로 헌제가 죽기를 바랐는지도 모른다. 다만 다른 사람의 손에 의해 말이다. 이듬해 그는 자신도 성도에서 황제가 되고 한 왕조의 합법적 황제였던 헌제가 어디 있는지 더이상 묻지 않았다.

후에 제갈량은 육출기산을 하면서 말끝마다 "한 비적과는 양립할 수없다" "왕업이 치우쳐 편안할 수 없다"라고 하면서 방어를 위한 적극적인 공격 자세를 취했다. 그가 계속 북벌을 감행한 진짜 목적은 바로 천하삼분 형세를 유지하는 것이었다. 당시 그는 이미 통일 대업을 이룰 수 있는 시기를 놓쳤다는 사실을 알고 있었을 것이다.

정책은 일정 기간 시효성을 지니게 마련이다. 정책을 세울 때와는 달리 정책을 진행하는 과정에서 변수가 생길 수 있다. 그 변수에 따라 적절하게 그 계획을 바꿔주지 않고 기존의 정책대로만 일을 추진한다면 낡은 틀에 얽매여 발전할 수 없다.

어떤 사람들은 융중대책을 두고 그 계획을 실천에 옮기기도 전에 이미 파산 선고를 한 경우라고 말한다. 왜냐하면 형주와 익주 모두를 얻는다는 전제는 유표가 죽고 난 뒤에 이미 실현 불가능해졌기 때문이다. 이 말은 정확하다. 유표가 죽기 전의 형주는 광활한 영토에 민생이 안정된 지역이었다. 하지만 그의 죽음으로 전쟁이 자주 일어났고 조조와 유비, 손권이 각각 한 쪽씩 차지하면서 형주는 이미 융중대책을 이야기하던 당시의 면모를 상실했다.

융중대책은 조조가 북방을 평정한 후 남하하기 전에 유비와 제갈량이 나눈 대화다. 유비가 볼 때 제갈량이 하는 말은 구구절절 맞는 말이었다. 유비 자신도 남 못지않게 잘난 사람이었다. 하지만 조조와 원소, 유표가 귀한 인물로 대접받는 것에 비하면 그는 아무리 노력해도 유랑자 신세를 면할 수가 없었다.

그런 그에게 제갈량이 길을 열어준 것이다. 제갈량은 유비에게 누가 그의 친구이고 적인지 분명히 알려주었다. 상대와의 관계를 정확하게 인식하는 것이야말로 정치투쟁에서 가장 중대한 문제다. 아울러 제갈량은 앞으로의 계획과 그 절차까지 친절하게 일러주었다. 다시 말해 우선 형주를 취하고 익주를 차지하라고 알려주었는데, 이는 유비가 당시 형주에 머물러 있던 상황과 잘 맞아떨어졌다.

이 계획은 실행하는 데 상당한 어려움이 예상되었지만, 적어도 유비에게 희망을 안겨주었다. 유비도 조조와 비교했을 때 자신이 너무 부족하다고 생각했을 것이다. 하지만 유표나 유장과 비교했을 때는 자신이 월등히 뛰어나다고 판단했을 것이다.

융중대책의 요지는 당시 형세와 잘 맞물려 있었지만 세상일은 시시각각 변하는 법이다. 몇 달 지나지 않아 조조는 남하하기 시작했고, 유표가 세상을 떠나자 그의 아들 유종은 항복해버렸다. 그리고 유비는 싸움에서 대패해 형주는 잠깐 사이에 대부분 조조의 손에 넘어갔다.

따라서 실제 상황과 융중대책에서 예측한 상황이 달라져 그 내용을 수정하는 것이 급선무였다.

우선 '어떻게 하면 다시 형주를 되찾을 수 있는가' 하는 것이 문제였다. 이는 유비 혼자서 할 수 없는 일이었다. 그래서 제갈량은 과감하게 오나라를 방문하여 손권에게 "일이 시급합니다. 명을 받들어 손 장군에게 도움을 구하고자 합니다"라고 운을 뗐다. 하지만 오나라에 출병을 요청할 경우 반드시 그 대가를 치러야 했다. 후에 조조가 형주 지역에서 물러났을 때 유비는 오히려 병사를 주둔시켰던 강하(江夏)를 소리 없이 손권에게 먹히고 말았다. 그리고 형주의 중심 지역이었던 강릉도 주유에게 점령당했다. 물론 나중에 다시 빌려오기는 했지만 오나라에게 출병의 구실을 남겨준 셈이었다.

이런 상황에서 또 무슨 방법이 있었을까? 계획이 아무리 완벽하다고 해도 진행 과정에서 의외의 상황은 언제든지 발생할 수 있다. 득실을 따져보면 유비 측은 결국 형주의 남부 4군을 점령했고 게다가 빌려온 강릉까지 합치면 형주의 절반을 차지한 셈이었다.

이것이 융중대책을 진행하는 과정에서 가장 먼저 변경한 계획이었다.

자, 이제 두 번째 단계는 익주를 점령하는 것이었다. 융중대책에서는 "익주를 점령한다"고 간단하게 말했지만 실제로는 달성하기에 대단히 어려운 일이었다.

먼저, 주유가 유비에게 함께 익주를 치자고 건의했다. 이때 어떻게 하면 좋을까? 동의하지 않으면 오나라에게 미안하고, 동의한다면 들러리를 서는 꼴이 되는 것이었다. 이는 무척 어려운 문제였는데, 형주의 주부 은관이 이를 해결했다. 은관은 말로는 동의하지만 어영부영 넘어가는 것이 어떻겠느냐고 했다. "익주를 공격하고 싶으십니까? 전적으로 당신의 생각을 지지합니다. 그리고 당신에게 경비도 대줄 수 있습니다. 하지만 함께 갈 수는 없습니다. 저는 이제 겨우 4개 군에 기반을 잡고 있을 뿐이며, 옆에 맹호가 앉아 있는데 오나라가 어찌 주력 부대를 멀고 먼 익주까지 보낼 수 있겠습니까? 그러니 유비한테 공격하도록 하십시오"라고 말하라는 것이었다. 그리하여 유비는 익주를 공격할 기회를 얻게 되었다.

둘째, 유비는 익주를 공격할 기회가 생겼지만 성공적으로 공략하지 못하면 어찌해야 하는지 걱정스러웠다. 이때 방통과 법정이 나서서 그를 도와 형세를 분석하고 "지금 형주는 예전의 형주가 아닙니다. 이곳을 지킨다는 것은 죽기를 기다리는 것과 같습니다. 그런데 익주로 갈 수 있는 기회가 아직 남아 있습니다"라고 말했다. 이 말에 힘입어 유비는 익주로 가기로 결정했다.

셋째, 익주로 들어간 다음에 그곳을 차지하기가 아주 힘들다는 사실을 깨닫고 후퇴하려 하자 방통은 유비에게 상중하 삼계(三計)를 분석해주었다. 그리고 계략의 실현 가능성이 높아지자 그제야 전쟁이 시작되었다.

넷째, 전투가 진행되는 동안 조조는 또다시 장노를 공격했다. 조조가 한중에 도착했을 때 유비는 아직 익주를 공략하지 못한 상황이라 그 틈을 노려 어부지리로 한몫 챙기려는 것이 뻔했다. 최소한 대장 두 명을 파견해 유장과 함께 유비를 양쪽에서 공격할 것이 분명했다. 이처럼 상황이 급박하게 돌아가자 유비는 형주의 예비 군대를 투입하고 제갈량과 장비를 익주로 이동시켰다. 하지만 유비는 관우 혼자서 형주를 지킨다는 것이 못내 불안했다. 관우의 충성심을 의심한 것이 아니라 그의 불같은 성격이 불안했기 때문이다. 하지만 익주를 가져야 한다는 압박감은 관우에 대한 걱정을 잊어버리게 만들었다. 결국 유비는 익주를 점령했다.

이로써 형주와 익주를 차지한다는 그의 목표는 실현되었다. 하지만 형주 동남쪽 3군은 손권에게 빼앗겼고, 장노는 조조에게 패배했다. 북쪽은 조조의 전방 군대가 익주와 인접해 있었으며 동쪽은 원래부터 불안한 형주를 더 움츠러들게 만들었다. 결국 어쩔 수 없이 손권에게 화의를 청하여 동쪽의 토지 일부를 할양하고 변방 지역의 안정과 맞바꿈으로써 익주를 지키는 데 전력을 집중했다.

'익주를 수비하고 중원으로 북진한다'는 두 가지 책략을 성공시키려면 반드시 한중을 공격해야 했다. 참모 법정은 유비가 전력을 다해 한중을 빼앗도록 그에게 형세를 분석해주었다.

한중을 찾아오는 작전에는 사전에 두 가지 서곡이 연주되었다. 장노는 조조에게 공격당할 당시 남쪽 파산으로 도주했는데, 유비는 사람을 보내 그를 기꺼이 받아들였다. 훗날 장노의 영향력을 이용하여 한중을 파괴하려는 데 그 목적이 있었으나, 이는 안타깝게도 성공하지 못했다. 또 하나는 한중의 전투가 격렬할 당시 양홍은 "남자는 전쟁에 참가하고 여자는 무기를 운반하도록 하자"라고 건의했다. 이는 융중대책에서는 감히 예측하지 못한 상황이다.

한중을 차지한 이후 융중대책은 최후의 단계만 남겨놓았는데, 바로 '천하에 변란이 있기를 기다려 형주의 군대를 완과 낙양으로 진군하도록 하고 유비는 직접 익주 군대를 이끌고 진천으로 출격하는 것'이었다. 그런데 갑자기 관우가 양번을 공격하는 바람에 형주의 방어벽이 무너져 그 땅을 잃고 말았다. 관우는 죽고 동쪽 정벌이 실패로 끝나자 유비는 안타까움을 금치 못했다. 게다가 장비까지 적에게 목숨을 잃어 융중대책의 꿈은 철저히 깨지고 말았다.

융중대책은 유비에게 방향을 제시해준 청사진이었을 뿐 매 단계마다 구체적으로 어떻게 할 것인지 알려준 지침서가 아니었다. 이 계획의 실제 진행 상황을 돌이켜보면서, 아무리 위대한 계획이라도 진행 과정에서 예기치 못한 상황이 발생하고 이때 계획을 적절히 변경하지 않으면 목표를 이룰 수 없다는 사실을 깨닫게 된다.

관우와 유비의 잇따른 실패는 융중대책대로 하지 않았기 때문이지, 그 전략이 잘못된 것은 아니었다.

융중대책의 전략 수정 과정에서 큰 역할을 한 두 사람이 있는데, 그중 한 사람이 관우다. 제갈량이 하산 전에 이야기한 융중대책에 따르면 유비가 천하를 통일하기 위해서는 반드시 먼저 형주를 차지하여 발전의 근거지로 삼고 그다음 익주 일대를 공략하고 때를 기다렸다가 병사를 둘로 나누어 한쪽은 형주에서 한쪽은 익주에서 출격하는 것이 상책이었다. 결국 제갈량은 유비를 도와서 이곳을 점령했는데, 유비의 천하통일 대업에 기초를 닦은 셈이었다. 하지만 관우가 '동쪽으로는 손권과 화합하고 북쪽으로는 조조에 대항하라'는 제갈량의 전략을 무시함으로써 형주를 잃게 되었다. 이 땅을 잃었다는 것은 유비의 지지 기반에서 절반 정도를 상실했다는 뜻이다. 게다가 형주가 사라지면서 두 갈래의 병력으로 공격을 가한다는 제갈량의 전략도 더는 필요하지 않게 되었다. 이렇게 되면 중원을 공격하는 길이 하나밖에 남지 않는데, 촉도는 매우 험난한데다가 위나라가 뛰어난 장수에게 지휘를 맡겨 뚫기가 불가능했다. 실제로 제갈량은 여러 차례 북벌을 시도했으나 전부 실패하고 말았다. 이는 사마의의 철저한 수비 전략 때문이었다. 그러므로 관우가 형주를 잃은 사건은 촉나라가 천하통일을 이루지 못한 가장 큰 원인이라고 할 수 있다.

다음은 유비다. 아무리 뛰어난 장군이라도 그가 목표한 대업을 이룰 수 있느냐 없느냐 하는 관건은 자신이 보좌하는 주군에게 달려 있다. 삼국시대의 세 영웅인 조조, 유비, 손권 가운데 유비는 전략 면에서 가장 뒤떨어졌다. 제갈량을 비롯한 여러 신하가 몇 차례 계략을 짜냈지만, 그것을 받아들이지 않았고 결국 형주를 조조에게 빼앗기고 말았다.

그 후 익주를 점령할 때도 상황은 비슷했다. 유비는 부하들의 계략을 수용하지 않고 하찮은 인정에 얽매여 결국 제갈량과 명성을 나란히 하는 훌륭한 장군과 수많은 병사를 잃었으며 오랜 시간을 허비했다. 유비가 익주와 형주를 차지했을 때는 이미 많은 시간이 흐른 후였고, 조조와 손권은 광범위한 지역에 세력을 뻗치고 있었다. 시간이 흐르면서 이들 나라의 백성은 한 왕조의 부흥에 관심을 잃어버렸다. 백성은 그저 배불리 먹고 살기만 하면 그것으로 만족할 뿐 유씨 성을 가진 자가 정권을 잡든 말든 그것은 관심 밖의 일이었다. 이때 이미 천하통일의 정치적 분위기를 잃어버린 셈이었다.

천하통일의 계획을 무너뜨린 사람은 관우가 죽은 후 직접 동쪽 정벌에 나선 유비였다. 결과적으로 유비는 패배하고 돌아왔고, 촉나라의 정예부대는 얼마 남지 않았다. 외부적으로는 두 나라가 호시탐탐 기회를 노리고 있었으며, 촉나라의 남부 소수민족들은 소란을 피웠고 남방의 일부 군에서는 반란이 일어났다. 내부적으로는 지도자가 인심을 잃은데다가 무능력한 유선이 황제의 자리에 올랐다. 이런 상황에서 천하통일은커녕 본국을 지탱하는 것마저도 어려웠다. 다행히 제갈량은 병법에 능해 외교적으로 오나라와의 관계를 안정시켰고 북방 세력을 저지했다. 또한 촉나라의 경제를 발전시켰고, 남방의 반란을 평정해 소수민족들을 굴복시켰다. 하지만 이 시기에 위나라와 오나라 역시 그 세력을 키웠으므로, 천하통일의 꿈은 더욱 멀어져만 갔다. 이 외에 또 다른 요인, 예를 들면 유선의 무능함 등으로 촉나라가 천하통일을 이루는 것은 더더욱 불가능한 일이 되고 말았다.

역사를 살펴보면 천하를 통일할 수 있는 상황은 크게 두 가지로 나뉜다. 첫 번째는 한 왕조가 이미 민심을 잃어 누군가가 봉기를 일으켜 천하에 대란이 일어나는 경우다. 이때 한 인물이 백성을 고통에서 구해내어 민심을 얻고, 어진 신하와 용맹한 장수들의 지지를 얻으면 천하를 통일할 수 있다. 두 번째는 천하가 몇 개의 작은 나라로 분리되어 그중 일부 나라의 집권자가 무능하고 경제가 불안할 경우 다른 강한 나라가 이 기회를 틈타 그 나라를 무너뜨리고 천하를 통일하는 것이다. 한 고조의 경우에는 전자에 속한다. 당시 천하는 크고 작은 나라로 분할되어 있었고, 유방은 영웅들의 도움을 받아 중국을 통일했다. 한 광무제가 천하를 통일할 당시에는 극악무도한 왕망으로 인해 민심이 한나라를 그리워하던 상황으로, 백성은 녹림의 난과 적미의 난을 일으켜 자신들의 불만을 드러냈다.

이와 달리 유비의 상황은 그리 좋지 못했다. 동한 말 집권자들은 무도하기는 했지만, 한나라의 유씨 정권도 이미 민심을 잃은 상태였다. 유비는 그런대로 민심을 얻었지만, 한 왕실을 회복하는 데 미흡했다. 게다가 촉나라는 작은 나라에 지나지 않았고, 반면에 위나라와 오나라는 강대국이라고 할 수 있었다. 그렇다 보니 유비는 위에서 말한 첫 번째나 두 번째 상황 그 어디에도 해당되지 않았다. 결국에는 진나라가 '삼족정립'의 국면을 마무리하고 통일의 위업을 달성했다. 다시 말해 두 번째 상황에 속하는 통일의 위업을 이루었다.

제갈량이 천하를 통일할 수 없었다는 것은 그가 소하와 같은 치국 능력을 갖추지 못했다는 뜻이 아니다. 또한 그가 토사구팽(兔死狗烹)이라는 유명한 말을 남긴 한신처럼 뛰어난 용병책을 갖추지 못했다는 뜻도 아니다. 적으나마 품고 있던 천하통일의 기회를 유비와 관우 두 사람 때문에 잃어버렸다고 말할 수 있다.

제 4 장

마음을 닦아 천하를 화평하게 하라

제갈량은 후세 사람들에게 가장 본받을 만한 신하로 평가받는다. 그는 어떻게 해서 그처럼 완벽

한 인격을 갖추었는가? 한 관리로서, 한 인간으로서 제갈량이 마음에 품은 사상적 원천은 과연

무엇인가?

명성이 아닌 근본을 구하라

제갈량은 27세에 출가하여 충성을 다해 유비를 보좌하며 남쪽 지역을 안정시키고 여러 차례 북벌을 감행하다 54세에 병사했다. 그는 삶의 절반을 평범한 평민으로, 나머지 절반은 한 나라의 관리로서 살다가 생을 마감했다.

관직에 있던 27년 동안 그가 보여준 인간관계나 생활 모습은 성공적인 관리를 꿈꾸는 후세 사람들에게 훌륭한 본보기가 되었다. 관리로서 그의 모습을 살펴보면 유익한 가르침을 얻을 수 있을 것이다.

제갈량은 몸을 바르게 하고 덕을 기르며 자신을 엄격하게 다스려야 한다고 강조했다. 공자는 "정치란 바로잡는 것이다. 당신이 솔선하여 자신을 바르게 한다면 누가 감히 올바르지 않을 수 있겠는가?"라고 말했다. 여불위의 《여씨춘추》에도 "무릇 일의 근본은 그 몸을 바르게 하는 것이며, 그 몸을 바르게 하면 천하가 다스려지는 사상이 나온다"라고 기록되어 있다. 경서에 밝아 이런 사상에 깊은 영향을 받았던 제갈량은 이렇게 주장했다. "자신에게는 관대하면서 남을 가르치려고 하는 것은 역정(逆政)이고, 자신을 바르게 한 후에 남을 가르치는 것은 순정(順政)이다. 그러므로 황제는 우선 자기 자신을 바르게 한 후에야 명령을 내릴 수 있다. 그 자신이 바르지 않으면 백성은 명령을 따르지 않고, 백성이 명령을 따르지 않으면 반란이 일어난다." 또한 제갈량은 관리의 덕을 사회 안정과 연결시켜 자주 이런 비유를 들었다. "집 아래쪽에서 물이 새면 위에서 막으면 그만이지만, 집 위쪽에서 물이 새면 그 아래쪽에서는 사람이 살 수 없는 법이다."

제갈량은 자신이 주장한 것을 먼저 행동으로 실천했던 인물이다. 그는 자신의 말과 행동에 늘 주의를 기울이는 등 부하들에게 모범이 되고자 노력했다. 또한 그는 단 한 번도 자신과 가족들을 동료와 부하보다 우선시한 적이 없었다.

북벌 때의 일이다. 당시 관리의 자제들은 전투에 동원되어 군대를 따라 깊은 산골짜기나 높은 산으로 군수 식량을 운반해야 했다. 제갈량의 아들 제갈교는 어린 나이에도 관리 자제들과 함께 그 대열에 끼었다. 북벌 중 가정을 방어하는 데 실패하자 제갈량은 자신의 인재 등용이 적절치 않았음을 자책하며 표를 올려 관직을 3등급 내리도록 했다. 아울러 부하들에게 자신의 단점을 허심탄회하게 지적하도록 했다. 그는 이를 상관에 대한 비판이 아니라 나라에 대한 충성심에서 비롯되는 것이라고 했다. 제갈량은 좁은 도량으로 서로 시기하며 입으로만 원칙을 주장하는 사람들과는 완전히 달랐다. 서진시대의 장보는 제갈량에 대해 "자신의 공을 아랫사람에게 돌리고 아랫사람의 허물을 자신의 잘못으로 여겼으며, 선을 보면 실천에 옮기고, 충심으로 간언을 올리니 그 명성이 가히 하늘에 달했다"라고 평가했다.

제갈량은 청렴결백과 근검절약을 근본으로 삼은 관리 규범을 제안했다. 이는 중국 관리들의 전통적인 미덕이요, 제갈량 정치생활의 기본 원칙이었다. 그는 정치에 입문하기 전 남양에서 직접 밭을 갈며 노동으로 삶을 영위했는데, 이는 훗날 그의 정치생활에 중요한 영향을 미쳤다.

그는 〈아들을 훈계하는 글〉에서 고요함과 소박함을 수신양덕(修身讓德)의 핵심이라고 했다. 재물과 향락에 빠져 있던 봉건사회에서 제갈량의 이런 신념은 실로 귀중한 자산이었다.

제갈량이 강조한 근검절약 정신은 그의 삶 곳곳에 잘 나타나 있다. 그는 촉나라 정권에서 높은 지위와 막강한 권력을 가졌음에도 결코 사리사욕에 휩싸이지 않고 한결같이 청렴한 관리로 살았다. 그는 나라가 정한 녹봉 외에는 사유재산이 따로 없었다. 《삼국지》〈제갈량전〉에 보면 그는 후주 유선에게 이런 말을 했다. "신이 밖에서 임무를 수행할 때는 특별히 경비를 조달해주지 않으셔도 됩니다. 필요한 옷과 음식은 모두 관부에서 대주므로 다른 일을 하면서 재산을 모을 이유가 없습니다. 신이 죽었을 때 저희 집안에 비단이 있거나, 재산을 축적해 폐하의 은총을 저버리는 일을 하지 않겠습니다."

역사서의 기록을 보면 제갈량은 평생 사사로운 재산을 취하지 않고 청렴결백한 삶을 살았다. 앞서 봤듯이 죽기 전 유언에도 청렴한 정신이 드러나 있다. 이는 한 나라의 승상으로서 아주 보기 드문 유언이었다. 그가 당부한 간소한 장례식은 장례를 성대하게 치르는 풍습이 보편화되어 있던 봉건사회에서 행해진 일이어서 더욱 주목할 만하다. 후세 사람들은 제갈량과 그의 검소한 장례식을 떠올릴 때마다 지쳐 쓰러질 때까지 열심히 일했던 명재상의 모습을 떠올리게 된다.

제갈량뿐 아니라 그의 가족들도 근검절약하는 모습을 보여주었다. 일종의 백과사전인 《북당서초》에 보면 제갈량이 이엄과 주고받은 서신에서 "나는 80만 곡(斛)을 녹으로 받지만 재산을 쌓아두지 않으며, 아내도 여벌 옷을 두지 않습니다"라는 대목이 나온다. 장사는 이를 두고 "제갈량의 아내가 여벌 옷을 두지 않았다니, 그 근검의 덕은 가히 본받을 만하다"라고 했다. 한 나라를 다스리는 승상의 아내가 여벌 옷을 두지 않았다는 것은 믿기 어려운 일이지만, 이는 사서에 기록되어 있는 분명한 사실이다. 또한 천년이 넘는 세월 동안 이 일에 대해 의문을 제기한 사람은 단 한 명도 없었다.

전한의 선제 때 환관이 편찬한 《염철론》〈질탐편〉에는 이런 내용이 있다. "그림자를 바르게 하려는 사람은 그 몸을 곧게 세워야 하고, 아랫사람을 청렴하게 하려면 먼저 자신부터 청렴해야 한다. 그러므로 탐욕과 비루함의 근원은 아랫사람이 아니라 그 지도자에게 있는 것이며, 교육이 필요한 사람은 백성이 아니라 정치하는 이들이다." 이는 위정자의 솔선수범이 얼마나 중요한가를 지적한 말이다. 제갈량은 승상의 자리에 있으면서 늘 몸가짐을 바르게 하고자 노력했다. 윗사람이 바르면 아랫사람 중 어느 누가 올바르지 않게 행동하겠는가? 윗사람이 청렴결백하면 아랫사람 어느 누가 법률을 어기고 부정한 재산을 탐하겠는가?

촉나라에 관한 역사 기록을 보면 온갖 횡포로 천하를 장악했던 동한의 양익과 같은 탐관오리를 찾아보기가 힘들다. 촉나라에는 서진시대의 왕개와 석숭 같은 악랄한 부자도 없었으며, 대부분의 관리가 청렴결백했다. 동화는 솔선수범하여 근검절약을 생활화했는데, 수수한 옷을 입고 간소한 식사를 했으며 관직에 올라 이십여 년을 지냈건만 죽었을 때 집에는 쌀 한 톨조차 없었다. 등지는 상벌을 명확히 하고 사유재산을 축적하지 않아 처자가 추위와 굶주림을 면하지 못했으며, 죽는 날까지 집에 재물이 없었다. 강유는 상장이라는 자리에 올랐음에도 집은 초라하고 따로 재산을 쌓아두지 않았으며, 별당에 첩을 두어 불결한 행동을 하거나 별채에서 음악을 연주하거나 노래하는 일이 없었다. 옷은 필요한 만큼만 구하고 수레와 말도 쓸 만큼만 갖추었으며, 음식을 절제하고 사치하지 않았다. 또한 관에서 지급하는 비용은 적절한 곳에 지출했다. 비의도 고아한 성품에 소박함을 좋아하여 집안에 쌓아둔 재산이 없었고, 아들들에게는 베로 지은 옷을 입은 채 소식하도록 했으며, 출입할 때 수레를 타지 않아 평민과 구분이 되지 않았다.

이처럼 덕을 갖춘 관리와 올바른 정치 풍토가 뿌리 내렸던 시대는 극히 찾아보기 힘들다. 촉나라에 이런 대신이 있었던 것은 제갈량이 청렴결백과 근검절약을 관리의 도로 삼고, 전 시대의 문무 대신들에게 모범이 되어 백성들의 사랑과 후대의 칭송을 받았기 때문일 것이다.

제갈량은 촉나라에 인재가 부족한 것을 두고 항상 고심했다. 그는 "현명하고 능력을 갖춘 자를 천거하고 어진 사람을 예우하며 선비에게 겸손한 태도를 취하라"고 강하게 주장했다.

인재는 국가의 기둥이다. 뛰어난 인재를 등용하여 국가 발전에 능력을 발휘하도록 하는 것이 집권자의 의무이자 백성의 바람이다. 만약 인재가 정당한 지위를 얻지 못하거나 아예 등용되지 못한다면 그 나라는 당연히 발전할 수가 없다.

중원을 잃고 대륙의 한 귀퉁이에 근거지를 두고 있던 제갈량은 인재의 중요성을 절실하게 느끼고 있었다. 이 문제에 대해 그는 이렇게 말했다. "치국의 도는 현명한 인재를 천거하는 데 힘쓰는 것이다. 그러므로 나라에 뛰어난 신하가 있는 것은 집 기둥이 튼튼한 것과 같다. 기둥이 굵으면 떠받드는 힘 또한 강해진다. 기둥이 가늘면 보좌할 힘이 약해 결국 기울게 되니 무릇 기둥은 곧은 나무로 세워야 하고 신하도 정직한 사람을 등용해야 한다. 곧은 나무는 울창한 숲에서 나오고 정직하고 바른 신하는 백성들 사이에서 나온다."

제갈량은 관리들이 집을 지탱하는 기둥처럼 올곧은 충성심을 가져야 한다고 강조했다. 그리고 인재를 등용할 때는 완전무결한 자를 찾지 않았다. 그는 "사람을 위해 관리를 택하는 것을 완강히 거부하고 관직을 위해 사람을 선택해야 한다"라고 주장했다. 장완의 경우를 예로 들어보자. 그는 당시 어느 작은 고을의 관리였다. 제갈량은 그를 본 순간 한눈에 치국의 그릇이요, 작은 마을을 다스리고 있을 만한 인물이 아님을 알아보았다. 그런데 유비는 장완에게 작은 일을 맡겼고, 그는 자신의 능력을 알아주지 않는 것에 대해 불만을 품고 직무를 소홀히 했다. 이에 유비가 그를 문책하자 장완이 영웅임을 알아본 제갈량은 그의 생명을 구했을 뿐 아니라 그 능력에 걸맞은 중요한 일을 맡겼다. 제갈량은 장완이 국가를 위해 그의 능력을 최대한 발휘하여 촉나라의 일꾼이 되도록 이끌었다.

예나 지금이나 인재는 그 개성이 뚜렷하다. 리더가 그 개성을 존중하고 예우한다면 강물이 바다로 흘러가듯이 인재는 리더의 품속으로 파고들 것이다. 《여씨춘추》에서 "신하가 교만해도 계속 예로써 대하면 어찌 신하가 돌아오지 않으리오?"라고 한 것과 같은 이치다.

두휘는 삼국시대에 이름난 선비다. 제갈량이 촉나라로 간 후에도 관리로 청했지만 그는 계속 사양했다. 그러나 제갈량은 포기하지 않고 여러 번 찾아가 예로써 간청했다. 이에 그를 감동시켜 황제에게 잘못을 고치도록 간하는 일을 맡아보는 간의대부로 봉할 수 있었다. 또한 절조 있는 유학자로 명성을 날리던 왕량은 벼슬길에 나서겠다는 욕심이 없었는데, 제갈량의 겸손한 태도에 감동받아 간의대부와 오관중랑장에 올랐다.

비의는 제갈량이 남쪽 지역 정벌에 나섰을 때까지만 해도 보잘것없는 신분이지만 사려 깊고 충직한 성품으로 제갈량의 눈에 들었다. 제갈량이 남쪽 지역 정벌에서 돌아올 때 백관은 성도의 수십 리 밖에서 그를 영접했는데, 깜짝 놀랄 만한 장면을 목격했다. 제갈량이 공을 세운 비의를 널리 알려 칭찬하기 위해 신분이 낮은 그와 함께 수레를 타고 돌아왔기 때문이다.

제갈량의 이런 모습을 통해 인재에 대한 그의 인식과 포용력을 엿볼 수 있다. 형주와 양양의 명사들과 익주의 문인들 대부분이 제갈량한테 모여들어 그와 함께 모략을 상의하고 계책을 세우고자 했던 것이 충분히 이해가 된다.

제갈량은 자신의 정책을 실현하기 위해서 다양한 방법을 동원했는데, 그중 하나가 신하들이 토론을 벌여 구체적인 의견을 내놓도록 격려하는 것이었다. 그는 "위정자는 반드시 자신의 정책을 힘써 도와줄 참모를 갖춰야 한다. 그렇지 못할 경우 칠흑 같은 밤길을 혼자 걷는 것처럼 막막한 생각이 든다. 황제가 신하들의 간언을 거부하면 충신은 감히 지혜로운 정책을 건의할 엄두를 내지 못하고 급기야는 독단적으로 정치를 행하게 되니 이는 국가의 해악이다"라고 말했다. 〈전출사표〉에서 제갈량은 유선에게 "전한이 흥한 이유는 현명한 신하를 가까이하고 소인을 멀리했기 때문입니다. 반면 후한이 무너진 이유는 소인을 가까이하고 현명한 신하를 멀리했기 때문입니다"라고 설명했다.

제갈량이 쓴 유명한 〈속관들에게 내린 교〉를 살펴보겠다. "위정자는 여러 사람의 지혜를 모으고 나라에 유익한 의견을 널리 받아들여야 한다. 그저 개인적인 감정으로 이를 피하고 토론하기를 두려워한다면 나라에 큰 손실을 끼칠 것이다. 토론으로 얻는 것이 있다면 그것은 마치 낡은 짚신을 버리고 주옥을 얻는 것과 같다. 그런데 사람은 마음먹기가 어려운 법이어서 이를 능히 행할 수는 없다. 하지만 서서는 그렇게 했다. 또한 동화는 관리로 있던 7년간 일이 만족스럽지 못하면 열 번이라도 다시 했다. 다른 이들이 서서의 10분의 1만이라도 본받는다면, 동화의 정성을 본받는다면 이는 곧 나라에 대한 충성일 뿐 아니라 나 자신은 과오를 줄여 더욱 내실 있는 정치를 할 수 있을 것이다."

이는 제갈량이 신하들의 의견을 충분히 반영하며 정치를 해나갔음을 알 수 있는 대목이다. '여러 사람의 지혜를 모으고 유익한 의견을 널리 받아들인다'는 덕목을 최초로 제시하고 실천한 사람이 바로 제갈량이다.

그는 "올바른 정치를 하려면 신하의 의견에 귀를 기울이고 나라 안팎을 두루 살펴야 한다. 신하의 지혜를 편견 없이 받아들임으로써 그들을 황제의 눈과 귀로 삼아야 한다. 황제는 많이 보는 것으로 지혜를 얻고 많이 듣는 것으로 통찰력을 얻어야 한다. 자신을 원망하는 소리에 귀를 막으면 잘못된 것을 바로잡을 수 없고, 충신을 신뢰하지 않으면 사악한 자가 간사함을 부리게 된다"라고 주장했다.

후세 사람은 제갈량을 지혜의 화신이라고 부르며, 그의 지혜는 신에 가까울 정도라고 말한다. 제갈량의 지혜는 두루 보고 많이 듣고 살피며 끊임없이 연구하고 노력한 결과다. 그는 매사에 다른 사람의 의견을 받아들임으로써 정치하는 동안 실수를 줄일 수 있었는데, 남쪽 지역 정벌에서 거둔 빛나는 승리가 그 대표적인 사례다.

이를 두고 청나라 학자 장학산은 "제갈량은 천하의 재주꾼이다. 그는 자신의 재주로 천하를 이긴 것이 아니라 천하의 재능을 모아 자신의 것으로 만들었다"라고 평했다.

또한 역사학자 원준은 "제갈량은 어린 유선을 받들며 한 나라의 정치를 꾸려나갔다. 어리석은 군주를 섬기면서 모든 권력을 쥐고 있음에도 그는 예를 잃지 않았다. 또한 제갈량이 황제의 일을 도맡아 처리하는 동안 백성들은 그를 전혀 의심하지 않았다. 이렇듯 군신과 백성은 마음으로 기뻐하며 그를 환대했다"라고 평가했다.

제갈량은 나라를 훌륭하게 다스렸던 역대 문무 대신들을 면밀히 살펴보곤 했다. 그들은 자신을 앞세우지 않고 덕으로써 상대를 복종시켰으며, 상벌의 기준이 분명했다.

제갈량은 높은 지위와 막강한 권력에도 이익과 관록에 연연해하지 않았으며 '명성을 구하지 않겠다'는 초심을 고수했다. 훗날 이엄은 제갈량에게 "황제가 큰 공로를 제후와 대신에게 하사하던 아홉 가지 물품 구석(九錫)을 받고 작위를 높여 왕위에 오르라"고 권유했다. 그러자 그는 거절의 뜻으로 〈이엄에게 답하는 글〉을 썼다. "죽을 때까지 충성을 다해 한 왕실을 일으켜 폐하가 옛 도읍지인 낙양으로 돌아가시게 하는 것이 목적일 뿐 결코 사사로운 이익을 도모하지 않을 것입니다."

경서를 탐독했던 제갈량은 치국자의 덕치에 대해 누구보다도 잘 알고 있었다. 그는 사회질서를 바로잡기 위해 형벌만 가하고 가르치지 않는 것은 학대에 지나지 않는다고 여겼다. 유가와 법가 사상에서 공통으로 중시했듯이, 제갈량은 어떤 일에서든 예를 최우선시하고 병(兵)은 그 나중이 되어야 한다고 생각했다. 또한 덕으로써 엄격히 가르치고, 체계를 갖춘 형벌을 가해야 위아래에 절도가 생겨 질서가 유지된다는 사실을 마음에 새겼다. 아울러 제갈량은 "지혜로운 지도자는 기강을 바로잡고, 우선 법도를 다스리고 그다음에 규율을 다스리는 것이 정치의 순서이며, 명령을 우선하고 벌은 나중에 두어야 한다. 가장 중요한 것은 자기 자신을 다스리고, 그다음에 다른 사람을 다스려야 한다"라고 지적했다.

제갈량은 〈촉과〉를 제정하는 등 여러 가지 규범으로 신하들을 독려했다. 그는 잘못을 범한 사람을 어떤 가르침도 없이 곧장 처형하는 가혹한 정치가 출현하지 않도록 규장을 갖추고 제도를 완비했다. 또한 관리들이 수용할 수 있는 범위의 규범을 만들어 영예와 치욕이 무엇인가를 깨우쳐주었으며, 백성이 지켜야 할 도리를 일깨워주었다.

그렇게 해서 법률을 엄격히 집행하고 일을 공명정대하게 처리하는 것은 촉나라 관리의 중요한 원칙이 되었다. "내 마음은 저울과 같아서 결코 인위로 사람의 경중을 따질 수 없다"라고 말했던 제갈량은 비록 원수일지라도 충성된 행위로 시대에 유익함을 끼쳤다면 반드시 상을 내렸다. 한편 아무리 절친한 사람이라고 해도 법률을 태만히 여기고 행동했다면 반드시 벌을 내렸다.

이엄이 제갈량과 함께 선제의 유언을 받들어 후주 유선을 보좌할 때 거짓으로 군명을 전하여 국가의 대사를 그르친 일이 발생했다. 이에 제갈량은 유선에게 표를 올려 그를 평민으로 전락시켜야 한다고 상소했다. 또한 평소 부자지간처럼 사이가 돈독했던 마속이 북벌 중에 군령을 어기고 자신의 진지에서 도망가는 바람에 가정 땅을 잃는 치명적인 피해를 입게 되자 친분관계에 얽매이지 않고 그를 참수했다. 그와 달리 충실히 군명을 받들었던 왕평에게는 관직을 높여주었다.

　제갈량은 가정 땅을 잃은 것은 자신이 사람을 잘못 뽑아 일을 그르쳤다는 사실을 인정하고 표를 올려 자신의 과실을 밝히고 관직을 3등급 강등해줄 것을 요청했다. 이처럼 실패한 일을 분석하여 공과 실을 분명히 밝히고 책임자로서 먼저 책임을 진다는 것은 절대 쉬운 일이 아니다.

　교화를 중시하는 동시에 형벌을 엄격히 지켰기에 촉나라 백성들은 자신의 잘못을 스스로 반성하고 도를 유지하고자 애썼다. 그리하여 강자가 함부로 약자를 억압하지 않는 건전한 분위기가 자리잡았다. 이런 결과를 이끌어낸 제갈량을 두고 진수는 이렇게 평했다. "승상이 되어 백성을 보살피고 예의와 법도가 무엇인가를 보여주었다. 또한 관직을 간소화하고 시의적절한 제도를 만들어 성실한 자세로 공정한 정치를 펼쳤다. 충의를 다하고 시대에 이로움을 안겨준 사람에게는 원수라도 반드시 상을 주고, 법을 어기고 태만한 행위를 일삼은 자에게는 가까운 사람이라도 반드시 벌을 주었다. 죄를 인정하고 반성하는 이에게는 무거운 죄를 지었을지라도 반드시 풀어주었으며, 진실을 숨기고 말을 교묘히 바꾸는 자에게는 비록 가벼운 죄를 지었다 하더라도 사형에 처했다. 작은 일이라도 선을 행하면 상을 주었고, 아무리 사소한 일이라도 사악한 행위를 하면 처벌했다. 여러 가지 일에 정통하고 사물의 근원을 이해했으며, 명분을 따르되 실질을 구하며, 거짓으로 가득한 사람과는 함께하지 않았다. 그 결과 촉나라 백성들은 그를 존경하고 아꼈으며, 형법과 정치가 비록 엄격해도 원망하는 사람이 없었다. 이는 그가 공명정대하고 상벌 주는 일을 분명히 했기 때문이다."

　그럼 제갈량의 일처리 방식은 어떠했을까? 그는 '시대의 흐름을 읽어 융통성을 갖고 권력에 대처하고 그 권력을 행사한다'는 원칙을 계속해서 유지했다. 예를 들어 214년 유비가 익주를 점령한 후의 일을 살펴보겠다.

파촉의 호강지주 세력을 공격하기 위해 강력하게 법제를 시행하자, 모든 인사가 제갈량의 행동에 반발했다. 그중 법정은 한 고조가 함양에 들어갔을 때의 약법삼장을 언급하면서 형벌과 금령을 느슨하게 풀어줄 것을 권고했다.

그러자 제갈량은 〈법정에게 답하는 글〉을 보냈다. "그대는 한 면만 알고 다른 한 면은 모르시오. 진나라는 포악무도한데다 법령이 가혹하여 백성의 원망이 대단했소. 결국에는 필부조차 반기를 들어 천하가 와르르 무너졌고, 고조는 그 기회를 통해 크게 성공할 수 있었소. 하지만 유장은 어리석고 무능하여 아버지 유언이 통치한 이래로 양 대에 걸쳐 조그만 혜택을 베풀었을 뿐이니, 법령은 제멋대로이고 관리들은 적당주의로 일관하여 덕정의 분위기나 법령의 위엄까지 모두 사라졌소. 촉나라의 호족 부호들이 권세를 누리며 멋대로 행동하다 보니 군신 간의 도리도 점차 사라졌소. 만약 직위를 주어 달래다가 줄 자리가 다하면 얕잡아볼 것이며, 혜택으로 비위를 맞추다가 줄 것이 없어지면 태만하게 굴 것이오. 병폐는 바로 여기서 비롯되는 것이오. 나는 지금 법으로써 국가의 위엄을 세우고자 하며, 법을 엄하게 집행할 때 비로소 개개인이 누리게 될 혜택을 깨닫게 될 것이오. 작위와 관록으로 그들을 제한해야만 작위와 관록이 높아졌을 때의 영예로움을 알게 될 것이오. 혜택과 영예를 겸용하여 서로 보완할 때 상하지간에 법도가 있을 것이오. 이것이 바로 나라를 다스리는 핵심이오."

제갈량은 특권층과 부패한 관리들이 횡행하던 시대적 상황을 직시하고 이를 해결하기 위해 법률을 세우려고 노력했다.

제갈량이 남중의 소수민족 지역에서 선택한 방법은 후세 사람들도 본받을 만한 가치가 충분했다. 남중의 소수민족은 한족의 통치에 불만을 품고 여러 차례 반란을 일으켰다. 서한 시기의 통치자들은 여러 차례 무력으로 반란을 진압했는데, 때로는 수만 명의 목숨을 희생시키기도 했다. 남중 소수민족은 대한족주의(大漢族主義)를 지향하는 통치자들에게 결코 복종하지 않았고, 유비가 병사했다는 소식이 전해지자 소수민족의 통치자들은 다시 반란을 일으켰다. 제갈량은 과거 통치자들처럼 무력으로 반란을 진압하지 않고, 화해와 융합을 우선시하는 방법으로 남중 지역을 평정하려고 노력했다. 그는 우선 이엄에게 명령하여 남중의 호족 옹개에게 서신으로 자신의 뜻을 알리도록 했다. 하지만 다시 반란을 도모하자 어쩔 수 없이 남중에 군사를 보내게 되었다. 비록 병력으로 진압에 나섰으나 상대의 마음을 설득하는 일을 상책으로 여기며 신중히 대처함으로써 4개월 만에 남중 반란을 평정할 수 있었다.

남중을 평정하고 나서 제갈량은 예전처럼 한인을 남중에 체류시켜 관리하도록 하지 않고, 그 지역 출신의 수령들을 적극 등용했다. 그리고 중앙정권을 옹호하는 영향력 있는 인물을 지방 관원으로 두거나, 중앙 관직에 임명하기도 했다.

이에 대해 일부 사람은 불만을 품고 예전처럼 한족 관리를 두어 통치하는 편이 훨씬 나을 거라고 건의하기도 했다. 하지만 제갈량은 실제 상황에 근거하여 한족을 관리직에 앉힐 경우 일어날 부작용을 지적했다. "외지인을 남기려면 우리 측의 군대도 남겨야 하오. 군대를 남길 경우 보급 식량이 부족할 터인데, 이것이 한족으로 바꾸지 못하는 첫 번째 이유요. 게다가 남중은 전란을 당한 지 얼마 되지 않아 외지인을 남겨놓으면 군대가 없어 반드시 분란이 있을 것이니, 이것이 한족으로 바꾸지 못하는 두 번째 이유요. 그뿐 아니라 이민족들이 군의 장수나 관리를 살해한 죄가 있어 불안해하니 만약 외지인을 남겨놓으면 결국에는 서로를 신뢰하지 못할 것이오. 이것이 세 번째 이유요."

제갈량은 현지 상황을 살피고 소수민족들이 스스로 잘 관리하도록 하여 이민족과 한족 간의 평화를 회복시켰으며, 그로써 후세 사람들에게 소중한 정신적 재산을 남겨주었다.

229년 손권이 스스로를 황제라 칭하며 군신들이 두 황제를 추앙할 것이라는 소식이 촉나라에 전해졌다. 그러자 촉나라의 여러 대신은 손권이 자신을 황제로 칭한 이상 그 죄에 대해 소리 높여 규탄하고 그와의 동맹을 끊어야 한다고 입을 모았다. 하지만 제갈량은 〈절맹호의〉라는 글을 지어 오나라와 절교해선 안 된다고 주장했다. 그는 오나라와의 동맹을 유지해야만 북벌을 할 때 동쪽을 신경 써야 할 근심이 없고, 조조 측도 황하 이남의 군사를 모두 서쪽으로 움직일 수 없을 것이라고 분석해 오히려 진진을 보내 손권의 즉위를 축하해주었다.

관리의 진정한 임무는 백성을 이롭게 하는 것인데, 이를 성실히 이행한 사람이 바로 제갈량이다. 그는 한결같이 백성을 살리는 정치, 민생을 도모하는 자세로 정치에 임했다. 그렇다면 그의 궁극적인 목표는 무엇이었을까? 크게 봤을 때 한 왕실을 회복하여 황제가 옛 도읍으로 돌아가도록 하는 것이었다.

제갈량의 일생을 자세히 살펴보면 그가 머물렀던 지방에는 늘 그곳 사람들에게 잊히지 않는 좋은 기억을 남겼다. 제갈량이 죽은 뒤 그의 아들 제갈첨이 조정의 관리가 되었을 때, 백성은 그를 보며 뛰어난 능력을 가졌던 제갈량을 그리워했다. 제갈첨이 큰 성과를 이루었을 때도 백성은 "제갈씨 집안이 있었기에 가능한 성과다"라고 입을 모아 칭찬했다.

제갈량은 조도에서 예장으로 갔다가 또다시 양양으로 이동하는 동안 그 지역의 생산 기술, 생활 풍속, 백성의 어려움 등을 자세히 살피게 되었다. 군과 조정에서 뛰어난 행정력을 펼쳤던 제갈량은 촉나라의 경제 발전을 위해 권농 정책을 적극 시행했으며, 수리시설을 확충하고 관개에도 전력을 쏟았다.

지리지 《일통지》에 보면 "금치사 성 남쪽 15리 되는 곳에 큰 제갈방죽과 작은 제갈방죽이 있는데 둘 다 관개에 유용하다"라는 내용이 나온다. 또한 손가감의 《남유기》에는 "이강의 강줄기가 처음 나눠지는 곳에는 산 사이로 물이 굽이굽이 흐르는데, 이곳에 따로 길을 내어 배가 통하도록 했다. 제갈량이 이를 기초로 다시 수리시설을 닦아 밭에 관개하도록 했으며, 그 도랑 옆에는 무후 사당이 있다"는 기록이 나온다.

제갈량은 남중에서 농업 위주의 개발 정책을 시행하여 각 군의 태수에게 둔전을 시행토록 해서 북방의 생산 기술을 남중으로 유입시켰다. 문학가 양신은 《전권재기》에서 "제갈량의 공덕은 산을 깎아 평지로 만들어 성읍을 건설하고 농업에 힘썼다는 점이다"라고 평했다.

서남 변경 지역에는 지금도 여전히 '제갈채'라고 불리는 채소가 있고, '제갈목'이라 불리는 나무가 있다. 이로 보건대 제갈량은 당시 중원에서 들여온 품종으로 현지의 경제 발전에 큰 도움을 주었던 듯하다. 그뿐 아니라 남중에 다리와 도로를 건설하고 광산을 개발하여 남중의 경제를 번영시켰다.

남중에 머무를 때 그는 현지의 풍속을 존중했고 현지인들이 수용할 만한 개혁을 진행했다. 송나라 고승의 《운남기》에 따르면 남중 지방에는 병사가 출정할 때 먼저 신에게 도움을 구하는 뜻에서 인신제사를 지내는 풍속이 있었다. 이 풍속에 대해 제갈량은 "이를 대신하여 양고기와 돼지고기를 섞어 그것을 밀가루 반죽해 사람의 머리 모양을 만들어 제사를 지내게 했으며, 신 또한 그것을 누렸다. 후세 사람들은 그것을 '만두'라고 불렀다"라는 기록이 있다. 이처럼 그는 서남 변경 지역의 문명 발전에 큰 공헌을 했다.

중국 역사 속에 등장하는 수많은 관리 중에서 제갈량처럼 27년의 정치 생활 동안 후세 사람들에게 그토록 많은 문화적 재산을 남긴 사람은 없다. 제갈량에 관한 이야기는 그가 죽은 뒤에도 민족과 국경과 시대를 초월하여 계속 전해지고 있다. 이는 제갈량 자신이 평생 동안 지켜온 관리로서의 풍모 때문이다.

제갈량이 세운 관리의 도는 중국 역사에 커다란 사회적 영향을 끼쳤다. 당나라의 재상 배도는 "법이 공평하게 집행되니 비록 죽더라도 원망이 없고, 덕이 뭇 백성에게 미치니 여러 세대가 지나도 여전히 그를 그리워하네. 만약 그가 살아서 정치를 한다면 사해가 평화로워지고 온 천하 백성이 가히 복종하겠네"라고 평가했다. 제갈량의 관리에 대한 도는 이론과 실천 두 가지 면에서 모두 중국 역대 관리들의 귀감이 되어왔다.

법이 서야 나라가 다스려진다

"그의 빛남은 마치 태백성처럼 홀로 우뚝 서서 세상을 비추네."

이 시 구절처럼 제갈량은 중국 역사를 빛낸 걸출한 인물로, 문무를 겸비해 장상의 벼슬을 모두 거치는 업적을 이루었다. 또한 평생 법가 사상을 충실히 실천함으로써 빛나는 업적을 세웠고, 중국의 역사 발전에 원동력이 되었으며, 후세 사람에게는 빛나는 모범이 되었다.

제갈량의 법가 사상

제갈량의 법가 사상이 어떻게 형성되었는지 크게 주관적 원인과 객관적 원인으로 나누어 살펴보자.

동한 왕조는 호강지주 세력이 정권을 독단적으로 이끌던 시기였다. 통치자들은 자신의 이익을 위해 유가 사상을 숭배하고 법가 사상을 배척했다. 또한 토지를 겸병하여 농민의 재산을 착취함으로써 사회계급의 모순은 더욱 깊어져갔다. 결국 184년 8개 주에서 황건을 두른 농민들이 봉기를 일으켰다. 그들은 동한 왕조의 통치적 기초를 무너뜨리고 호강지주 세력을 공격하여 상류계층에 고여 있던 오물을 씻어내고자 했다. 이에 유가 사상과 고대 중국에서 음양오행설에 따라 사회의 길흉화복을 예언하던 참위설은 백성들에게 배척당하고, 새로운 법가 인물이 등장하기에 적합한 기후와 토대가 마련되었다.

처음 일어난 황건적의 난이 진압되자 지주계급의 내부 분열이 깊어지더니 연이어 파벌투쟁, 노선투쟁이 일어나고 전쟁으로 치닫기 시작했다. 189년 동쪽의 주군 연합병이 동탁을 토벌하려고 했으나 원소와 원술, 공손찬, 도겸, 유표, 유언을 중심으로 호강 지주 관료들은 백성의 염원을 뒤로 한 채 시대의 흐름을 거슬러 유가 사상을 신봉했다. 그들은 "안으로는 백성의 일을 가까이 하고 밖으로는 병마를 다스린다"는 명목으로 사병과 호족이 소유한 군대의 힘을 빌려 한 지역씩 차지하고 앉더니 모두 왕이 되려고 했다. 게다가 해마다 전쟁이 계속되어 전국은 사분오열의 국면에 빠져들었다.

그로써 황하 유역의 경제는 유래 없는 도탄에 빠져 100리 안의 인가에는 연기가 보이지 않았고 성읍은 텅 비었으며 길에는 시체가 쌓였다. 100리 안에 닭 울음소리조차 들리지 않았고 백골이 평원을 뒤덮을 정도로 백성은 엄청난 고통과 비탄에 빠져 있었다. 조조와 유비, 손견, 손책을 중심으로 중소 지주계급은 농민의 횡포와 호강지주 세력에 대한 생각을 같이하여 황건적의 난을 진압하고자 했다. 이들은 지주계급의 재산과 권력 분배 문제에서 호강지주, 주군의 군벌들과 다른 주장을 내세웠다.

그들은 천하통일을 주장했고 분열을 반대하며 중앙집권의 봉건국가 재건을 요구했다. 또한 예치주의(禮治主義)에 반대하고 법치주의를 주장했으며, 호강 세력의 겸병을 억제시키려 하고, 주군의 군벌 할거에 반대했다. 또한 "오직 능력을 가진 자만이 관리로 등용되어야 한다"라고 주장하며 신분에 따른 관리 임용을 반대했다. 그들은 주군의 군벌과 노선을 달리한 채 천하통일을 위한 전쟁을 일으켰다. 이로써 서한 원제 이래로 유가 사상을 통치의 근원으로 삼던 시절은 이제 막을 내리게 되었다.

181년 제갈량은 소관료 지주의 가정에서 태어났다. 당시 법가 사상을 배척하고 유교를 숭상한 동한 왕조는 계급에 따른 모순과 통치계급의 권력투쟁이 극에 달해 이미 분열 할거 세력이 형성되어 있었다. 제갈량이 4세(184년)가 되던 해에 황건적의 난이 일어났고, 한 영제가 보황군을 조직하여 진압에 나서 의군(義軍)을 도살해 크게 번영했던 중원 벌판은 순식간에 아수라장이 되고 말았다.

제갈량은 태산군승을 지내던 부친 제갈규가 죽자 188년부터 숙부 제갈현 밑에서 자랐다. 전란의 연기에 휩싸인 고향에서 전쟁의 공포를 경험한 그의 마음속에는 국가 통일과 민족 단결, 백성의 안녕을 염원하는 강렬한 갈망이 샘솟았다.

194년 14세가 된 제갈량은 숙부 제갈현을 따라 예장에 머물렀다. 195년 파직된 그의 숙부는 조카를 데리고 형주에 있던 유표한테 의탁했다. 그러다가 197년 숙부가 병으로 죽자 17세의 제갈량은 동생과 함께 남양 융중에서 207년까지 직접 농사를 지으며 지냈다.

전쟁을 피해 이곳저곳으로 전전하던 제갈량은 10년 동안 밭을 갈며 정세를 살폈다. 그런 생활을 하면서 천하통일을 요구하는 법가 사상을 선택하게 된 것은 자연스러운 일이었다.

당시에 동한 후기 남양과 양양 일대는 관료와 호강 세력의 집결지였다. 기록에 따르면 양양 현산 이남에서 의성에 이르는 100리 정도의 땅에 자사와 태수 등 관료가 수십 가구에 달했다. 따라서 토지 겸병 문제가 심각해질수록 황건적의 난에 동참하는 농민이 급격히 늘어났다.

190년 원술은 손견을 시켜 형주 자사를 죽이고 남양을 점거했다. 같은 해 3월에 유표는 형주 자사를 역임하면서 남군 지역의 토호 괴월과 양양의 토호 채모의 지지 하에 양양을 점령했다. 이로써 양양은 형주 지역의 정치 · 군사 · 문화의 중심지가 되었다. 그런데 역사서를 보면 유표는 그리 좋은 평가를 받지 못했다. 《후한서》〈유표전〉에는 "겉으로는 관대했지만 속으로는 질투가 심했고 모략을 좋아했지만 결단력이 부족한 인물이었다"라고 기록되어 있다. 〈제갈량전〉을 보면 "유표는 쓸모없고 실행이 불가능한 헛된 이야기를 좋아하고 사태를 제대로 파악하지 못했으며, 자신의 업무를 잘 이해하지 못했으며, 사람이 와서 도움을 청해도 수수방관하니 사람들이 싫어했다"라고 했다. 또 한편으로 〈유표전〉에 보면 "유교와 도교에 밝아서 관서(關西), 연(兗), 예(豫) 지역의 학자들 중 그에게 귀의한 자가 1000여 명에 달했다"라고 기록하고 있다.

200년 관도대전에서 원소에게 승리한 조조는 북방 지역을 점령해 나갔으며, 손권은 강동 지역을 할거했다. 급변하는 정세 속에 형주와 양양 지역의 뜻있는 자들이 움직이기 시작했는데, 영천의 서서 · 석광원, 여남의 맹공위, 박릉의 최주평 등은 제갈량과 함께 밤낮으로 책을 읽고 시를 읊으며 고금을 논했다. 또한 천하의 대사를 평론하며 자신의 뜻을 밝히고, 함께 여행하면서 시대를 살피고, 법가 사상을 운용하여 현실을 분석하고, 역사를 연구하여 천하통일이라는 원대한 정치적 포부를 실현할 만한 현명한 대책을 모색하기도 했다.

그들은 동탁과 원술, 원소 등이 유가 사상의 노선을 견지하다가 패망하는 것을 목격했다. 반면 황건적의 난을 일으킨 농민들의 위력과 조조 · 손책·손권 등이 법가 사상의 노선을 채택하여 승리를 거머쥐는 것을 목격했다. 또한 호강과 주군 군벌들 때문에 국가가 여러 갈래로 갈기갈기 찢기고 백성들이 고통 받는 모습을 생생하게 목격했다. 그로써 제갈량은 현실과 천하통일을 갈망하는 백성한테서 많은 것을 느꼈다.

제갈량은 초려에 살면서도 천하통일에 대한 포부를 가슴에 품고 시대의 의무를 짊어지고자 했던 재주와 지혜가 뛰어난 인물이었다. 여러 해가 지난 뒤 제갈량은 〈속관들에게 내린 또 하나의 교〉에서 "나는 최주평과 사귀면서 잘한 일과 잘못한 일에 대해 자주 지적을 받았고, 나중에 서서와 사귀면서 여러 번 가르침을 받았다"라고 회상했다. 이 두 사람을 비롯해, 특히 유표에게 불만을 품고 있던 양양의 명사 방덕공과 사마휘와도 가깝게 지냈다. 이렇게 해서 양양에서는 유학을 공부하는 유생을 경시하는 무리가 생겨나게 되었다. 그들은 유생을 시대적 임무조차 모르는 졸렬한 인물로 여긴 채 시대적 임무를 인식하는 사람만이 참다운 인재라고 생각했다.

방덕공은 이런 생각을 가졌던 집단의 중심축 역할을 하던 제갈량을 아주 높이 평가하여 '와룡'이라 불렀는데, 이는 숨은 용이라는 뜻이다. 또한 그는 사마휘를 거울처럼 사람을 꿰뚫어보는 능력이 있다는 뜻에서 '수경(水鏡)'이라 불렀고, 방통을 봉황의 병아리라는 의미로 '봉추'라고 불렀다. 제갈량의 장인 황승언도 면남 지역의 명사였으며, 그의 아내는 진정한 현모양처였다. 요컨대 제갈량의 인간관계와 시대적 상황에 대한 분석, 십년간의 농사일은 그의 법가 사상을 형성하는 기반이 되었다.

제갈량은 청소년 시절 법가 사상에 관한 책들을 정독하면서 그 장점을 흡수하고자 노력했는데, 그로써 법가 사상을 갖추게 되었을 것이다.

유년 시절 제갈량은 제노 지방의 문화적 영향을 받아 법가 인물 관중과 악의를 존경했다. 그는 양양 융중에서 13년 동안 머물렀는데, 특히 그곳에서 농사를 지으며 학문에 매진하여 정치·경제·군사에 관한 수많은 책을 탐독하고 역대 정치와 경제, 각 학파의 정치적 주장과 사상을 연구하는 데 몰두했다. 그리하여 다음과 같은 결론을 내렸다. "노자는 양성(養性)에 뛰어나지만 위급한 상황에는 적절하게 대처하지 못했다. 전국시대 상앙은 지나친 형벌 위주의 통치로 민심을 얻지 못했다. 소진과 장의는 언변에는 뛰어났으나 서로 신임하지 못했다."

　　〈제갈량전〉을 보면 "그는 선진 법가 인물 중에서 특히 관중과 신불해, 한비 등이 쓴 책을 깊이 있게 연구해 늘 자신을 관중과 악의에 비유했다"는 내용이 나온다. 다시 말해 법가 사상에 관한 책을 읽고 연구하면서 법가 사상을 갖추게 되었다. 또한 그는 단순히 광범위한 독서를 한 것이 아니라 책의 정수를 취했다. 경전만 탐독하지 않고 중요한 구절을 찾아내어 자신의 판단력으로 고증을 거치는 방식을 통해 유학을 강조하는 현실적 분위기에서 벗어나고자 했다.

　　제갈량은 책을 읽으면서 자신이 판단하기에 유익한 사상과 교훈만을 취했으며, 이를 사회 현실과 천하의 형세를 관찰하는 거울로 삼았다. 그는 직접 밭을 갈고 〈양보음〉을 즐겨 읊으면서 원대한 이상과 정치적 포부를 세우는 등 천하통일을 실현시키고자 법가 사상을 갖춰나갔다.

　　제갈량이 쓴 글을 보면 젊은 후배들이 원대한 포부와 목표를 향해 나아가기를 바라는 마음이 분명히 드러나 있다. 예를 들어 〈외조카를 훈계하는 글〉을 살펴보자. "뜻이란 높고도 원대해야 하고 선현들을 우러러 존경해야 하며, 사사로운 정과 사악한 욕심을 끊고 의심과 고집을 버려야 한다. 그로써 성현들의 뜻을 진지하게 받아들이고, 그것이 자신의 몸에서 체현되도록 노력해야 한다. 환경에 순응할 줄 알아야 하고, 번잡하고 자질구레한 일에서 벗어나야 한다. 다른 사람의 의견을 물어보는 일을 게을리하지 말며, 원망과 회한을 삭일 줄도 알아야 한다. 잠시 벼슬을 못해 이름을 드러내지 못할지라도 고상한 성품을 갖추었다면 무엇이 억울하며, 성공하지 못할까 노심초사할 일이 있겠는가. 만약 뜻이 단단하지 못하고 의기가 없어 세속에 빠져 지내거나 사사로운 정에 얽매여 있다면 영원히 세속에 매몰될 수도 있으며, 미천함을 모면하지 못할 것이다!"

이 글은 제갈량 자신이 청소년 시절에 품었던 원대한 정치적 포부를 밝힌 것이다. 이 내용은 제갈량이 법가 사상을 갖추는 데 핵심이 되었다. 207년 삼고초려 당시 그는 융중대책에서 유비를 위해 당시의 정세를 객관적으로 분석하여 완전한 통일 혁신으로써 법가 사상의 노선을 제시했다. 그 후로 그는 법가 사상의 길을 걸으면서 중국 역사상 가장 빛나는 정치적·군사적 업적을 써내려갔다.

제갈량에게 입힌 비(非) 법가 사상의 외투를 벗겨라

법가이자 정치가였고 군사전략가였던 제갈량에 대한 존경심은 오랜 세월 여러 작품을 통해 드러났고, 제갈량이라는 멋진 예술적 형상을 탄생시키는 원동력이 되었다. 그러나 유가 사상이 절대적 지위를 차지하던 시대에 생겨난 문학과 희극작품은 대부분 정치적 목적으로 만들어진 것이었다. 특히 반(反) 법가 사상의 경향을 띤 《삼국지연의》는 제갈량에게 비 법가 사상의 외투를 입혀 그의 사상적 체계를 왜곡시키기도 했다.

이 책에서 촉나라는 '정통'으로, 조조의 위나라는 '반역자'로 표현되었다. 그리고 유비를 성군이자 인자한 군주로 표현했으며, 조조를 난신으로 둔갑시켰다. 가장 심한 왜곡은 제갈량을 유가 사상의 대표 인물로 둔갑시킨 것이다. 그를 마치 '극기복례(克己復禮)' '충정보은(忠情報恩)'의 화신인 것처럼 묘사했으며, 멸망해가는 나라를 일으키려 애쓰는 정통성을 대표하는 인물로 그렸다. 또한 "선비는 자신을 알아주는 자를 위해 목숨을 바친다"라는 봉건시대의 도덕적 신조와 "일을 계획하는 것은 사람이지만 일의 성사는 하늘에 달려 있다"는 천명 사상을 사수하려는 인물로 표현했다.

작품 속의 제갈량은 비녀를 꽂은 채 관을 쓰고 새털 옷을 입은 채 깃털 부채를 흔들며 사륜마차 위에 단정히 앉아 귀신을 쫓고 생사를 예견하며 앞날을 내다볼 줄 아는 인물로 그려졌다. 이처럼 소설과 희곡작품에 등장하는 그는 유가 사상을 가장 잘 실현한 인물이자 진정한 신하의 모습을 갖춘 화신으로 열렬한 찬사를 받고 있다.

그렇다면 제갈량은 과연 평생 자신을 알아준 은혜에 보답하기 위해 살았을까? 자신을 인정해준 유비의 은혜에 보답하기 위해, 유비가 그토록 원했던 한 왕실을 회복시켜주기 위해 지쳐 쓰러질 때까지 일했을까? 어느 정도 사실적인 부분은 있지만, 꼭 그런 이유로 그랬던 것은 아니다. 물론 제갈량과 유비의 결합에서 보은의 요소를 완전히 배제할 수는 없지만, 더 주목해야 할 점은 그들이 법가 사상의 길을 걸었다는 사실이다.

유비는 천하를 통일시켜 공적을 세우겠다는 포부를 가졌으나 신분도 낮고 세력도 미약하기 짝이 없었다. 그의 곁에는 뜻을 같이하는 관우와 장비만 있었을 뿐 한 뼘의 땅도 갖지 못했으며, 생애의 절반이 지날 때까지 조조가 승승장구하는 모습과 원씨 부자가 실패하는 광경을 쳐다보고 있어야만 했다. 결국 그는 오갈 데 없는 방랑자로, 자신이 걸어가야 할 길에 대해 진지하게 고민하고 있을 따름이었다.

한편 제갈량은 천하통일에 뜻을 두고 있었다. 그는 법가 사상에서 추구하는 실사구시(實事求是)의 시각에서 당시 형세를 면밀하게 분석하고 있었다. 유비가 앞날을 걱정하고 있을 때 제갈량은 앞날에 대한 구체적인 계획을 세웠다. 유비는 초려에서 제갈량과 대화를 나눈 뒤 앞길이 확 트인 기분이 들었다. 이렇게 법가 사상으로 의기투합하여 유대를 맺은 두 사람은 더욱 긴밀한 관계를 이어가게 되었다.

이후의 사실이 증명해 주듯, 제갈량이 선택한 길은 유비를 위기에서 건져주었다. 나아가 천하가 삼분된 상황에서 유비를 일국의 황제 자리에 오르도록 해주었다. 미루어 짐작컨대 두 사람의 결합은 통일을 위해 법가 사상의 길을 실천하면서 중앙집권의 봉건국가를 중건하겠다는 뜻을 둔 것이었다. 소멸된 것을 일으키고 끊어진 것을 잇는다는 '흥멸계절(興滅繼絶)'이나 '극기복례' 쪽이 아니었다는 말이다.

또 하나 상당히 왜곡된 관점이 있는데, 제갈량을 마치 신기한 묘술을 부리는 신선이나 속세를 피해 조용히 지낸 은사로 표현했다는 것이다.

연극작품 속에 등장하는 제갈량은 밤에 기상을 관측하고, 유표가 머지않아 죽고 유장이 황제가 되지 못하고 얼마 후 장군이 된다는 것을 예견한다. 또한 "초려에 앉아 이미 천하삼분을 알고 있었다"는 등의 이야기를 예로 들면서 제갈량이 초선차전이 일어나기 사흘 전에 이미 안개를 예측했다고 한다.

제갈량이 앞날을 예측하는 능력을 갖추게 된 것은 법가 사상의 실사구시를 실천했던 인물로 사회적 현실과 자연현상을 탐구하는 데 몰두했기 때문이다. 신기한 묘술이나 비현실적 능력에서 비롯된 것이 결코 아니었다.

그가 작은 배에 몸을 싣고 강호를 떠돌면서 산 속의 승려를 방문하거나 한적한 시골의 친구를 찾아다니거나 동정호 근처에서 거문고를 타면서 여유를 부리는 은사였다면, 당시 형세와 인물을 자세히 분석할 수 있었을까? 재미있는 것은 앞에서 언급한 작품들은 제갈량을 은사와 신선에서 더 나아가 비바람을 몰고 다니는 '도사'로 만들었다는 점이다.

걸출한 법가 사상을 가진 정치가이자 군사였던 제갈량의 몸에 도가 사상의 옷이 걸쳐졌고, 급기야 그는 요상한 행동을 하는 사람으로 둔갑했다. 사람들은 제갈량이 '바람이 불도록 칠성단에 제사를 지냈다' '팔진도를 펼쳤다' '둔갑술을 할 때 부르는 신장(神將)의 이름으로 바람을 몰았다' '오장원에서 별에게 제사를 지냈다' 등의 괴상한 이야기를 만들어냈다. 사실 적벽대전 때의 동남풍은 자연현상에 지나지 않았다. 또한 육손이 유비를 추격하다가 제갈량의 팔진도에 혼이 났다는 이야기는 사실 위나라 군대가 그 뒤를 쫓아 습격한 것이지, 팔진도 때문에 놀라 퇴각한 것은 결코 아니었다. 그리고 "죽은 제갈량이 살아 있는 사마의를 물리쳤다"라는 말을 만들어낸 사건은 제갈량의 전략 전술이 뛰어나 사마의가 일시적으로 사태를 파악하지 못해 감히 추격할 수 없어 일어난 사건일 뿐, 별을 떨어뜨려 일어난 결과는 아니다.

이런 황당한 관점은 제갈량을 내세워 "영웅이 역사를 창조한다"는 말을 사실화하려는 것에 지나지 않는다.

세상에 등장한 후 제갈량은 줄곧 주인공 역을 맡았고, 모든 일은 그의 예상대로 진행되었다. 그가 사륜마차에 앉아 부채를 흔들며 지시하는 대로 하면 전투에서 승리하는 등 역사가 제갈량에 따라 흔들렸다는 느낌이

들 정도다. 그러나 역사는 사실을 증명해주고 있다. 동한 말 황건적의 난이 일어나지 않았다면 유교와 도교가 제멋대로 날뛰던 동한 정권을 무너뜨릴 수 없었고, 법가 사상에 따르는 새로운 시대를 개척할 생각을 하지 못했을 것이다.

제갈량이 군사적으로 큰 업적을 이룰 수 있었던 것은 역사 발전의 조류에 순응했기 때문이다. 아울러 백성이 역사를 창조하는 동력임을 깨닫고 천하통일을 강조한 법가 사상의 길을 지향했기 때문이다.

제갈량이 실천한 법가 사상

207년 정치 무대에 선 제갈량은 법가 사상을 바탕으로 촉나라 정권을 세우고 빛나는 성과를 이룩했다. 또한 208년에는 직접 시상(柴桑)에 가서 손권에게 유비 세력과 군사적으로 협력할 것을 설득했으며, 이를 성사시켜 적벽대전에서 많은 군대를 거느린 조조를 소수의 군대로 격파시켰다. 이후에는 유비를 도와 형주와 익주를 차지하여 그 요충지를 지키도록 했다.

221년 유비는 정식으로 촉나라 정권을 일으켜 조조의 위나라와 손권의 오나라와 나란히 삼족을 정립했다. 유비가 죽은 뒤 제갈량은 서쪽으로는 이민족과 화합하고 남쪽으로는 이월을 평화적으로 다스리며, 밖으로는 손권과 우호관계를 맺고 안으로는 정사를 닦았다. 또한 농업에 힘쓰고 백성이 편안한 삶을 살도록 힘썼다. 군사적으로는 인내심을 갖고 상대가 숙이고 들어오기를 기다려 남중을 차지했으며, 새로이 평정한 여러 지역에서 군수물자를 생산하여 부유한 나라를 이룩했다. 이민족을 무력으로 다스리기보다 그들 중에서 실정을 잘 아는 사람을 관리로 세웠다.

제갈량은 227년부터 삼군을 이끌고 북쪽으로 올라가 8년 동안 위나라 정벌에 나섰다. 하지만 '중원 북벌 평정'이라는 최종 목표를 이루지 못하고 세상을 떠났다. 결국 그는 출사하여 목표를 이루지 못한 채 죽은 것이다. 하지만 제갈량은 역사의 큰 흐름에 순응하고 법가 사상을 실천하면서 국가 통일과 민족 단결, 백성의 안녕, 사회 발전을 위해 큰 공헌을 한 인물임이 틀림없다.

제갈량은 정치적 면에서 올바른 규율에 따라 정치를 행해야 한다고 주장하면서 체계화된 법으로 나라를 다스리고자 했다. 선진시대의 법가들이 주장했던 "법이 서야 나라가 다스려진다"는 견해를 계속 밀고나갔다.

유언과 유장은 덕에 기반을 둔 어진 정치를 시행한다고 했지만, 법령과 조례가 있는데도 관리들이 서로의 잘못을 눈감아주고 아첨을 하다 보니 제대로 된 정치 기풍이 세워지지 않았고 형벌은 위엄을 갖추지 못했다. 익주의 관리와 세력가들은 독단적으로 권리를 행사하고 방자한 행위를 일삼았으며, 군신 간의 기강은 무너진 지 오래였다. 제갈량은 이를 예로 들면서 법으로써 나라를 다스려야 한다는, 법에 의한 통치를 선언했다. 그는 "법을 엄격하게 집행할 때 개개인이 누릴 수 있는 혜택의 가치를 깨닫게 될 것이다"라고 주장하면서 할거 세력을 강하게 압박했다.

법정이 형벌과 금령을 느슨하게 풀어줄 것을 권고하자 제갈량은 이렇게 답했다. "나는 지금 법으로써 국가의 위엄을 세우고자 하는데, 법을 엄하게 집행할 때 비로소 개개인이 누릴 수 있는 혜택을 깨닫게 될 것이오. 작위와 관록으로 그들을 제한해야 작위와 관록이 높아졌을 때의 영예로움을 깨닫게 될 것이오. 혜택과 영예를 겸용하여 서로 보충하도록 해야 상하지간에 법도가 있을 것이오. 이것이 바로 나라를 다스리는 핵심이오." 죄인을 용서하는 너그러움이 부족하다는 비판에 제갈량은 오히려

"나라는 큰 덕으로 다스리는 것이지 작은 혜택을 베푸는 것으로 다스려서는 안 된다"라고 일침을 가했다. 이처럼 그는 덕과 형벌로 신하와 백성을 다스려야 한다는 주장을 굽히지 않았다.

북벌 중에 장완이 제갈량에게 이런 말을 한 적이 있다. "아무리 죄를 지었다고 해도 천하가 아직 평정되지 못한 상황에서 뛰어난 지혜와 책략을 갖춘 사람을 벌하는 것은 안타까운 일입니다." 그러자 제갈량은 "지금 천하가 분열되어 있고 북벌이 시작된 지 얼마 지나지 않았는데 법률대로 하지 않는다면 무엇으로 적을 토벌하겠습니까!"라고 딱 잘라 답했다. 여기서 천하통일이라는 목표를 실현하기 위해서는 반드시 법으로 나라를 다스리고 기강을 바로잡고자 했던 그의 강한 의지를 엿볼 수 있다.

제갈량은 공명정대하게 형벌을 다루었으며, 뛰어난 인재를 등용하고자 노력했다. 경제적으로는 둔전제를 실시하여 농업에 힘썼으며 소금과 철의 생산과 판매를 전담하는 염철관을 두어 이 품목을 중점적으로 관리했다. 그는 각 방면에 걸쳐 법률을 세우고 혁신적인 정치를 펼쳤으며, 호강 세력을 누르며 중앙집권의 통치 질서를 효과적으로 강화시켰다.

정책을 추진하는 데 있어서도 상부의 지시를 하부에 전달할 때의 효율성을 위해 "공명정대하게 상벌을 내려 신뢰를 세워야 한다"는 원칙을 강조했다.

제갈량이 쓴 〈상벌〉을 살펴보자. "법령과 형벌의 목적은 행동을 항상 조심하도록 만들려는 것이다. 상을 줌으로써 공을 세우도록 유도하고, 벌을 줌으로써 간사한 행동을 미연에 방지한다." 이처럼 그는 법령과 형벌을 나라를 다스리는 중요한 도구이며 백성에게 경각심을 안겨주고, 선을 권하고 악을 규제하는 것으로 여겼다.

제갈량은 법령과 형벌을 어떻게 하면 효율적으로 시행할 수 있을까 하는 문제를 두고 우선 신하는 국가에 충성을 다해야 하며, 사사로이 무리를 지어 법령을 위반해서는 안 된다는 점을 단호하게 주장했다. 〈상벌〉에서 그는 "상벌이 엄격하지 못하고 황제의 명령이 수시로 변하고 공과 사를 구분하지 못하고 급기야 신하가 반역의 뜻을 품는다면 나라는 그 존망이 흔들리게 된다"라고 했다. 그래서 그는 법으로 국가를 다스리며 성실한 마음으로 공정한 정치를 펼쳤다. 〈제갈량전〉에 보면 그가 얼마나 공정한 정치를 펴기 위해 애썼는지 알 수 있다. 또한 〈전출사표〉에 보면 제갈량은 유선에게 "벌을 주고 상을 주는 데 차등이 있어서는 안 됩니다. 사사로운 정을 두어 법도가 달라지게 해서는 안 됩니다"라고 건의했다. 또한 그는 "상을 주되 때를 넘겨서는 안 되며, 형벌은 신분의 귀함을 가리지 않아야 한다"라고 주장했다.

〈훤회전〉을 보면 제갈량은 훤회가 오나라와의 전투에서 공을 세우고 돌아왔을 때 사흘이 지나기 전에 그를 승상부속의 자리에 올렸고, 파군태수로 임명했다. 반면 유비의 유언에 따라 중임을 맡은 이엄이 겉과 속이 다른 거짓 행위로 북벌의 실패를 초래하자 상소를 올려 그 관직을 박탈토록 했다. 다시 〈상벌〉을 살펴보자. "상을 내릴 때는 원수를 가리지 말아야 한다. 제나라 환공은 이를 유념하여 관중의 힘을 얻었다. 한편 벌을 줄 때는 친척을 가리지 말아야 하는데, 주공은 사사로운 정에 얽매이지 않고 그 동생을 죽였다." 제갈량은 선진 법가의 "형벌은 고위 관리라고 피해서는 안 되며 상은 신분이 낮은 사람이라고 해서 주지 않아서는 안 된다"는 사상을 계승하고 발전시켰다.

제갈량은 "법으로 나라를 다스리고, 군사를 다스릴 때는 군사력을 으뜸으로 삼아야 하며, 나아가 강력한 군사력을 정치 수단으로 삼아야 한다"라고 강조했다. 법가 사상의 길이 군대의 모든 것을 결정한다고 보았던 것이다. 또한 〈정사〉에서 "만약 상벌이 엄격하지 못하고 법령에 위엄이 없어 징을 울려도 군대가 멈추지 않고 북을 쳐도 전진하지 않는다면 백만 대군이 있어도 쓸모없다"라고 말했다.

〈병요〉에서는 "규율을 엄격히 지킨 군사는 무능한 장수를 만나도 패하지 않고, 규율 없는 군사는 유능한 장수를 만나도 결코 승리하지 못한다"라고 했다. 또한 "장수의 능력은 병사에게 달려 있으며, 더 나아가 규율에 달려 있다"라고 하며 군율의 중요성을 강조했다. 그리고 제갈량은 〈마속의 참수에 대해 논함〉에서 "손무와 춘추전국시대의 병법가인 오기가 승리를 거둘 수 있었던 것은 법을 엄하게 집행했기 때문이다"라고 말했다. 그는 "엄격한 군율로 군대를 다스리는 나라는 천하에 적이 없다"라고 주장했다.

다음은 〈참단〉에 나온 제갈량의 주장이다. "군율은 일반적인 법률과는 달리 가벼운 과실에 대해서도 무겁게 처벌하여 다른 군사들이 군율을 위반할 엄두를 내지 못하도록 해야 한다. 또한 군율을 어긴 자는 반드시 참해야 한다. 군대에서 깃발을 세우는 것은 그 눈을 보이게 하는 것이요, 북을 울리는 것은 그 귀를 울리게 하는 것이요, 출정하는 장수에게 통솔권의 상징으로 황제가 손수 주던 부월(斧鉞)을 설치하는 것은 그 마음을 다스리게 하려 함이다. 교령을 펼치는 것은 전진할 길을 같게 하려는 것이요, 상을 내리는 것은 공을 세우도록 하려는 것이요, 처벌을 내리는 것은 그 위선을 방지하기 위한 것이다." 이와 관련하여 한 가지 사례를 들면, 가정 전투에서 패했을 때 제갈량은 군율을 지킨 왕평은 즉시 승진시킨 반면 과실을 범한 마속은 참수형에 처했다. 또한 자신에게도 그 책임을 물어 법의 잣대를 분명히 했다.

이처럼 제갈량은 엄격한 법을 세우고 공명정대하게 상벌을 내리며 체계화된 군율로 군대를 다스림으로써 법가 사상의 길을 걸어갔다. 그리하여 군사들은 그의 명령이라면 위험한 곳도 아랑곳하지 않고 달려갔다. 그들은 적의 진영 또한 군율로 다스리되 부당한 대우를 하지 않았다. 이처럼 촉나라 군대는 그 멈춤이 산과 같았고 나아감이 바람 같았다. 그래서 적은 수로도 다수의 적을 이길 수 있었던 것이다.

"법으로 군대를 다스린다"는 제갈량의 원칙은 법가 사상에서 비롯되었다. 그는 "전쟁은 국가의 존폐가 달린 일이므로 면밀히 분석해야 한다"라고 했던 손무, "엄격한 군율에 따라 병사를 움직여야 한다"라는 제나라의 전략가 손빈의 주장을 촉나라 군대의 방침으로 삼았다. 제갈량이 쓴 〈치군〉을 살펴보자. "올바른 치군은 변방을 지키고 반란을 진압하는 것이며, 무력을 정무의 수단으로 삼아 반역자를 토벌하여 나라를 보호하고 사회를 안정시키는 큰 계획이다." 그리고 "국가는 군대가 보좌하고 황제는 신하가 보좌하는데, 그 보좌가 강해지면 나라가 평안하고 그 보좌가 약해지면 나라가 위험에 처한다"라고 말했다. 따라서 그는 준엄한 군율로 군대를 다스려 강한 국방력으로 촉나라를 보호하고 공고히 하는 데 최선의 노력을 다했다.

이번에는 제갈량의 인재 등용에 관해 알아보자. "나라를 잘 다스리려면 현명한 인재를 등용하는 데 힘써야 한다." 이는 제갈량이 늘 강조했던 인재 등용의 기준이다.

선진 법가들은 인재 등용에서 "재상은 작은 고을인 주군에서 나오고 빼어난 장수는 평범한 병졸 무리에서 나온다"라고 주장했다. 제갈량은 역사적 경험을 통해 설득력 있는 결론을 얻어냈는데, 역사서를 읽은 뒤에 "환공은 관중을 통해 패자가 될 수 있었고, 진나라 황제는 환관 조고 때문에 멸망에 이르렀구나"라고 말했다. 또한 〈전출사표〉에서는 "전한이 번성한 원인은 현명한 신하를 가까이하고 소인을 멀리한 것이었습니다. 그와 달리 후한이 무너진 원인은 소인을 가까이하고 현명한 신하를 멀리한 것이었습니다"라고 했다.

선례를 통해 제갈량은 "나라를 잘 다스리기 위해서는 인재 등용에 힘써야 한다"는 각오를 다졌다. 그러면 어떻게 해야 뛰어난 사람을 등용시킬 수 있을까? 〈병요〉에서 제갈량은 이렇게 말한다. "훌륭한 장수는 정사에 참여하여 다른 이들이 자신을 선택하도록 해야지, 스스로 천거해서는 안 된다. 또한 자신의 공적을 법규로 평가받을 뿐 그것을 스스로 천거해서는 안 된다. 한편 부하들과 함께 의논하고 법령에 따라 인재를 추천해서는 안 된다. 그래야 재능 있는 사람이 매몰되지 않고, 재능 없는 사람이 그것을 꾸며낼 수 없으며, 실속 없이 헛된 명성만 갖춘 사람은 천거받을 수 없다."

또한 제갈량은 '백성을 해치는 행위 다섯 가지'를 지목하여 관리의 승급과 파직의 기준으로 삼았다. 문서를 담당했던 주서좌 장완을 예로 들어 보자. 제갈량은 장완을 '나라의 큰 그릇'으로 여기고 특별히 선발했다. 또한 위나라에서 항복해온 장수이자 이민족 출신으로, 생각이 치밀하고 병법에 통달한 '양주의 으뜸 병사'인 강유를 파격적으로 중용했다. 그는 선진 법가의 인재 등용 노선에 따라 인재를 선발했으며, 이 일은 그의 법가 사상의 노선을 견지하는 데 큰 역할을 했다.

이번에는 경제적 면에서 제갈량을 살펴보자. 그는 소금과 철을 관영화했으며 농사와 뽕나무 재배를 적극 장려했다. 전한 백가 인물들의 재정 관리 경험을 활용하여 염철 관영화를 실시하여 사염교위와 사금중랑장을 설치했다. 그리고 제철과 소금 제조 부문을 따로 두어 호강 세력들이 염철 생산을 독식하지 못하도록 하여 촉나라의 재정 수입을 증가시켰다.

아울러 농상 생산을 중시하여 집집마다 뽕나무 재배와 농사를 장려하여 촉나라의 양잠 면직 생산에 심혈을 기울였다. 이로써 천서 일대의 평원에는 서로 마주본 집들에 뽕나무와 상재나무가 빽빽이 심어져 있어 울창한 숲을 이루었다. 또한 비단을 수출하여 전쟁 시 필요한 물자 조달에 도움이 되도록 했다. 촉나라의 면 생산은 성도 평원에서 남중 지역까지 확장되어 생산품을 멀리 오나라와 위나라에까지 판매하여 그 수입으로 군비 지출의 상당 부분을 담당했다.

농사에 힘쓰고, 백성을 편안하게 하며, 백성의 수확을 도와 민간 재정을 확충하도록 한 일련의 조치는 모두 제갈량의 법가 사상을 따른 정치적·군사적 사상에서 비롯된 것이었다. 예를 들어 남쪽 지역 정벌 때는 사병들한테 산골짜기에 순무를 심도록 하여 군사 식량을 마련하기도 했다. 또한 농기구로 농사짓는 법을 가르쳐 서남 지역의 소수민족들이 산림으로 들어가 평지를 만들고 성읍을 세우고 농사에 힘쓰도록 했다. 북벌 중에는 사병들을 번갈아가며 쉬게 해서, 물이 흐르는 곳에다 둔전을 일구게 했다. 농업 발전을 촉진시키기 위해 수리시설 확충을 주장하는 등 제방을 관장하는 언관을 설치하여 1200여 명을 성도 언구 지역에 상주시켜 제갈언이라는 제방을 만들어 관개에 이롭게 했다.

또한 문화 교류와 경제 발전을 위해 익주의 교통이 불편한 곳에는 군민 (軍民)을 조직하여 하천의 좁은 곳에 돌을 쌓아 다리를 만들어 진대 이후 끊어졌던 길을 다시 만들었다. 백수관에서 성도에 이르기까지 역참을 400여 개나 세웠으며, 월최군에 산을 깎고 돌을 깔아 산길을 내기도 했다.

그는 호강지주들의 농민 착취를 막기 위해 직전을 주조하여 물가를 안정시키고 관시(官市)를 두어 농민의 삶을 안정시켰다. 촉나라 경제는 늘 전쟁에 노출되어 있었으나 제갈량의 법가 사상 덕분에 안정되었다. 성도 평원은 작은 수로들이 마치 인체의 혈맥처럼 조밀하게 연결되어 논밭이 이리저리 자유롭게 배열되었다. 그리하여 무르익은 기장과 고량과 벼가 무성하게 자라 그 무르익은 곡식의 빛깔이 장관을 연출하기도 했으며, 농기계와 먹을 것이 넉넉했다. 또한 이민족과의 관계에서 제갈량이 주장한 것 또한 법가 사상의 실용주의였다.

'서쪽으로는 이민족과 화합하고 남쪽으로는 이월을 평화적으로 다스리는 것'은 제갈량이 실행한 기본 국책이었다. 그는 우선 서남과 서북 지역에 한, 융, 이월 등의 민족이 뒤섞여 거주하고 있는 점에 관심을 갖고 화합과 융화정책을 지시했다. 그로써 촉나라 정권의 안정과 단결을 유지하면서 대외적으로는 그들도 조조에 대항하도록 했다. 이는 선진 법가 인물 중에서도 유례를 찾아보기 힘든 것이었다.

남중 지역 평정 당시에는 그 지역 반란군의 수령인 맹획에 대한 제갈량의 대응은 굉장히 인상적이었다. 무력으로 위협하면서도 한편으로는 맹획의 마음을 공략하는 방법을 써서 그를 일곱 번 잡았다가 일곱 번 놓아주는 과정 끝에 마침내 제 발로 찾아와 투항하도록 만들었다. 촉나라와 손을 잡으려는 이민족의 고위층 인물에 대해서는 '이민족의 대표자를 관리로 임용하는' 정책을 취하여 군과 현, 나아가 중앙관리직에까지 이민족을 선임했다. 이 지역에는 군사를 주둔시키지 않고 군량도 운송하지 않았으며, 다만 기본적인 정책과 법규만을 대략적으로 규정하여 남중 민족과 한족이 별 탈 없이 지내도록 했다.

북벌 중에는 서쪽으로는 이민족 융과 화친하고 강호와 연합했으며, 강유를 파격적으로 중용하여 각 민족의 화합을 도모했다. 또한 조조에 대항하기 위해 각 민족으로 구성된 연합군을 결성하여 촉나라의 사회·경제 발전을 촉진시켰을 뿐 아니라 각 민족의 융합과 중국의 통일된 다민족국가를 형성하고 발전시키는 데도 큰 공헌을 했다.

대외 정책에서는 연합 방식을 채택하여 밖으로 손권과 관계를 돈독히 하여 오나라와 연합하여 조조에게 대항했다. 이는 제갈량이 법가 사상에 기초한 통일을 실현하기 위해 초려에서 유비와 융중대책을 논할 때 이미 정했던 전략이었다. 결과적으로 이 전략은 촉나라의 승리와 발전으로 이어졌다. 적벽대전에서 오나라와 연합하여 조조를 패배시킨 유비는 형주와 익주를 차지했고, 그로써 조조·손권과 함께 삼족의 형태로 천하에 나란히 설 수 있었다. 이는 다름 아닌 제갈량 정책의 승리였다.

촉나라와 오나라가 연합하여 조조의 위나라에 대항한 것은 당시 상황에서는 필연적 결과였다. 그 가운데 이해의 충돌이 일어나기도 했는데, 이는 형주를 두고 일어난 다툼이 대부분이었다. 촉나라는 형주를 가지고 있으면 익주를 보호할 수 있었고, 형주에서 강동으로 곧바로 내려갈 수 있고, 북으로는 완과 낙양으로 향할 수도 있었다. 하지만 오나라가 형주를 차지할 경우 장강 중류까지 제압하여 촉나라를 엿볼 수 있는 상황이 발생하여 곧장 완과 낙양으로 군사를 몰고 쳐들어올 수도 있었다. 결국 유비가 익주를 취하자 손권이 즉각 형주를 취해 이들 간에 대접전이 벌어졌다. 그때 조조가 한중을 평정함으로써 유비는 어쩔 수 없이 상수를 경계로 하여 손권과 연합할 수밖에 없었다.

이렇듯 손권과 유비 간의 동맹이 깨지면 그 이익은 조조에게로 돌아갔다. 유비가 한중을 취하자 관우는 경솔하게 북쪽으로 위나라를 공격했을 뿐 아니라 손권과의 관계도 잘 유지하지 못했다. 그러자 조조와 손권의 암묵적인 약속 하에 손권이 관우를 죽이고 형주를 취했다. 관우의 죽음을 애통해하던 유비가 제갈량의 만류를 뿌리치고 오나라를 치러갔으나 결과적으로 형주를 잃고 전략적 출구마저 잃어버림으로써 촉나라는 치유할 수 없는 큰 상처를 입었다.

유비가 죽고 나자 제갈량은 손권과 다시 우호관계를 맺음으로써 양쪽에서 위나라를 공격할 수 있는 협공 태세를 구축했다. 북벌 중에도 손권이 스스로를 황제라 칭하자 사람을 보내 축하 인사를 전하는 등 동맹관계를 유지했고, 여러 차례 오나라에 사자를 보내 동맹을 공고히 했다. 그로써 제갈량은 남쪽 지역을 정벌하거나 북벌을 하더라도 강동을 신경 쓰지 않아도 되었다. 조조도 황하 이남의 군사를 모두 서쪽으로 움직일 수 없는 상황이었으니, 그 이득은 아주 큰 것이었다. 촉나라는 오나라와의 연합 여부에 따라 그 결과가 다르게 나타났는데, 이는 제갈량의 전략이 얼마나 정확한가를 잘 설명해준다.

송대 시인 육유는 "〈출사표〉 같은 글은 천년이 지나도 나오지 않으니, 이를 쓴 제갈량은 관중과 악의보다 훨씬 뛰어나다"라며 그를 칭송했다. 제갈량은 법가 사상을 실천함으로써 정치, 군사, 행정, 경제, 이민족의 대응 방식, 외교 등에서 큰 공을 세웠고, 후세 사람들에게도 훌륭한 모범이 되었다.

신의 없는 원칙은 없다

오랜 세월 수신(修身)은 학문을 하는 선비에게 중요한 과제이자 훌륭한 문화적 정신으로 인식되어 왔다. 《논어》〈헌문편〉에서 공자는 "군자는 자신의 몸을 닦음으로써 백성을 편안하게 해야 한다"라고 말했다. 《중용》에서는 "천하와 국가를 다스리는 데는 구경(九經)이 있다. 곧 몸을 닦는 것과 어진 이를 높이는 것, 몸을 닦으면 곧 도가 선다"라고 했다. 맹자는 공자의 사상을 진일보시켜 집과 국가, 천하의 근본은 '몸'에 있다고 주장했다. 아울러 《맹자》〈이루〉첫째 편에서 "천하의 근본은 국가에 있으며 국가의 근본은 가정에 있고 가정의 근본은 그 몸에 있다"라고 했다. 그리고 〈진심〉 끝 편에서는 "군자가 자신을 지켜나간다는 것은 곧 자신의 몸을 닦아 천하를 화평하게 하는 것이다"라고 했다. 이는 수신에 힘을 쏟아야 도가 세워지고, 나아가 천하를 운용하는 사회적 효과를 낳을 수 있다는 말이다.

제갈량은 삼국시대의 뛰어난 정치가이자 병법가로서 그가 남긴 업적은 지금까지도 사람들 입에 오르내릴 정도다. 그의 정치력은 완벽했고 그 인격은 후세에 길이 모범이 될 만한 것이었다. 제갈량의 수신 사상은 안타깝게도 진수 등이 편집한 《제갈량집》에 유실된 부분이 많아 사적에 남아 있는 문고와 어록, 혹은 단편적인 몇 구절을 통해서만 엿볼 수 있다.

제갈량은 충성심과 신의에 있어 다른 사람이 감히 따라갈 수 없을 정도로 모범적인 인물이었다. 우선 충성심을 살펴보면, 중국인들에게는 제갈량의 지혜뿐 아니라 그의 충군 사상 역시 인상 깊게 남아 있다.

〈후출사표〉에서 제갈량은 유비에게 조조를 정벌해야 하는 이유를 서술하고 나서 다음과 같은 말로 자신의 심경을 표현했다. "신은 다만 나라를 위하여 온 힘을 다 바칠 것이며 죽을 때까지 이를 멈추지 않을 것입니다. 신은 일이 성공할지 실패할지, 순조로울지 어려울지 예견하는 데 밝지 못합니다." 과연 황제를 섬기는 그의 도리가 어느 정도였는지 짐작되지 않는가.

그는 장수의 도리에 대해 이렇게 말했다. "사람의 충성심은 마치 연못에 있는 고기와 같아서, 고기가 물을 잃으면 죽게 되니 사람이 충성심을 잃으면 흉해진다. 고로 훌륭한 장수는 이를 지키고 뜻을 세워 이름을 날려야 한다." 이는 그가 충성심을 얼마나 중시했는지 잘 말해준다.

제갈량의 일생을 살펴보면 곳곳에 유비를 향한 충성심이 묻어나 있다. 남양에서 밭을 갈던 제갈량은 유비의 삼고초려로 세상에 나온 후, 평생 그를 따르기로 결심했다. 삼고초려 다음 해 조조가 남쪽으로 형주 정벌에 나서자 유종이 항복하는 바람에 유비는 오갈 데 없는 신세가 되었다. 이때 제갈량은 자신의 안위는 아랑곳하지 않은 채 혈혈단신으로 강동으로 떠났고, 조조에게 항복할 것인가 맞서 싸울 것인가를 두고 망설이던 손권과 동맹을 맺어 연합군을 결성했다. 그리고 마침내 적벽대전에서 조조를 무찔러 한평생 기댈 곳 없이 살아온 유비에게 형주라는 근거지를 선물하는 큰 공을 세웠다. 이는 유비를 향한 충성심이 가장 잘 드러난 부분이다.

그 후 유비가 관우와 장비의 원수를 갚기 위해 군사를 일으켜 동쪽으로 손권을 정벌하러 나섰다가 부하 이릉이 전투에서 대패하자 영안성에서 병으로 세상을 떠나고 말았다. 《삼국지》〈제갈량전〉을 보면 죽기 전에 유비는 제갈량을 성도에서 영안으로 불러들여 뒷일을 부탁한다는 유언을 남겼다. 그러자 제갈량은 눈물을 흘리면서 "신은 온 힘을 다하여 죽을 때까지 충정의 절개를 바치겠습니다"라고 답했으며, 그 말을 실천에 옮겼다. 전심전력을 다해 촉나라의 영토를 유지하고 군사를 이끌고 북벌에 나선 그는 한 왕실을 회복하여 천하통일을 이루고자 했던 유비의 꿈을 실현하기 위해 그야말로 사력을 다했다. 그러다가 결국 전장에서 숨을 거두고 말았다. 이처럼 그는 "충정의 절개를 바치며 죽을 때까지 이어가겠습니다"라는 약속을 끝까지 지켰다.

일생 충성심을 간직하고 산 제갈량은 부하의 능력을 판단하는 기준으로 충성심을 제시했다. 그가 후주 유선에게 곽유지와 동윤 등을 추천하면서 우선적으로 중시한 것이 바로 '충성을 다하고 절개를 지키는 신하'라는 점이었다. 제갈량은 장완을 중용했을 때도 그가 충성과 고아함에 뜻을 두고 있으므로 함께 왕업을 이룰 수 있을 거라고 생각했다. 여개는 충성심과 은혜로움을 가져 부하들에게 큰 신임을 받아 제갈량에게 추천되었다. 강유는 충성심이 지극하고 맡은 바 책임을 다하여 후계자로 지목되었다. 동화는 부(府)를 연 후로 관리들에게 다른 이들의 의견에 귀를 기울이고 이로운 의견을 수용하며 황제에게 충성을 다할 것을 요구하는 등 충심으로 자신의 과실을 시정하는 인물이 되어야 한다고 했다. 반면 요립은 충성심이 부족하여 탄핵을 당했고, 이엄은 제갈량과 함께 고명대신이 되어 높은 대우를 받았음에도 충성심이 없다는 이유로 탄핵되었다.

충정으로 입신하고자 한 제갈량의 정신은 후대에도 큰 영향을 주었다. 그의 아들 제갈첨은 면죽에서 등애의 대군을 맞아 싸우게 되었는데, 이때 등애가 사자를 보내 "왕에 봉해주겠다"라고 하며 항복하기를 설득했다. 이 말에 제갈첨은 분노하여 사자를 참한 뒤에 장렬하게 전사했다. 이 소식을 들은 제갈첨의 아들 제갈상은 위나라로 돌격했다가 장렬하게 전사하고 말았다. 진대의 사학자 간보는 이 사건을 두고 "비록 제갈첨의 지략은 뛰어나지 못했고 그 용맹함도 높이 평가할 수는 없으나, 밖으로는 국가를 저버리지 않고 안으로는 아버지의 뜻을 거스르지 않았으니 가히 충과 효를 두루 갖췄다고 할 만하다"라고 칭찬했다. 역사학자 장보는 《명사우열론》에서 "제갈량의 충성심을 본받아 마음을 고쳐 절개를 세웠도다!"라는 찬사를 보냈다.

충정의 기개를 중시한 제갈량은 황제에게 충성을 다하고자 했던 봉건 정치가들에게 모범이 되었다. 그의 충군 사상에 역사적 한계성이 있음을 부인할 수 없으나, 황제가 곧 국가를 상징했던 봉건시대에 그에 대한 충성은 다름 아닌 국가에 대한 충성이었다.

또한 제갈량은 평생 '신의'를 중시했다. 《한진춘추》를 보면 다음과 같은 기록이 나온다. "진무제 사마염이 제갈량의 치국 방법을 묻자 신하 번건이 대답하길 '누군가 그의 잘못을 지적하면 반드시 고쳤고, 다른 이의 과실에 대해 추궁하지 않았으며, 상주고 벌하는 일을 공명정대하게 행하여 신명을 감동시킬 만했습니다'라고 했다." 사학자 원준은 제갈량에 대해 "법령을 분명하게 세우고 공명정대하게 상벌을 행하여 신의를 쌓았으며, 군사들은 위험을 무릅쓰고 그 명을 받았다. 이것이 바로 잘 싸울 수 있던 비결이었다"라고 칭찬했다. 이들 기록은 제갈량이 상벌을 얼마나 중요하게 여기고, 부하를 어떻게 대해야 하는지 잘 알고 있었음을 말해준다. 다음 이야기는 좋은 예가 될 것이다.

제갈량이 군사를 이끌고 네 번째 기산을 출정하여 위나라 정벌에 나섰을 때였다. 위나라는 세력이 강하고 촉나라는 약했던 상황에서 그는 '험난한 요새에서 수비하는 동안 10분의 2를 교대하여 내려보내는' 방법을 택하여 군사들이 돌아가면서 휴식을 취하도록 했다. 마침 이때 위나라 군대가 진나라를 공격하여 전장이 긴장 속으로 빠져들자, 참모들은 하나같이 이렇게 건의했다. "적의 무리가 강하고 수적으로도 월등해 힘으로 제압할 수 없으니 마땅히 명령을 내려 쉴 준비를 하는 군사를 다시 전쟁에 투입하십시오." 그러나 제갈량은 군사들과의 약속을 저버릴 수 없다면서 이렇게 대답했다. "나는 신의를 근본으로 군사를 통솔하고자 합니다. 신의를 잃고 원칙을 얻는다면 돌아가신 선주께서 애석해할 것이오. 떠나려는 자는 이미 짐을 꾸려 떠날 날을 고대하고, 처자는 집에서 목을 빼고 기다리고 있을 것입니다. 비록 전투에는 어려움이 있을 테지만 신의를 저버릴 수는 없습니다." 이 말에 떠나려는 자들이 모두 감동하여 기꺼이 남아 한바탕 싸우기를 원했고, 남은 자도 용기를 내어 죽을 때까지 명을 받들고자 했다. 전쟁이 발발하던 날에도 칼을 뽑아 서로 선봉에 서고자 했으며, 한 사람이 10명을 상대하고 장합을 죽이고 선제를 퇴각시켜 전쟁에서 큰 승리를 거두었다. 이는 바로 신의에서 비롯된 결과였다.

정사를 펼칠 때도 군대를 통솔할 때도 신의를 최고의 가치로 여겼던 제갈량은 한순간도 신의를 저버리지 않았다. 그는 아들을 보살펴달라는 유비의 유언을 받들어 "온 힘을 다해 죽을 때까지 충정의 절개를 바치겠다"고 다짐했다. 과연 그는 피를 토하며 죽을 때까지 그 말을 지켰으니, 이는 참으로 감동적인 일이 아닐 수 없다.

이처럼 신의를 중시하는 것도 제갈량이 행한 입신의 도였다. 군대와 나라의 큰일을 처리할 때도 큰 영향을 미쳤던 신의는 그의 인간적인 매력을 느낄 수 있는 요소다.

일대 명재상으로서 제갈량의 인간관계와 공정한 일처리는 그 개인의 수양과 직접적인 관련이 있다. 이는 결과적으로 부하의 통솔력에도 영향을 미치고, 나아가 일의 성패와도 직결되었다. "나의 마음은 저울과 같아 결코 인위로 사람의 경중을 따질 수 없다"라는 명언을 통해 제갈량이 평소 공정함을 중시했음을 알 수 있다. 그 저울과 같은 공평한 마음이 가장 잘 나타난 이야기가 바로 눈물을 뿌리며 자신이 아끼던 부하 마속의 목을 벤 일이었다.

건흥 6년(228년) 제갈량은 여러 해에 걸쳐 세심히 준비하여 처음으로 기산을 출정하여 조조의 위나라 정벌에 나섰다. 그런데 비장군 왕평이 몇 차례에 걸쳐 간언했으나 선봉장 마속은 그의 의견을 받아들이지 않고 자기 고집대로 전략을 펼쳐 가정에서 대패하고 말았다.

마속과 제갈량의 관계는 부자지간처럼 돈독했다. 그는 제갈량이 남쪽 지역 정벌에 나섰을 때 '상대의 마음을 공략하는 것이 상책'이라는 뛰어난 전략을 제시하여 인정을 받았다. 그럼에도 그는 사적인 감정에 얽매이지 않고 가정 전투의 패배에 책임을 물어 군율에 따라 마속의 목을 벴다. 장완이 한중에 돌아와 제갈량에게 이렇게 말했다.

"일찍이 춘추시대에 초나라가 실력 있는 신하를 죽이자 상대국 진나라의 문공(文公)이 잘됐다고 기뻐한 일이 있습니다. 아무리 죄를 지었다고 하더라도 천하가 아직 평정되지 못한 상황에서 뛰어난 지혜와 책략을 갖춘 사람을 참하는 것은 참으로 안타까운 일입니다."

다음은 이에 대한 제갈량의 대답이다.

"손무가 천하를 제압할 수 있었던 것은 군법을 바르게 했기 때문이다. 양간이 법을 어지럽히자 위강은 그의 종을 죽였다. 사해는 분열되고 전쟁이 시작되었다. 만약 다시 법률의 기강을 무너뜨린다면 어떻게 도적을 물리칠 수 있겠는가!"

제갈량이 법의 형평성을 놓고 고심하리라는 것을 잘 알고 있던 마속은 참수를 당하기 전 그에게 서신을 남겼다. "승상께서는 저를 아들처럼 대했고 저도 승상을 부친처럼 존경했습니다. 저는 비록 죽지만 황천에 가도 아무런 한이 없습니다." 마속은 죽어도 제갈량을 원망하지 않겠다고 하면서 자신의 자식을 부탁했다. 이는 역사상 아주 드문 이야기다. 역사서에 보면 "이때 10만 군사가 그를 위해 눈물을 흘렸으며, 제갈량도 그를 위해 친히 제사를 지내고 그의 후손을 평생 돌봐주었다"는 기록이 남아 있다.

한편 왕평은 큰 공을 세워 표창을 받고 파격적으로 승진했다. 제갈량은 그에게 오부(五部)의 병사 통솔권을 주고 군영의 일을 맡겼으며, 지위를 토구장군으로 높이고 정후로 봉했다. 그리고 자신은 가정 전투에 대한 패배의 책임을 지고 승상에서 물러나 우장군이 되었다.

제갈량이 공정심을 갖추지 않았다면 이처럼 상벌을 분명히 구분하고 실행에 옮기지 못했을 것이다.

이엄과 요립의 관직을 박탈한 일도 제갈량의 공정심을 잘 설명해준다. 이엄은 유비가 영안성에서 죽을 때 제갈량과 함께 유언을 받든 대신이었다. 하지만 그는 네 번째 기산 출정 때 군량을 조달하는 후발 작업을 맡았는데, 일처리가 게으르고 남에게 미루기 일쑤였다. 더욱이 후주 유선과 제갈량 사이에서 겉과 속이 다른 이야기를 했으며, 심지어는 북벌에 나섰을 때 군량을 보내지 않아 결국 촉나라의 퇴각을 초래하고 말았다. 이런 과실이 발각되었을 때 그는 죄를 자백하고 용서를 빌었다. 하지만 제갈량은 법에 따라 그의 관직을 박탈하고 재동군으로 내쫓았다. 그럼에도 이엄은 제갈량이 자신을 다시 불러줄 거라는 기대감을 갖고 지냈다. 이런 마지막 남은 희망의 불씨는 3년 뒤에 제갈량이 죽었다는 소식을 듣고 꺼졌고, 결국 그는 격분하여 병들어 죽고 말았다.

요립은 여러 해 동안 유비와 유선 곁에서 중임을 맡았지만 성격이 오만방자했으며 늘 자신의 직위에 불만을 품고 있었다. 그래서 황제를 비방하고 다른 신하를 헐뜯어 명예를 훼손시키는 일이 비일비재했다. 이를 지켜보던 제갈량은 표를 올려 그를 '무리를 어지럽히는 양'이라 표현하며 관직을 박탈시킨 후 문산군으로 쫓아버렸다. 역사서에는 다음과 같은 기록이 나온다. "요립은 처자식을 데리고 농사일을 하여 스스로 생계를 꾸려나갔다. 이후에 제갈량이 죽었다는 소식을 듣고 그는 눈물을 흘리며 '결국 나는 죽을 때까지 이민족이 되겠구나!'라고 탄식했다."

그러나 이엄과 요립은 제갈량의 엄격한 처벌에 불만을 품지 않았다. 또한 그가 언젠가는 자신들을 다시 불러줄 것이라는 기대감을 품고 있었다. 하지만 누가 알았으랴? 제갈량이 그들보다 먼저 세상을 떠나게 될 줄은 꿈에도 몰랐을 것이다. 진수는 《삼국지》에서 이렇게 언급했다.

"제갈량은 승상이 되어 백성을 보살피고 예의와 법도가 무엇인가를 보여주었다. 또한 관직을 간소화하고 시의적절한 제도를 만들고 성실한 마음으로 공정한 정치를 펼쳤다. 충의를 다하고 시대에 이로움을 준 사람에게는 비록 원수라도 반드시 상을 주고, 법을 어기고 태만한 행위를 일삼은 자에게는 비록 가까운 사람이라도 반드시 벌을 주었다. 죄를 인정하고 반성하는 마음을 가진 이에게는 무거운 죄를 지었다 하더라도 반드시 풀어주었으며, 진실을 숨기고 말을 교묘하게 꾸미는 자에게는 비록 가벼운 죄를 지었다 하더라도 반드시 사형에 처했다. 작은 일이라 해도 선을 행하면 반드시 상을 주고, 아무리 사소한 일이라도 사악한 행위를 하면 처벌했다. 여러 가지 일에 정통하고, 사물의 근원을 이해했으며, 명분을 따르고 실질을 구하며, 거짓으로 가득한 사람과는 함께하지 않았다. 그 결과 촉나라 백성들은 모두 그를 존경하고 아꼈으며, 비록 형법과 정치가 엄격해도 원망하는 자가 없었다. 이는 그가 공명정대하고 상벌을 주는 일에 분명했기 때문이다."

제갈량의 부하였던 장예는 평소 그를 잘 이해하는 인물이었다. 장예는 제갈량을 "상을 줄 때는 멀리 있는 사람을 빼놓지 않고, 벌을 줄 때는 가까이 있는 사람이라고 해서 봐주지 않았다. 공로가 없으면 직위를 갖지 못하게 했으며, 신분이 높다고 해도 형벌을 피할 수 없도록 했다. 이것이 바로 모두가 그를 따른 이유다"라고 평가했다. 이처럼 그들의 입에서는 제갈량의 공정함에 대한 칭찬이 끊이지 않는다. 정치나 인간관계에서 그가 발휘한 공정함은 우리 역시 본받아야 할 정신이다.

소박하고 근검하며, 뜻을 높고 멀리 두는 덕목 역시 제갈량이 힘써 갈고 닦던 수신의 도였다. 그가 쓴 〈아들에게 훈계하는 글〉에 보면 오랜 세월 전해 내려오는 그 가문의 가훈이 잘 나타나 있다. 그는 아들에게 크게 두 가지를 훈계했는데, 그중 하나는 술을 경계하라는 것이고, 다른 하나는 바로 다음 내용이다.

"군자는 고요한 마음으로 수양하고 소박함으로 덕행을 길러야 한다.

욕심을 비우고 마음을 깨끗이 해야 뜻을 이룰 수 있으며, 마음이 편안하고 고요해야 원대한 포부를 이룰 수 있다. 학문을 연마할 때는 마음이 편안해야 한다. 배우지 않고서는 많은 재능을 가질 수 없으며, 포부 없이는 학문을 이룰 수 없다. 방종하면 강인한 정신력을 갖출 수 없으며 조급하면 마음을 수양할 수 없다. 세월을 따라 나이를 먹게 되고 의지는 세월과 함께 사라지면서 마침내 가을날 고목처럼 힘이 쇠하고 학문도 이루지 못하게 된다. 그때는 세상 사람에게 받아들여지지 못하고 슬픔 속에서 곤궁한 가문이나 지켜야 할 것이니, 그제야 후회한들 무슨 소용이 있으랴!"

이 글은 또 다른 수신 사상, 욕심을 비우고 마음을 깨끗이 하여 뜻을 이루고 소박함으로 덕행을 닦는 제갈량의 자세를 잘 반영하고 있다.

그럼 욕심을 비우고 마음을 깨끗이 하여 뜻을 이루는 자세는 무엇인가?

학문에서 욕심을 비우고 마음을 깨끗이 하고 편안하고 고요하게 하는 것은 추위와 적막을 견디고 속세의 쾌락이 주는 유혹을 견디며 방종과 조급함을 금기시한다는 의미다. 이를 이겨내지 못한다면 세월을 따라 나이를 먹게 되고 의지는 세월과 함께 사라져 결국 힘이 쇠하고 학문도 이루지 못하고 성과 없이 슬픔 속에서 빈궁한 가문이나 지키게 된다.

제갈량은 욕심을 비우고 마음을 깨끗이 하여 뜻을 이루기 위해 평생 노력하며 살았다. 온 나라가 혼란에 빠지고 군웅들이 앞다투어 일어나던 시기에 그는 '와룡'으로 칭송받으며 동쪽의 손권에게 가든, 북쪽의 조조에게 가든 간에 출세는 보장되어 있었다. 하지만 욕심을 비우고 직접 밭을 갈며 농사짓는 청빈한 생활 속에서 독서에 매진했다. 그 시절에 쌓은 풍부한 지식은 훗날 그의 이상적 명군인 유비를 보좌하는 데 든든한 버팀목이 되었다.

제갈량은 아내를 선택할 때도 욕심을 버리고 마음을 깨끗이 하는 사상을 잘 실천했다. 습착치의 《양양기》를 보면 이런 이야기가 나온다. 면남의 유명인사 황승언이 제갈량에게 말했다.

"그대가 아내를 고르고 있다는 말을 들었소. 내게 못생긴 딸이 하나 있는데, 머리가 노랗고 피부는 검소. 하지만 재주가 비상해 그대와 잘 어울릴 것이오."

이에 제갈량은 황씨 집안의 추녀를 아내로 맞았다. 그런데 《삼국지》〈제갈량전〉을 보면 호사가들은 그를 조롱하며 이렇게 말했다.

"제갈량이 배필을 고르는 것만큼은 배우지 마라. 아내를 골랐는데 바로 황승언의 못생긴 딸이다."

"식(食)과 색(色)은 인간의 본능이다"라는 말이 있다. 아름다운 아내를 맞이하는 것은 보통 남자들의 공통된 바람이다. 하지만 제갈량이 세속적인 생각을 건너뛰어 추녀와 결혼한 것은 외모보다 그녀의 능력과 덕을 중시했으며, 자신이 학문을 증진하는 데 아내의 이런 면모가 유익할 것이라고 판단했기 때문이다. 이 선택을 두고 후세의 현인들은 탄복해 마지않았다. 송대 이학가 주희는 이렇게 말했다.

"제갈량이 학문 증진을 위해 추녀를 아내로 선택한 것은 굉장히 훌륭한 생각이다. 바르고 큰 정신과 높은 경륜을 지녔는데, 이는 하늘이 부여한 큰 능력이라고 하겠다. 그 지혜가 나날이 밝아지고 위엄과 명망이 나날이 더해질 수 있었던 이유는 이처럼 욕심을 줄이고 정신을 수양했기 때문이다."

욕심을 버리고 정신을 깨끗이 하여 학문을 닦은 그의 태도는 오늘날 학문을 경시하고 소비를 지향하는 자들에게 따끔한 경고가 될 것이다.

이번에는 제갈량이 검소한 생활을 영위하며 덕행을 닦은 것에 대해 말하겠다. 공자는 《논어》 〈팔일편〉에서 "예는 사치스럽기보다 차라리 검소한 것이 낫다"라고 했다. 그리고 〈술이편〉에서는 "사치스러우면 공손하지 못하고, 검소하면 고루하게 된다. 하지만 공손하지 못한 것보다는 차라리 고루한 것이 낫다"라고 했다. "나물과 밥을 먹고 물을 마시며 팔을 구부려 베고 자더라도 그 속에 즐거움이 있으니, 정의롭지 않은 일을 하여 돈 많고 벼슬 높은 것은 나에게 뜬 구름과 같은 것이다." 〈학이편〉에서 공자의 제자 자공은 스승을 이렇게 묘사했다. "공자께서는 온화함, 어짊, 공손함, 검소함, 겸양을 모두 갖추고 계신다." 또한 맹자는 "마음을 수양하기 위해서는 성실함을 지니는 것이 가장 중요하다"라고 말했다.

욕심을 줄이고 검소한 태도를 갖추는 것이 유가 선비들의 기본 덕목이었다. 사치스러운 자는 집안을 제대로 다스리지 못하며, 욕심 많은 위정자는 청렴할 수 없어 결국 패망의 길을 걷게 된다. 이는 공자가 '불손함'을 경계한 것과 같은 맥락이다.

〈아들을 훈계하는 글〉에서 제갈량은 소박함을 추구하며 덕행을 닦으라고 강조했다. 이는 공맹의 수신 사상과 일맥상통하며, 제갈량은 평생 이를 실천했다. 그는 일국의 승상으로 조정에서 10여 년의 세월을 보냈음에도 모아놓은 재산이 없었으며, 그의 아내도 여벌 옷을 두지 않았다. 또한 죽기 전 자신의 장례를 간소하게 치르라고 유언했으니, 제갈량의 검소함이야말로 흔히 볼 수 있는 일이 아니다.

"검소한 태도로 덕을 기르라"고 강조하면서 자신 또한 이를 실천해 부하들에게 큰 영향을 끼쳤다. 그를 따르던 등지와 강유, 동화 역시 청빈한 삶을 살았다.

그런데 여기서 한 가지 짚고 넘어가야 할 점은 제갈량이 검소한 삶을 주장했다고 해서 벼슬길에 나아가지 않는 삶을 원했던 것은 아니라는 사실이다. 오히려 출세를 지향했던 그는 "뜻은 마땅히 높고도 원대해야 한다"라고 말했다.

제갈량의 〈외조카를 훈계하는 글〉을 살펴보자.

"뜻이란 높고도 원대해야 하고 선현들을 우러러 존경해야 하며, 사사로운 정과 사악한 욕심을 끊고 의심과 고집을 버려야 한다. 그로써 성현들의 뜻을 진지하게 받아들이고, 그것이 자신의 몸에서 체현되도록 노력해야 한다. 환경에 순응할 줄 알아야 하고, 번잡하고 자질구레한 일에서 벗어나야 한다. 다른 사람의 의견을 물어보는 것은 중요한 일이며, 원망과 회한을 삭일 줄도 알아야 한다. 잠시 벼슬을 못해 이름을 드러내지 못한다고 해도 고아한 성품을 갖추었다면 무슨 억울함이 있겠으며, 성공하지 못할까 걱정할 일이 있겠는가. 만약 뜻이 단단하지 못하고 의기가 없어 그저 세속에 빠져 있거나 사사로운 정에 얽매여 있다면 영원히 세속에 매몰되거나, 미천함을 모면하지 못할 것이다!"

제갈량은 높고 원대한 이상을 실현하기 위해 선현들을 우러러 존경하고, 사사로운 정과 고집을 버리는 것으로 환경에 순응하고, 다른 사람의 의견을 경청하고 원한과 회한을 다스릴 줄 알아야 한다고 강조했다. 이런 과정을 밟을 때 평범한 세속에서 벗어나 사회와 국가에 보탬이 되는 인물이 될 수 있다.

제갈량은 과연 뜻이 높고 원대한 인물이었다. 초려를 나오기 전 매번 자신을 관중과 악의에 비유하며 그들처럼 현명하고 훌륭한 신하가 되기를 꿈꾸었다. 그래서 학문을 닦을 때도 경서는 대략적으로 살펴본 후 치국의 방법을 파악하는 데 심혈을 기울였다. 학문을 쌓으며 꿈을 실현하기 위해 사사로운 정에 얽매이지 않았으며 황씨 집안의 추녀 딸을 아내로 맞았다. 이는 그녀의 재능과 학식을 높이 평가했던 것이다.

제갈량의 일생을 살펴보면 그의 높고 원대한 이상은 곧 '천하의 안정과 한 왕실 회복'으로 귀결된다. 물론 역사적 한계성이 있었지만, 높고 원대한 꿈을 품고 죽을 때까지 최선을 다하겠다는 그의 정신은 후세의 귀감이 되기에 충분하다.

춘추시대의 유학자로 공자의 도를 계승한 증자는 "나는 하루에 세 번 내 몸을 살핀다"라고 했다. 이는 자신에게 허물이 있는지 없는지 살펴 근신하고 교만함과 조급함을 삼가며 겸손한 자세를 갖추었다는 의미다. 제갈량은 올바른 정치생활과 인간관계를 위해 자신에게 과실이 있으면 깊이 반성하고 시정했으며, 자신의 허물을 지적해주는 친구들에게는 고마움을 표현했다. 그의 이런 수신 사상은 자신의 과실을 지적한 내용을 담은 네 가지 교령에 잘 나타나 있다.

우선, 다음 세 가지 교령은 모두 동화와 관련된 것이다.

"각기 직무를 맡은 자는 다른 사람들의 의견을 모아 살핌으로써 주군께 충성되고 이로운 의견을 올리도록 하라. 혹시 다른 의견을 내는 사람을 멀리하고 문제를 지적하는 것에 어려움이 느껴진다면 이는 나라에 큰 해를 입히는 것이다. 다른 의견이 옳은 것이라면 마땅히 찢어진 신발을 버리고 주옥을 얻듯이 그 의견을 수용하라. 사람은 마음먹기가 어려워 이를 능히 다할 수 없는데, 서서는 그렇게 했다. 또한 동화는 벼슬하는 7년 동안 일이 만족스럽지 못하면 열 번이라도 되풀이했다. 다른 사람들이 서서의 10분의 1이라도 본받고 동화의 정성을 따른다면 이는 곧 나라에 대한 충성이요, 과오를 줄여 더욱 내실 있는 정치를 할 수 있을 것이다."

"나는 최주평과 사귀면서 잘한 일과 잘못한 일에 대해 자주 지적을 받았고, 나중에 서서와 사귀었을 때는 여러 번 가르침을 받았다. 또한 동화와 함께 일한 적이 있었는데, 그는 자신의 의견을 솔직하게 이야기할 줄 아는 사람이었다. 위도와 일할 때는 그의 간언으로 여러 차례 잘못된 결정을 내리지 않을 수 있었다. 비록 내 성품이 어리석고 연마되지 않아 그들의 의견을 다 받아들이지 못했을 수도 있다. 하지만 이들 네 사람과는 친밀한 관계를 유지했으며, 나는 그들의 직언을 추호도 의심하지 않았다."

"임무는 막중한데 재능이 부족하면 일에 차질이 생기기 마련이다. 내 성품이 비루하여 비록 다 받아들일 수는 없었지만, 동화는 늘 나에게 충고를 아끼지 않았다. 그는 직무를 맡은 7년 동안 잘못된 점이 있으며 열 번이라도 되풀이하여 모든 일을 꼼꼼하게 처리하고자 노력했다. 지금껏 동화만큼 충성스러운 인물은 없었다. 그 덕분에 나 역시 과오를 줄일 수 있었다."

동화는 직무를 맡은 7년 동안 일이 만족스럽지 못하면 열 번이라도 되풀이했을 정도이니, 제갈량의 신임을 받기에 충분한 인물이었다. 서서와 최주평은 제갈량이 초려를 나오기 전부터 알고 지낸 오랜 친구이며, 호제는 제갈량의 속관이었다. 이들 세 사람은 여러 차례 간언하여 부당한 결정을 제지해 제갈량에게 큰 칭찬을 받았다. 또한 양옹은 정책을 결정할 때 여러 번 숙고하기를 직언했던 인물로, 책에만 몰두하지 말라는 충고를 들은 제갈량은 그에게 항상 고마워했다. 《삼국지》〈양옹전〉을 보면 양옹이 일찍 죽자 제갈량은 사흘을 울었다고 한다. 제갈량은 여러 사람의 지혜를 모으고, 나라에 유익한 의견을 기꺼이 수용했으며, 그들의 직언을 의심 없이 겸허하게 받아들여 자신의 과오를 줄이려고 노력했다.

가정 땅을 잃은 후 제갈량은 또 한 차례 자신의 과실에 대해 지적할 것을 권면하는 교령을 내렸다. "기산과 기곡의 대군이 적보다 많았으나 적을 무너뜨리지 못하고 도리어 패하고 말았다. 그 실패의 원인은 오직 나 한 사람에게 있다. 지금 나는 군사들을 간소화하고 상벌을 엄격히 하며 과실을 반성하고 장래의 변화된 형세에 적응할 책략을 다시 세우고자 한다. 만약 그렇게 하지 않는다면 군사가 많은들 무슨 소용이 있겠는가! 이제부터 사람들이 나의 허물을 지적해준다면 적들은 소멸되고 북벌은 꼭 성공할 것이며 천하통일의 꿈은 빨리 실현될 것이다."

이 교령에서 제갈량은 '나라에 대한 충성'이라는 전제에서 출발하여 자신의 허물을 지적하도록 요구했다. 끊임없이 자신의 잘못을 고치려고 노력한 그의 태도는 길이 역사에 남을 만하다. 촉나라의 신하 번건은 그를 두고 "잘못에 대해 지적하면 반드시 고쳤다"라고 말했는데, 이는 결코 과장된 찬사가 아니었다. 이처럼 그는 성숙된 수양으로 자연스럽게 큰 성과를 이루어냈다.

제갈량의 일생에서 가장 두드러진 특징을 꼽으라면 '자신을 엄격하게 다스리고 책임을 다하는 신념'이다. 부하들에게도 큰 영향을 미쳤던 이 특징은 그가 후세 사람들에게 칭송받는 이유이기도 하다.

제갈량은 공정심을 갖고 법을 엄격하게 집행했으며, 결코 자신의 잘못에 관대하지 않았다. 앞서 여러 번 말했지만, 마속의 과실로 가정 전투에서 패했을 때 제갈량은 조금도 주저하지 않고 자신에게 책임을 물었고, 결코 다른 사람에게 잘못을 전가하지 않았다. 이는 조조가 군령을 지켜야 한다는 의지로 보여주기 위해 자신의 머리 대신에 머리카락을 자른 일과 같은 맥락이라고 하겠다. 역사의 위인들은 예외 없이 엄격한 잣대를 자신에게도 적용했다.

제갈량의 자녀교육도 주목할 만하다. 제갈량은 형이자 손권의 수하에 있던 제갈근의 아들 제갈교를 양자로 삼았다. 건흥 6년 제갈량이 군사를 거느리고 한중으로 나아가 북벌 준비를 할 때 제갈교도 북벌에 참여했다. 〈제갈량전〉에 보면 제갈량은 그때의 상황을 형에게 편지로 알렸다.

"교는 성도로 돌아가야 하지만 지금은 여러 장령의 자제들과 함께 군량과 마초를 운반하는 일이 먼저인 듯합니다. 교도 우리 군대와 영욕을 함께해야 마땅하므로 그에게 군사 500~600명을 거느리고 여러 장령의 자제들을 따라 산골짜기로 가서 군량과 마초를 운반하도록 했습니다."

제갈량은 본래 성도로 돌아가야 하는 교에게 남아 있도록 한 것은 모두가 공평하게 기쁨과 고통을 공유해야 하기 때문이라고 밝혔다.

한 시대를 살았던 명상이었던 제갈량이 우리에게 남긴 사상적 재산은 대단히 많다. 그의 수신 사상은 후세에 길이 빛나는 찬란한 보석이다. 우리는 그가 전통 유학의 지대한 영향을 받았음을 알 수 있다. 이학의 대가 정호가 그를 두고 "진정한 유자의 기상을 지녔다"라고 칭송한 것도 결코 과장이 아니다. 그의 사상은 비단 정치가뿐 아니라 일반 독자 모두가 본받을 만한 것이다.

제 5 장

끊임없이 자신을 강하게 만들라

인생 후반에 제갈량이 세운 중대한 목표는 바로 북벌이었다. 소설 속에 자주 등장하는 '육출기산'이 바로 그것이다. 이는 제갈량이 기산을 기점으로 무려 여섯 차례나 위나라에 도전한 전투를 말한다. 당시 군사력이 약했던 촉나라가 위나라를 친다는 것이 얼마나 무모한 도전인지 그 역시 알고 있었을 것이다. 그럼에도 무려 여섯 번이나 북벌을 시도한 이유는 무엇일까?

선제 공격을 통해 적극적으로 방어하라

유비가 죽은 후 제갈량은 지속적으로 위나라의 조조에 대한 북벌을 감행했다. 7년 동안 총 여섯 차례 북벌에 나섰으나, 모두 실패하는 수모를 당했다. 그럼에도 왜 북벌을 감행했을까? 제갈량은 〈출사표〉를 통해 유비의 삼고초려에 보답하고 그의 아들을 보살펴달라는 유언과 그가 이루지 못한 뜻을 받들어 중원을 평정함으로써 한 왕실을 회복하겠다는 의지를 피력했다. 제갈량이 계속해서 북벌에 나선 이유는 다음 세 가지로 요약할 수 있다.

먼저, 유비가 남긴 유언을 지키기 위해서였다. 의리와 정을 중시했던 제갈량에게 유비는 일생의 은인이었다. 유비는 누추한 초려를 세 번이나 찾아와 자신을 보좌해줄 것을 당부했고, 훗날 죽음을 앞두었을 때 국가의 모든 대사를 그에게 맡겼다. 죽는 순간까지 자신을 신뢰해준 유비였으니, 어찌 충성을 다하지 않을 수 있었겠는가. 《삼국지》에 따르면 그 유언을 듣고 제갈량은 눈물을 흘리면서 "신은 온 힘을 다하여 충정을 바치고 죽을 때까지 이어가겠습니다"라고 말했다.

그리고 제갈량의 연이은 북벌은 촉나라 정권을 유지하기 위한 적극적인 방어 전략이었다. 융중대책을 세울 때 당초의 구상은 익주와 형주를 차지한 다음에 중원을 치는 것이었다. 하지만 이 전략은 관우가 오나라에 형주를 빼앗김으로써 어긋나버렸다. 오나라에 시종일관 '협력관계'를 강조했던 제갈량이었기에 무력으로 형주를 빼앗을 수는 없었다. 그런데 익주만 갖고서 막강한 위나라에 대항하기에 역부족이었다. 전쟁에서 경제력은 굉장히 중요한데, 당시 중국 면적에서 3분의 2를 차지하고 있던 위나라는 그야말로 막강 대국이었다. 게다가 중원은 토지가 비옥하고 인구도 많은 곳으로 익주에 비해 상당히 번성했다. 그곳을 차지한 위나라가 촉나라보다 강한 것은 당연한 일이었다.

그렇다고 해서 소극적인 방어만 취할 수도 없었다. 위나라가 힘을 비축하여 촉나라를 공격한다면 순식간에 무너질 것은 불을 보듯 뻔한 일이었을 테니 말이다. 그래서 제갈량은 '방어를 위한 공격'이라는 전략을 선택하게 되었다. 이는 위나라의 경제성장과 전략에 혼란을 주기 위한 것이었고, 실제로 어느 정도 효과를 보았다. 그가 북벌을 감행한 몇 년 동안 위나라는 조비가 죽고 조예가 그의 뒤를 이어 정권이 교체되는 시기여서 국력을 하나로 모으는 데 집중해야 했다. 하지만 제갈량의 북벌로 위나라의 국력은 분열될 수밖에 없었고 경제도 큰 타격을 입어 몇 해 동안 위나라는 큰 전쟁을 일으키지 못했다. 물론 촉나라의 국력과 경제도 기울어지기는 마찬가지였다.

마지막으로, 제갈량은 촉나라의 힘을 키워 나라의 수명을 최대한 연장시키려고 했다. 촉나라의 익주는 중원에서 멀리 떨어져 있어 상대적으로 인재가 부족했다. 촉나라 말기에 늙은 요화가 선봉이 된 것을 보면 그 심각성을 알 수 있다. 제갈량 또한 이 문제를 인식하고 있었는데, 마땅한 후계자가 없다는 것은 큰 위기가 아닐 수 없었다. 그는 자신이 죽은 뒤에 촉나라를 책임질 만한 인물이 없음을 알고 나라의 힘을 키우는 데 전력을 다했다. 충분한 자본을 쌓아 촉나라를 유지시키고, 나아가 가능하다면 중원을 차지하려는 희망을 품고 있었다. 결국 그는 남방을 평정하여 촉나라 정세를 안정시킨 다음에, 반대 의견에도 여섯 차례나 북벌 전쟁을 일으켰다. 그 결과야 어찌 되었든지 간에 그가 촉나라의 발전을 위해 전심전력을 다했다는 것은 분명한 사실이다. 그저 안일하게 제자리걸음만 하고 있던 이들보다는 훨씬 훌륭했다.

제갈량을 반대하는 일부 무리는 "육출기산은 공이 아니라 완전한 과오였다"고 주장한다. 그들은 삼국 중 촉나라의 국력이 가장 약한데도 다년간 전쟁을 일으켜 극심한 경제난을 초래했고 민심을 잃었으며 결국 쇠락의 길을 걷게 되었다는 것을 그 이유로 든다. 이는 제갈량을 부정하는 데 중요한 근거가 된다. 하지만 당시 시대적 배경과 촉나라의 상황을 면밀히 살펴보면 그의 안목과 사람됨에 감탄할 수밖에 없다.

육출기산에 승산이 없다는 사실을 알면서도 계속 시도했다는 데는 제갈량의 중요한 전략적 의의가 있다. 인생에 목표가 없으면 현재 상황에 안주하고 아무런 성과를 얻지 못하는 것처럼, 국가 역시 목표가 없으면 민심이 흐트러지고 국가의 기강이 무너진다. 유비의 전략 목표는 융중대책을 실현하는 것이었다. 융중대책에 따른 목표는 두 단계로 이루어졌는데, 첫 번째는 형주와 익주를 취한 후 나라를 세워 삼국이 정립하는 국면을 형성하는 것이다. 두 번째는 병력을 나누어 상장 한 사람이 형주의 부대를 이끌고 중원으로 진군하고, 유비는 직접 익주의 대군을 통솔하여 진천을 공격해 천하통일을 이루는 것이다. 제갈량이 융중대책을 내놓은 뒤부터 유비가 한중왕으로 추대될 때까지, 이들은 12년의 시간을 투자해 마침내 전략 목표의 첫 번째 단계를 완성시켰다.

그러나 관우가 오나라와의 양번 전투에서 패하면서 전략적 요충지인 형주를 잃었고 명장 관우를 비롯한 7~8만여 명의 정예 부대까지 함께 잃었다. 뒤이어 의형제의 원수를 갚기 위해 유비가 오나라 토벌에 나섰지만, 그 역시 이릉 전투에서 패하고 말았다. 관우에 이어 유비와 6만 명에 달하는 정예병을 잃게 된 촉나라는 심각한 타격을 입었다. 상황이 이렇게 되자 융중대책의 두 번째 목표는 성공을 장담할 수 없게 되었다.

목표를 성취할 만한 능력이 있느냐 없느냐 하는 문제에 앞서, 목표를 향해 용감하게 전진하는 것도 대단히 중요한 문제다. 당시 삼국 중 세력이 가장 약하고 중국의 한 귀퉁이 작은 땅에 차지하고 있던 촉나라 정권의 입장이 되어보자. 만약 모든 국력을 집약하여 이루어내고 싶은 원대한 목표가 없었다면, 적국으로부터의 심각한 위협이 없었다면, 위기의식과 긴장감이 없었다면 촉나라는 방향을 잃고 응집력과 발전력을 상실한 채 빠른 속도로 멸망의 길로 내달렸을 것이다. 촉나라는 북진하여 위나라를 치고 한 왕실을 회복하려는 전략 목표를 되새기면서 끊임없이 도전했기에 모든 백성이 하나 되어 적을 무찌르고자 하는 의지를 가졌으며, 나라를 지탱할 수 있는 강력한 힘을 가질 수 있었다.

국가는 단지 경제력에만 의존하지 않는다. 부강한 나라가 되려면 강력한 군사력을 보유해야 한다. 강력한 국방력을 갖지 못하면 멸망의 운명만 기다릴 뿐이다. 냉전 시기에 백성들을 지키고 영토를 수호하기 위해서는 우선 일정한 규모의 군사력을 보유해야 한다. 하지만 군사력의 핵심은 병사 수가 아닌 병사의 질에 있으며, 군대가 전투에서 승리할 수 있는 힘은 바로 강력한 전투력이다. 그렇다면 그 전투력은 어떻게 만들어지는가? 물론 지속적이고 체계적인 훈련과 연습도 필요하겠지만, 그중 최고의 훈련은 다름 아닌 실전이다. 늘 전쟁 상태에서 일정한 승산을 갖고 적과 전투를 벌인다면 군대는 전쟁이라는 현을 팽팽히 당기고 있는 상태에서 정신적으로 혹은 행동 면에서 적극적인 임전 태세를 갖추게 된다. 물론 각 개인의 작전 수행 능력도 지속적으로 향상된다. 제갈량은 전쟁에서 승리하는 법을 알고 있었다. 그래서 늘 위나라와의 전투로 자신의 부대를 훈련시켰고, 이를 통해 병사들에게 적의 강대함과 전쟁의 실제와 잔혹함을 일깨워 군대에서 가장 중요한 무덕(武德)을 키우도록 했다. 그리고 군사력을 이루는 중요한 물질적 힘인 무기를 개발하는 데 노력해 군대의 전투력을 끌어올렸다.

촉나라는 삼국 중 가장 약한 국가였으며, 모든 방면에서 위나라에 현저히 뒤떨어졌다. 위나라와 비교할 때 국토 면적은 7분의 1에 지나지 않았고, 인구는 6분의 1이 채 되지 않았으며, 군대 규모는 5분의 1에 불과했다. 그래서 위나라가 관심을 외부로 돌려 촉나라를 정복하겠다는 마음을 먹는다면 곧장 멸망할 수도 있었다. 이런 이유로 촉나라는 제갈량부터 그의 후계자 강유에 이르기까지 적극적인 방어 전략인 '선제 공격'의 자세를 일관되게 유지하면서 기회가 생길 때마다 위나라를 공격했다. 오나라와 동맹을 맺고 양면 협공으로 위나라를 계속 위협하여 그들의 무력을 조금이나마 약화시킬 수 있었기에 내부적으로 안정을 유지하면서 일련의 발전을 통해 생존해나갈 수 있었다.

육출기산은 약소국이 적극적 방어 전략으로, 생존을 위한 가장 전형적인 예라고 할 수 있다. 후에 촉나라는 통치계급의 분열로 강유가 배척당하면서 위나라 공격에 대한 추진력을 잃어버렸다. 그 틈을 노려 위나라는 공격을 감행했고, 촉나라는 힘없이 무너지고 말았다.

육출기산은 전략상의 의의뿐 아니라 중국 전통문화의 혼이 담긴 정신적 자산으로도 빛나는 가치를 지닌다.

첫째, 중국 고대 사대부들이 지향하는 삶의 이상과 가치관을 충분히 보여주었다. 《좌전》〈양공 24년〉에는 "세월이 흘러도 영원히 없어지지 않는 세 가지가 있으니, 그 첫째는 덕을 쌓는 일이요, 그다음은 공을 세우는 일이요, 마지막은 글을 남기는 일이다"라는 말이 나온다. 오랜 세월이 지나도 사라지지 않는 것을 일컬어 불후(不朽)라고 하는데, 후세 사람들은 '입덕, 입공, 입언'을 삶의 최고 자세로 여겼다. 이런 사고방식은 유가 사상에서 비롯된 것으로, 적극적인 인생 태도와 가치관은 벼슬에 뜻을 둔 지식인들이 지향하는 기본 자세였다. 제갈량은 훌륭한 본보기로서 이 부분에 노력을 아끼지 않았다. 끊임없이 공을 세우고 위업을 이루려는 의지는 그가 시도한 육출기산의 탄탄한 정신적 기초가 되었다.

둘째, 은혜를 알고 보답하려는 보은의 처세관을 보여주었다. 일찍 부모를 여읜 제갈량은 자신을 곧잘 관중과 악의에 비유했으나, 그를 인정해주는 사람은 아무도 없었다. 그런데 황실 가문 출신 유비가 삼고초려로 자신에게 도움을 구했으니, 이는 예나 지금이나 지식인들이 갈구하던 절호의 기회였다. 성현과 군자의 말씀을 따르는 선비가 자신을 알아주는 이를 위해 기꺼이 목숨을 던지고, 자신을 알아주는 이를 위해 죽을 때까지 진정으로 충성하는 것은 당연한 일이었다. 제갈량은 하산한 뒤에 18년 동안 유비와 군신관계를 유지하면서 충성을 다했다. 이 두 사람은 비록 군신관계였지만 실제로는 형제관계를 뛰어넘어 돈독한 우정을 나눈 절친한 사이였다. 유비가 임종을 맞이할 때 천하통일의 대업과 촉나라의 안위, 그의 아들 유선을 다른 사람이 아닌 제갈량에게 부탁한 것도 이 때문이다. 당시 유비는 제갈량에게 자신이 이루고자 했던 것을 모두 일임했다. 이런 깊은 신뢰는 역사에서도 아주 드문 일이다. 제갈량은 자신의 남은 생애를 최선을 다해 쉼 없이 주군의 유언을 실천하고자 노력했다. 자신을 알아준 은혜와 아들을 부탁한 유비의 신임에 보답하기 위해 생의 마지막 순간까지 애쓰던 그의 모습은 전통적인 현인과 군자의 이미지로 형상화되었다.

셋째, 고난을 두려워하지 않는 불굴의 기상을 보여주었다. 《주역》에 "천행건 군자자강불식(天行健 君子自强不息)"이라는 글귀가 나오는데, 이는 "하늘의 운행은 건실하다. 군자는 이것을 본받아 끊임없이 자기 자신을 강하게 만든다"라는 뜻이다. 제갈량은 한 나라의 최고위직인 승상에 올라 부귀영화를 누릴 수 있었다. 그는 남방을 평정했고 오나라와 동맹을 맺었으며 제도를 혁신하고 경제를 발전시켜 촉나라의 안정된 토대를 마련하는 등 큰 업적을 남겼다. 하지만 그는 오장원에서 죽기 전까지 6년 동안 육출기산에 자신의 모든 정신적·육체적 힘을 쏟아부었다. 게다가 죽음이 다가오는 순간에도 촉나라 군대가 안전하게 퇴각할 방법을 모색했다.

제갈량이 정치, 경제, 군사 방면에서 쌓은 업적을 제외하고 적극적인 인생관과 불굴의 의지 등 정신력은 후세 사람들에게 감동을 줄 만하다. 그는 짚신을 팔며 남에게 빌붙어 살아가던 유비를 도와 청렴결백함으로 지혜와 용기를 발휘하여 새로운 국가를 세운 인물이다. 약소한 국가를 경영하며 무능한 황제를 모시면서 강대국 사이에 위치한 촉나라를 지속시킨 인물이 바로 제갈량이다.

약자가 강자에게 던진 도전장

제갈량의 북벌은 애초부터 약자가 강자에게 도전장을 던진 형국이었다.

위나라는 삼국 중에서 가장 강하고 촉나라는 가장 약한 국가였으나, 제갈량이 지휘한 촉나라 군대는 북벌에서 위나라에 상당한 위협과 충격을 안겨주었다. 그럼에도 일부 실책과 외부 환경적 요인으로 결국 철군할 수밖에 없었다. 여기에는 위·촉 사이에 존재하는 명백한 힘의 차이가 주된 이유이지만, 전술 운용상에서도 문제가 있었다. 북벌에서 벌어진 여러 사건을 살펴보면 우리는 배울 만한 것을 발견할 수 있다.

"북벌을 통해 중원을 제패한 다음 전국을 통일하리라!" 이는 제갈량이 융중에서 유비에게 제시한 최종 목표였다. 당초 제갈량은 병력을 둘로 나누어 한쪽은 형주의 군사를 이끌고 완과 낙양으로 출격하고, 한쪽은 유비가 직접 익주의 군사를 이끌고 진천으로 진격하여 곧바로 장안으로 진격할 계획을 세웠다. 하지만 제갈량이 북벌을 진행할 때 형주는 오나라의 땅이 되어 선택할 수 있는 진군 노선은 진천밖에 남아 있지 않았다.

엄밀히 따지면 제갈량의 북벌은 총 다섯 차례 진행되었고 나머지 한 번은 위나라의 군대가 남하하자 이에 대항한 방어전이었다. 위나라의 문제

조비가 병사하자 아들 조예가 왕위를 계승하여 위 명제가 되었다. 제갈량은 위나라의 정권이 교체되고 새로운 군주가 왕위에 오르자 이를 북벌의 좋은 기회로 여겼다. 그리하여 군대를 이끌고 북으로 진출하여 한중에 주둔했다. 출정에 앞서 유선에게 험난한 시국을 맞아 경계할 것들을 아뢰고 치국 정사의 처리에 대한 글을 상소로 올렸는데, 역사에서는 이를 〈출사표〉라고 부른다.

건흥 6년(228년) 군사를 이끌고 북벌에 나선 제갈량은 위나라의 대장군 조진의 주력 부대를 혼란스럽게 만들기 위해 야곡도를 경유해 미성을 취하려 한다고 거짓 소문을 퍼뜨리고 조운과 등지가 이끄는 유인 부대에게 기곡을 점거하여 미성을 공략하는 척하라고 했다. 그다음 자신은 주력 부대를 이끌고 갑자기 서북으로 진격하여 기산을 공격했다. 촉나라 군대는 여러 해에 걸친 훈련으로 사기가 높고 군용이 잘 정비되어 북벌이 순조롭게 진행되었다. 위나라에 속한 남안, 천수, 안정 3개 군이 위나라를 배반하고 제갈량에게 항복했으며 천수의 장수이던 강유도 투항했다. 이는 제갈량이 세운 전략이 성공적이었고, 촉나라의 공격에 대비한 위나라의 준비가 충분하지 못했음을 보여준다.

제갈량의 진격으로 관중 땅은 일시에 격변의 소용돌이에 휩싸였고, 위나라 정권은 공포에 떨었다. 위 명제는 직접 군대를 이끌고 황급히 출병하여 장안 방어에 나섰고, 대장 장합에게 제갈량을 공격하도록 했다. 제갈량은 기산을 나와 서현에 본진을 주둔시킨 뒤 마속을 선봉장으로, 왕평을 부장군으로 임명하고 병력을 주어 가정에서 장합에 맞서도록 했다. 마속은 남만 평정 당시 제갈량에게 '군사의 도에서는 상대의 마음을 공략하는 것이 상책'이라고 간언하여 신뢰를 얻었지만 병법에는 정통하지 못했다. 제갈량은 마속에게 중요한 일을 맡기지 말라는 유비의 충고에도 불구하고 중요한 시기에 그를 중용했다. 그런데 마속은 제갈량의 지시를 어기고 왕평의 권고도 듣지 않은 채 성을 버리고 산으로 올라가서 진영을 세웠다.

이 기회를 틈타서 장합은 촉나라 군대를 산 위에 고립시키고 물길을 끊어버렸다. 물 부족으로 군심이 동요된 촉나라 군대는 장합 군의 공격에 결국 무너지고 말았다. 마속은 도망쳤고 가정 땅을 잃고 말았다. 그리하여 남안, 천수, 안정 3군을 다시 위나라 군대에 빼앗기고 1차 북벌은 실패로 돌아갔다. 1차 출정의 시작은 성공적이었으나 인재 운용의 실책으로 패하고 말았다. 대규모 교전에서의 승패는 일순간에 역전될 수 있다. 제갈량이 직접 전투를 지휘하지 않고 마속을 보내 수비하도록 한 점도 큰 실수였다.

그 해 겨울 제갈량은 다시 군사를 이끌고 2차 북벌에 나서 위나라와 전투를 벌였다. 촉나라 군대는 산관을 나와 진창을 포위했다. 이때 위나라는 이미 만반의 준비가 된 상태였고 위나라 장군 학소가 위험을 무릅쓰고 20여 일을 수비했다. 촉나라는 산이 많은 지형이라 길이 아주 험난했는데, 이때 군량 공급이 제대로 되지 않아 다시 철군하고 말았다. 퇴각하던 도중 촉나라 군대를 추격하던 위나라 장군 왕쌍을 죽이면서 2차 북벌은 그 막을 내렸다. 당시 철군의 주요 요인은 혹독한 추위였으나, 수비는 쉬워도 공격은 어려운 촉나라의 험난한 지형 탓에 군수물자 수송이 제대로 이뤄지지 못한 이유가 더 컸다. 하지만 병사들이 퇴각할 때도 절도 있고 질서정연했기에 왕쌍을 죽일 수 있었으니, 제갈량이 용병에 출중한 능력을 갖추었음을 알 수 있다.

제갈량은 3차 북벌에서 진식을 보내 무도와 음평 두 군을 공격하게 했다. 위나라의 옹주 자사 곽회가 병사를 이끌고 진식을 공격하려 하자 제갈량은 즉각 건위를 향해 출병했다. 촉나라 군대는 곽회의 병력을 격퇴하고 마침내 무도와 음평을 함락시켰다. 이는 촉나라의 작은 승리로 막을 내렸다. 규모 면으로 봤을 때 전쟁이라 하기도 힘들지만, 제갈량이 촉의 기반을 다질 수 있었고, 다음 북벌을 위한 디딤돌 역할을 했다는 데 의의가 있다.

건흥 8년(230년) 위나라는 적극적으로 한중 공격에 나섰다. 제갈량은 서둘러 2만의 원군을 조직하여 공격에 맞섰는데, 폭우를 만난 위나라 군대는 퇴각할 수밖에 없었다. 이처럼 네 번째 출병은 방어전이었다. 위나라 군대는 날씨 때문에 퇴각했지만, 다른 한편으로는 제갈량이 이끄는 촉나라 군대가 전략과 전술 면에서 위나라에 뒤지지 않았음을 이번 출병에서 보여주었다. 당시 위나라는 촉나라를 공격하기에는 시기적으로 무르익지 못한 상태였는데, 어쨌든 제갈량이 촉나라에 얼마나 중요한 인물인지 가늠케 해주었다.

4차 북벌에 나선 제갈량은 다시 기산을 포위했다. 2차 북벌에서 촉도의 험한 산세로 군량 수송에 큰 어려움을 겪었던 그는 산길에 적합한 목우를 만들어 군수물자를 실어날랐다. 위 명제는 기산이 포위되었다는 소식을 듣고 지략에 능한 사마의를 출진시켰다. 제갈량은 병력의 일부를 남겨 기산을 계속 포위하도록 한 다음 직접 주력군을 이끌고 사마의의 군사와 맞섰다. 양군은 상규 일대에서 대치했다. 사마의는 촉나라 군대의 군량 보급이 어렵다는 사실을 알고 일부러 결전을 피하고 진영에서 수비만을 고집하며 시간을 끌었다. 그러자 제갈량은 즉각 전략을 수정하여 퇴각하는 척하면서 적군이 따라오도록 유도했다. 사마의는 신중하게 추격하면서도 직접적인 대전은 피했다. 위나라 군대의 일부 장수들은 여러 차례 촉나라 군대를 공격할 것을 건의했지만, 사마의는 이를 거부했다. 그래서 위나라 군대 중 몇몇은 사마의를 가리켜 "촉을 호랑이처럼 무서워한다"라고 비웃기도 했다. 이에 사마의는 할 수 없이 대장 장합을 출전시켰지만 일찍부터 준비하고 있던 촉나라 군대에게 패하여 결국 3000여 명의 병력만 잃고 말았다.

촉나라의 속임수에 넘어간 위나라 군대는 그때부터 결전을 꺼리게 되었다. 양쪽 진영은 한 달가량 대치 상태에 머물게 되었고, 결국 촉나라 군대는 군량 보급에 차질을 빚게 되었다. 군량 수송을 책임지고 있던 촉나라의 대신 이엄은 직무를 소홀히 한 죄를 문책당할까 두려워 후주 유선에게 거짓 상소를 올려 제갈량이 철군하도록 했다. 제갈량이 할 수 없이 군대를 퇴각시키자 사마의는 대장 장합을 시켜 촉나라 군대를 추격하게 했다. 회군 도중 제갈량은 기회를 포착해 목문곡에서 장합을 화살로 쏘아죽였고 4차 북벌은 이로써 막을 내렸다.

4차 북벌은 제갈량의 병사 통솔력을 충분히 보여주었다. 병력이 점차 약화되고 군량이 부족한 상황에서도 상대의 장수를 죽이면서 위나라 군대가 감히 촉나라 군대를 얕잡아보지 못하도록 했다. 물론 사마의의 책략 또한 뛰어났다. 승리할 확신이 없는 상황에서 가장 안정적인 방법, 다시 말해 청야를 수비하면서 소모전을 통해 촉나라 군대를 무너뜨리는 전술을 택했는데, 이는 후세의 귀감이 될 만했다. 하지만 장합이 적을 추격하다가 목문곡에서 죽음을 당해 최고지휘관으로서 사마의는 그 책임을 면할 수 없었다. 여기서 패배한 가운데서도 적장을 죽이는 제갈량의 뛰어난 용병술을 엿볼 수 있다.

이후 제갈량은 북벌을 멈추고 잠시 훈련도 중단한 뒤, 군사들에게 농업 생산에 힘쓰도록 장려하여 식량 비축을 강화했다. 그리고 234년 5차 북벌을 감행했다. 그해 봄 제갈량은 10만 대군을 이끌고 야곡을 넘었다. 그전에 오나라로 사자를 파견해 손권이 동쪽에서 협력하여 위나라를 공격하도록 약속을 받아냈다. 얼마 후 촉나라 군대는 위수 남쪽의 오장원을 점거하고 사마의의 위나라 군대와 대치했다. 군량미 부족으로 중도에 후퇴하지 않도록 제갈량은 목우유마를 만들어 군량 운송에 나섰다. 동시에 일부 군사에게 위수 연안 백성들과 함께 둔전을 일구도록 했다. 위나라 군대는 이번에도 촉나라 군대가 군량 부족으로 사기가 떨어질 것을 기다리며 공격에 나서지 않았다.

그해 5월 손권은 촉나라와의 약속을 지켜 병력을 삼분하여 위나라를 공격했으나 합비에서 주력 부대를 잃고 전선에서 물러났다. 이에 따라 촉·오가 동시에 위나라를 협공한다는 계획은 실패로 돌아갔다.

촉나라 군대와 위나라 군대는 위수에서 100여 일 동안 대치 상태에 있었다. 그리고 8월 제갈량은 피로가 누적되어 오장원에서 병사하고 말았다. 죽기 전 제갈량은 철군을 결정하고 나라의 대사를 적절히 안배해두었고, 촉나라 군대는 그의 명령에 따라 전군이 질서정연하게 퇴각했다. 제갈량이 죽은 사실을 몰랐던 위나라 군대는 퇴각하는 군대를 추격하되 여전히 직접적인 전투는 피했다. 그러다가 촉나라 군대가 거짓으로 퇴각하는 척하면서 위나라 군대를 유인하는 것으로 여기고 추격을 멈추었다.

전군이 안전하게 철수하고 나서야 촉나라는 제갈량의 병사 소식을 선포했다. 이때 "죽은 제갈량이 살아 있는 사마의를 물리쳤다"라는 말이 돌았다. 5차 북벌을 두고 제갈량의 뛰어난 군사 전략이 가장 잘 반영된 전쟁이라고 평가하지만, 이 결정은 그의 입장에서 부득이한 선택일 뿐이었다. 앞서 겪은 실패로 제갈량은 촉나라의 힘으로는 위나라를 제압하기에 부족하다고 느꼈다. 그래서 오나라와의 연합 전략을 세웠던 것이다. 북벌전의 사전 준비는 정치가로서 제갈량이 본국의 국력을 어떻게 인식하고 있는지를 보여준다. 하지만 그런 준비와 전략은 결전을 피하고 수비만을 고집하면서 시일을 끄는 사마의의 전략 앞에서는 무용지물이었다.

북벌 초기 위연이 장안을 기습할 것을 제안했으나, 제갈량은 여러 가지 상황을 고려한 끝에 이 건의를 받아들이지 않았다. 이 결정에 대해 후세 사람들은 제갈량이 정치가로서의 입장에 치우쳐서 "장군 한 사람의 무능함이 군대 전체를 죽일 수 있다"는 점에 지나치게 신경 쓰다가 이 전략을 실행에 옮기지 않은 것은 그의 전략상 오점이라고 여긴다. 그는 사마의가 적극적으로 공격에 임하도록 여러 차례 유인하여 한 차례 짧은 승리를 거두었으나, 결국 위나라 군대의 주력 부대를 섬멸시킬 만한 결전을 치를 기회조차 갖지 못한 채 돌아와야 했다. 이는 위나라와 촉나라의 군사력 차이에서 비롯된 결과라고 보는 견해가 많다. 다시 말해 사마의는 제갈량보다 많은 병력으로 수비 자세를 견지하며 직접적인 전투를 피했고, 제갈량은 그의 전략 앞에서 부족한 군세를 실감하고 전략을 계획대로 펼칠 수 없었다는 말이다.

당시 촉나라 군대는 위나라 군대보다 병력이 열세이다 보니 먼저 공격해야 하는 입장이었다. 만약 병력을 분산시켜 일개 부대에게 위수를 돌아서 적의 후방을 습격토록 하면 병력을 분산시켜 이미 빠듯한 상태였던 본진을 더욱 위태롭게 만들 것이 분명했다. 그래서 사마의를 눈앞에 두고도 공격하지 않은 것이 아니라 공격 자체를 시도조차 할 수 없던 상황이었기에 그저 괴로움을 안을 수밖에 없었다. 이는 병법에 능숙한 사마의가 의도했던 결과였다. 군사 장령을 선발하는 과정에서도 제갈량은 고심에 빠졌는데, 인재가 부족했던 촉나라로서는 한계가 있었다.

제갈량의 5차에 걸친 북벌은 성공하지 못했지만 좁은 국토와 적은 인구를 가진 촉나라의 약한 국력으로 당시 최강이던 위나라를 적극적으로 공격했다는 사실만으로도 높이 평가받을 만하다. 이는 오직 제갈량 한 사람의 능력으로 가능했던 일은 아니지만, 그의 뛰어난 지모와 치국 방략이 중요한 역할을 했던 것은 분명하다.

육출기선이 만들어낸
대담한 기술혁신

북벌에서 제갈량은 왜 기산에 주목했을까? 그곳이 바로 진나라의 발상지였기 때문이다. 제갈량이 기산을 주목한 점과 과거 진나라의 서수와는 역사적으로 어떤 관련이 있는 걸까?

먼저, 기산은 장안의 머리였다. 《삼국지연의》에 보면 "여러 장수가 묻기를 '장안을 취할 수 있는 길은 여러 가지가 있는데 승상은 기산만을 취하시니 그 이유가 무엇입니까?'라고 하자, 제갈량은 '기산은 장안의 머리다'라고 대답했다"는 내용이 나온다. 여기에는 두 가지 뜻이 있는데, 하나는 기산이 진나라의 발상지로 일찍이 진나라 초기의 정치, 경제, 군사, 문화의 중심지였다는 점이다. 역사 기록에 따르면 진 양공이 처음으로 서수에 진나라를 세웠고, 기산은 진나라가 동쪽으로 나아가 전국을 통일할 때의 출발지였다. 그러므로 고대 역사적 경험에 비춰봤을 때, 장안을 취하려면 반드시 기산을 공략해야만 했다. 다른 하나는, 장안을 위 명제가 차지하고 있었다는 점이다. 제갈량이 장안을 차지하기 위해서는 우선 농서 여러 군을 차지해야 했는데, 이때 반드시 거쳐야 할 땅이 바로 기산이었다.

기산은 진나라가 동쪽으로 진출하여 전국을 통일할 때의 근거지였다. 제갈량은 진나라 사람이 기산을 나와 동쪽으로 향하며 전국을 통일시켰던 역사적 경험을 되살려 불굴의 의지와 진취적 기상으로 군사를 이끌고 북상하여 기산을 차지하고자 했다. 진나라 사람이 걸었던 동쪽 노선을 따라 위하를 건너 기현으로 들어가 진안 가정을 거쳐 다시 장천으로 우회한 후 농산을 넘어 섬서 천하를 따라 내려가서 위나라가 차지한 장안을 취해 한 황실의 부흥과 천하통일의 대업을 완성하는 전략을 세웠다. 이것이 바로 제갈량이 세운 육출기산의 실질적 내용이었다.

한편 위나라도 농서 지방의 관문인 기산을 중요 방어선으로 삼아 정예 병력을 파견하여 그곳을 사수하고 있었다. 그래서 제갈량은 수차례 기산 성루를 공격했지만 성공하지 못했다. 1차 출정에서는 가정 전투에서 쓰라린 패전을 겪었지만, 기산을 차지하겠다는 그의 결심과 자신감까지 꺾을 수는 없었다. 2년 후 다시 대군을 이끌고 기산 공격을 시도하면서 제갈량은 이렇게 말했다. "기산은 장안의 머리다. 농서 여러 군에서 군사들이 온다면 반드시 이 땅을 지나가야 하며, 앞으로는 위수에 닿아 있고 뒤로는 야곡에 의지하니 왼쪽으로 나갔다가 오른쪽으로 들어오며 군사를 매복할 수 있다. 그러니 전략의 요충지인 이곳을 먼저 취하여 지리적 이득을 보려는 것이다."

기산은 수많은 병가가 쟁탈전을 벌이던 곳으로, 진나라가 천하통일의 야망을 실현한 첫 번째 장소였다. 기산 성루에서 서쪽으로 13킬로미터 떨어진 대보자산 유적지에서 진대의 대묘가 발굴되었는데, 출토물 중 상당수는 유실되었지만 남은 유물들을 분석한 결과 진공 대묘가 옥과 금으로 되어 있다는 사실이 밝혀져 학계가 발칵 뒤집히기도 했다. 학계는 10여

편의 관련 논문을 발표해 예현이 진나라의 발상지임을 밝혔다. 조사에 따르면 예현 기산 일대(대보자산 포함)는 진대의 서수릉 구역이고, 보계는 진의 서릉 구역이며, 함양은 진의 동릉 구역, 임동은 진의 황릉 구역이다. 진나라 사람들은 서대릉구에서 진 서수릉을 중국 통일의 출발지로 삼았다.

진나라 사람은 서수에 기반을 잡은 이래 몇 차례의 번영과 쇠퇴를 거치면서 순제의 보은을 역사에 기록하고 목축을 업으로 하며 수많은 선비와 현인을 배출했다. 그러다가 마침내 서수에서 떨치고 일어나 중원으로 진출하여 중원 문명과 파촉 문화를 널리 받아들여 부국강병을 실현했으며, 장안을 수도로 삼아 중국 역사상 최초의 통일국가인 진 제국을 건설했다. 섬서 임동을 진 문화의 귀착지라고 한다면, 예현의 서수릉 기산 일대는 진 문화의 출발지였다.

이번에는 전략적 요충지로서의 기산과 그 역사적 위치를 살펴보자.

기산은 진 왕조 초기에 정치, 경제, 군사, 문화의 중심지로 진국의 발상지였다. 인구가 밀집해 있고 물자가 풍부해서 역대 병가들이 앞다투어 차지하려던 곳이었다.

제갈량은 책을 통해 기산의 문화적·역사적 가치를 충분히 파악하고 있었다. 그는 첫 번째 기산 출정에 나설 때 표를 올려 "기산은 저현에서 500리쯤 떨어져 있는데 1만 호가 있습니다. 이곳의 황무지를 보면 아주 비옥합니다"라고 언급했다. 이는 기산의 오래된 문화에 대한 고증을 통해 얻은 결론이었다. 최근 고고학계에서는 서한수 상류에서 유물 보유층을 50여 곳이나 발견했다. 이곳은 중국 신석기시대의 앙소문화 유적부터 시작하여 제나라 문화 유적과 삼국 문화 유적 등 중국 역대 시대의 유물을 그대로 간직하고 있다. 특히 기산 부근의 대보자산에서 출토된 문물은 중국을 비롯해 전 세계 학계를 놀라게 하며 큰 관심을 끌었다. 이 발굴은 제갈량이 이곳을 두고 "황무지가 아주 비옥하다"고 말한 대목이 사실임을 입증해주었다.

마지막으로, 기산에 대한 제갈량의 개혁 정책을 살펴보자.

제갈량은 기산 출정 당시 인재 양성과 인구 교류, 교통수단 개혁, 나무 심기, 목축업 발전 등 다방면에서 개혁 조치와 발전 전략을 실시했다.

첫째, 목우유마다. 제갈량이 10만 대군을 이끌고 기산에 도착했을 때 가장 먼저 직면한 문제는 불편한 교통 문제 해결과 군량이 부족할 때 이를 조달하는 방법이었다. 전국에서 가장 험난한 곳에서 군수물자를 원활하게 조달하는 것은 굉장히 어려운 과제였다. 제갈량은 우선 전군의 부하들에게 아이디어를 내게 하고 교통수단 개혁에 착수했다. 그는 산지에 적합한 수레를 발명했는데, 이것이 역사서에 기록된 '목우유마'다.

이곳은 일찍부터 번화한 곳으로, 중국 역사상 맨 먼저 전차를 이용한 전례가 있다. 만약 전차가 없었다면 주나라 목왕이 '서쪽 지역'을 순시할 때 어떻게 사륜마차를 타고 말몰이꾼에게 말을 몰게 하여 서한수에서 술을 마셨다는 기록이 있겠는가? 또한 진시황이 서쪽을 순시할 때 어떻게 이곳까지 수레를 몰고 와서 조상의 묘에 제사를 지냈겠는가? 이는 진대에 이미 교통이 발달했음을 설명해준다. 제갈량은 기산에서 진대의 전차와 손수레가 다니던 길을 틀림없이 보았고 이를 기초로 목우유마를 만들었음에 틀림없다. 이곳의 지형을 자세히 살펴보면, 서한수 양안의 높은 산 가운데 길이 뚫려 굽이굽이 막힘없이 이어졌음을 알 수 있다.

둘째, 제갈량의 인재 중용, 기현과 서현의 인구 교류다.

제갈량의 정예 부대는 기산으로 나서서 우선 농서와 남안 2군을 취한 후 시기를 틈타서 천수를 점령했다. 제갈량은 천수관에서 강유를 포로로 잡은 후 그에게 중임을 맡겼다. 처음에는 창조연으로 임명했다가 후에 봉의장군을 더했다. 이후 또다시 당양정후의 작위를 내렸고 중감군, 정서대장군으로 임명했다. 이는 제갈량이 강유를 아주 마음에 들어했다는 사실을 보여준다. 제갈량은 천수를 점령한 기간에 첫 번째 인구 대이동을 실시했다. 그는 포로로 잡힌 미혼 남자와 미혼 여자, 사대부, 지식인, 무예를 익힌 자 혹은 기술을 가진 자, 형옥을 담당하는 관리, 기술을 가진 부녀자 등 수천 명을 촉나라로 데려갔다.

이는 제갈량이 젊고 능력 있는 인재를 대상으로 기산과 파촉 지역의 인재 교류를 실시했음을 의미한다. 전쟁의 관점에서 보면 이는 군사 행동의 연장선이며 일종의 강제적 조치였다. 그 목적은 기현에 있는 위나라의 군사력을 약화시키고, 기술과 군사 인재를 흡수하기 위해서였다. 수천 명의 사람을 촉나라로 데려온 것을 두고 모두가 축하하자 제갈량은 정색하면서 진지하게 말했다. "널리 하늘 아래 한의 백성이 아닌 이가 없는데, 국가의 위력이 미치지 못해 백성들이 승냥이와 이리 떼의 주둥이에서 고통받고 있소. 한 사람이 죽어도 모두 나의 죄인데, 이 정도 일로 서로 축하한다면 어찌 부끄러운 일이 아니겠소."

곽충의 회고에 따르면 제갈량이 5000명이나 되는 인구를 촉나라로 데려간 것은 위나라의 세력을 약화시키기 위한 행동임이 분명하다. 이 인구이동 정책은 일종의 인구 밀집 지역에 대한 완화적인 효과를 낳았다. 또한 기산과 파촉 지역 간의 문화 교류와 우호적 왕래 증진에도 유리하게 작용했다.

셋째, 식목을 장려하고 목축업을 발전시켰다.

제갈량은 10만 대군을 이끌고 기산으로 출정했다. 그때 가장 먼저 맞닥뜨린 문제는 군량 해결이었다. 군사들이 식량을 갖고 다니기에는 한계가 있었다. 제갈량은 첫 번째 기산 출정에서 기산 함락에 실패하고, 한수 남쪽 기슭의 관전보에 약 반 년간 군사를 주둔시켰다. 한중에서 식량을 운송해오기에는 길이 너무 멀었고, 높고 험준한 산을 사이에 두고 있어 유일한 방법은 현지 공급에 의존하는 수밖에 없었다. 기산을 오랫동안 함락하지 못한 상태였으니 자급자족으로 군량을 보충할 수밖에 없었다. 《삼국지연의》에 따르면 제갈량은 다시 출병해 위나라 정벌에 나섰다. 그는 직접 노성으로 나아가 농상에서 사마의와 익은 밀을 놓고 다투었는데, 선제 공격을 하여 익은 밀을 빼앗아 앞으로 있을 군량 공급의 어려움에 대비했다고 한다.

기산이 목축업으로 발달한 시기는 일찍이 서주 말, 주의 효왕을 시중들고 있던 비자 때로 거슬러 올라간다. 당시 그 일대에서는 말을 길렀다. 말이 크게 번식하자 주 효왕의 명령으로 지금의 산시성 톈허(천하) 유역까지 주 왕실을 위해 말을 길렀으니, 그 역사가 아주 오래되었다. 이곳에 염관이 있어 소금을 먹일 수 있었으니 말을 기르기에는 천혜의 대목장인 셈이었다.

제갈량이 식목과 목축업을 장려한 이유는 코앞에 닥친 식량 문제를 해결하기 위해서이기도 했지만, 장기적인 계획 때문이기도 했다. 그는 서수기산을 개발하기 위해 낙후된 경제를 개혁하고 풀과 나무를 심어 목축업 발전에 심혈을 기울였다. 이는 민가에도 전해지는 내용으로, 그해 풀을 심은 곳은 기산 성루 남쪽으로 3리 떨어진 하태촌이었다. 지금의 관전보 아래를 보면 사계절 내내 마치 봄처럼 울창한 측백나무 숲이 이어져 있다. 그 사이에 들어가보면 거대한 측백나무 세 그루가 있다. 지금의 관전보 오른쪽을 보면 권마구라는 곳이 있는데, 전설에 따르면 제갈량이 울타리를 쳐서 군마를 기르고 풀을 심었던 곳이라고 한다. 지금은 경작지지만 1700년 전 이곳이 군마를 기르는 곳이었음을 한눈에 알 수 있다. 기산의 거여목은 모두 제갈량이 사천에서 가져온 것이라고 한다.

이상으로 서술된 내용을 종합해 보면 제갈량은 기산의 역사적 의미를 되새기며 그곳으로 병사를 출정시켜 서수 변경 지역을 개발한 후에 진나라 사람들이 걸었던 동쪽 노선을 따라 장안을 취하고자 했다. 천하를 통일했던 진나라의 발상지에서 그는 자신의 꿈을 위해 당시로서는 대담한 기술 혁신을 시도하여 고산 지역의 불편한 교통을 해결하고 풀과 나무를 심어 목축업을 장려하는 등 일련의 개혁 조치를 통해 기산을 개발하려고 노력했다.

제 6 장

결정적 실수를 피하라

제갈량은 원대한 이상을 품었다. 당시 촉나라 땅이었던 익주에 만족하지 않고 동쪽으로는 강남, 북쪽으로는 관농 지역을 공략하여 최종적으로 중원 지역을 차지하려는 야심이 있었다. 하지만 안타깝게도 그의 북벌은 실패로 끝나고 말았다. 과연 북벌은 어떤 계획이었고, 왜 거듭해서 실패했을까?

훌륭한 계책과
실패한 인재 배치

제갈량은 군대를 이끌고 1차 북벌에 나서 육출기산의 서막을 열었다. 하지만 1차 북벌은 아무런 성과 없이 막을 내렸고, 다음 출정도 1차 때와 마찬가지로 실패했다. 그런데 군사적 관점에서 제갈량의 북벌을 살펴보면, 군사적 전략상 그만의 독창적인 시각과 능력을 가졌음을 발견하게 된다. 인간으로서 해야 할 일을 다하고 하늘의 뜻을 기다린다는 말도 있지 않은가. 운명은 인간의 필사적인 노력에도 불구하고 실패라는 잔인한 결과를 안겨주기도 한다.

1차 북벌은 준비기, 전환기, 전성기, 후퇴기 등 4단계로 나뉜다.

먼저, 준비기를 살펴보자.

이 시기는 촉나라가 국가의 내실을 다짐으로써 내부 질서를 안정시키고 군사력을 상당히 축적한 때다. 외부적으로 다시 오나라와 동맹을 맺어 위나라를 멸망시킨 후 천하를 나누자는 약정을 맺었다. 당시 위나라는 조비가 죽고 조예가 황제로 즉위하여 정권이 다소 불안정한 상태였다.

제갈량은 시기적으로 북벌을 성공시킬 절호의 기회라고 생각했다. 그리고 협소한 국토를 가진 촉나라는 강대한 위나라의 선제 공격을 견딜 만한 힘이 없어 반드시 근거지를 확장시켜 국력을 키워야 했다. 다시 말해 자국의 방어를 위해서라도 선제 공격을 시도하여 나라 밖에서 전쟁을 벌여야만 했다.

북벌의 목적을 살펴보면, 제갈량은 단기적으로 우선 전투 실력을 쌓은 다음 오나라와 연합하여 위나라와 결전을 벌일 생각이었다. 이것이 그가 북벌을 감행한 진짜 목적이었다. 지금부터 제갈량이 감행한 북벌의 진면 목을 살펴보자.

지리적으로 촉나라는 한중을 차지하고 있었다. 한중의 동북쪽으로 진령을 넘어가면 위나라의 관중과 장안이 나오고, 더 위로 올라가면 위나라의 도성 낙양이 나왔다. 한중의 서쪽은 기산이며 그 북쪽으로 농산과 육반산이 나오고 다시 동쪽으로 따라가면 양주가 나오는데, 장안은 양주의 남쪽에 있었다. 이 지역은 둥글게 에워싸는 지리적 특징을 가졌다.

제갈량은 한중을 나서 양평관에 병력을 주둔시켰다. 거리상으로 봤을 때 이곳은 관중 지역을 공격하고 장안까지 행군 거리가 가장 짧아서 핵심 지역으로 손색이 없었다. 그가 주군을 한중에 둔 이유는 그곳을 나서서 관중 지역을 공격하기 위해서였다.

그러나 관중 지역은 장안과 수도 낙양을 호위하는 중요한 지역이었기에 위나라에서도 분명 주력 부대를 이 지역에 배치했을 확률이 높았다. 게다가 제갈량이 진령을 넘어 출정할 경우 지세가 험난하여 따로 행군 도로를 닦아야만 통행할 수 있었다. 그렇다 보니 자칫 잘못했다가는 전군이 매몰될 수도 있었다. 당시 제갈량의 부대는 5만 병력밖에 되지 않아서 그는 가장 좋은 기회가 올 때까지 그저 기다릴 수밖에 없었다.

제갈량이 한중을 수비하다가 출병하기까지 1년의 시간이 있었다. 실제 상황을 고려해보면, 그가 한중에 군대를 주둔한 것은 유인 부대를 수단으로 상대방의 주력을 흡수하기 위해서였다. 다시 말해 기산을 나서 양주를 탈취하여 촉나라의 힘을 키워 차근차근 진을 쳐가며 공격하는 동시에 방어 태세를 철저히 갖추고자 했다. 무모한 모험으로 진령을 넘어 장안을 공격할 경우, 비록 승리하더라도 부상자와 사망자가 속출하여 머지않아 다시 빼앗겨 그나마 쌓은 공마저 잃을 것이 뻔했다. 멀리 돌아서 공격할 경우 비록 거리상으로는 멀지만 난이도는 상대적으로 낮았던 것이다.

제갈량이 기회를 보며 출병을 기다린 데는 또 다른 목적이 있었다. 만약 이 목적을 달성해 그가 양주를 탈취한 후 곧바로 남하하여 장안을 점령했다면 역사는 다시 쓰였을 것이다. 이때 핵심 역할을 한 사람이 맹달이다.

관우 사건으로 촉나라에서 위나라로 투항한 맹달은 신성군에 주둔했는데, 이곳은 장안을 수비하는 전략적 요충지였다. 게다가 이 지역은 낙양에서 겨우 600리 떨어진 곳이었다. 당시 맹달은 이미 촉나라로 귀환하겠다는 뜻을 밝혀둔 터였고, 제갈량도 이 사실을 알고 있었다. 심지어 제갈량은 맹달의 귀환이 성공할 경우 관중을 공격하여 그와 협력함으로써 장안과 낙양을 공격할 가설을 세워두었다.

다음 단계는 전환기다.

맹달은 성격이 너무 성급해 대장군으로서의 자질이 부족했다. 그의 계획은 사마의에게 발각되어 물거품이 되고 말았는데, 이는 위나라의 군사 방어력이 얼마나 견고했는지를 보여준다.

국력이 강했던 위나라는 각 지역의 군사 세력 간에 긴밀히 연결되어 있어 상호 견제할 수 있는 군사 방어 시스템을 갖춰놓았다. 전시에 한 곳이

함락되거나 공격받을 경우 이웃하는 구역에서 효율적으로 도움을 주도록 했고, 평소에는 상호 견제하고 감시하는 체계로 전환되었다.

당시 맹달은 위나라 출신이 아님에도 상당히 중요한 지역의 수비를 맡고 있어서 그 주변 지역으로부터 각별한 견제와 감시를 받았다. 동쪽을 지키던 사마의는 오나라를 방어한다는 명목 아래 실제로는 맹달을 예의 주시했다.

중대한 군사적 조정이 있을 때 돌발적이고 성급한 성격의 맹달은 정보원들의 눈에 띌 수밖에 없었다. 게다가 맹달의 정적이 위나라의 군주에게 그의 계획을 밀고해 그를 긴장시켰고, 긴장감이 커질수록 군대 행동을 더욱 서두르게 되었다. 그로써 쉽게 주변의 주목을 끌어 정보가 새어나가는 악순환이 계속되었다. 사마의는 순식간에 맹달을 포위해 공격했고, 반란 세력은 순식간에 소탕되었다.

한편 제갈량은 맹달이 실수하리라는 것을 예견하고 이에 대비하고 있었다. 다행히 신중하게 병력을 배치하여 맹달에게 지나치게 의지할 필요가 없었다. 만약 제갈량이 전적으로 그에게 의존했다면 모든 일이 수포로 돌아갔을 것이다.

맹달이 죽고 난 뒤에 제갈량은 즉각 군사 행동을 취했다. 왜 하필이면 맹달의 계획이 실패한 직후 곧바로 행동을 개시했을까? 자신의 계획이 들통나 원래의 장소에 군대를 계속 주둔시킬 경우 전투의 주도권을 위나라의 손에 넘겨주게 될 것이 뻔했기 때문이다. 전쟁에서 가장 위험한 것은 주도권 상실이다. 자신이 주도권을 가지고 출격할 경우 결전 장소를 자신에게 유리한 곳으로 정할 수 있어 승산이 높아진다. 약한 군사력으로 관도대전과 적벽대전을 승리로 이끌었던 것이 가장 좋은 예다.

역사서를 보면 당시 위연이 곧바로 자오곡을 지나 장안을 습격하자고 제안했으나, 제갈량은 이를 거부했다. 《손자병법》에는 "누가 보아도 쉽게 예측할 수 있는 승리는 최선의 승리가 아니다"라고 했다. 자오곡을 기습하면 틀림없이 발각되어 위나라 군대는 소수 병력만 파견해도 그곳을 지킬 수 있는 상황이었다. 아무리 성공할 확률이 높은 방법이라도 일단 상대에게 계획이 노출되면 그 성공 가능성은 확연히 낮아진다. 상대에게 발빠르게 대응할 방법을 찾을 시간을 주기 때문이다.

위연은 당시 장안에는 빼어난 지휘관이 없고 방어가 허술한 상태라 승산이 있다고 보았다. 하지만 장안 배후에는 대규모의 위나라 군대가 있었고, 게다가 그곳은 말이 마음껏 달릴 수 있는 드넓은 평지라 위나라 군사가 쉽게 이동할 수 있었다. 위연이 설사 장안 공격에 성공하더라도 최소 20일 안에 위나라 군대의 맹렬한 반격을 받을 것이 뻔했는데, 당시 그에게는 선군 5000명과 후군 5000명이 전부였다. 게다가 제갈량의 주력 부대가 길을 닦아 진령을 넘어 위연을 지원하려면 너무 오랜 시간이 소요되었다. 지원 부대가 도착했을 때 이미 위연은 고군분투하고 있을 것이 뻔했다. 그렇게 되면 후발 부대의 제대로 된 지원을 받지 못해 위나라 군대에 빠른 속도로 섬멸될 수밖에 없었다. 결국 어떻게 보든지 간에 이 전술은 실패할 확률이 높았다.

그래서 제갈량은 이 시점에서 과감하게 출병을 시도했던 것이다. 더는 맹달에 의존하지 않고 독자적으로 기산 출병을 시도했는데, 적을 협공할 만한 지원 군대가 부족해 위나라 군대의 반격을 피할 수 없었다.

전체적인 전략을 봤을 때 제갈량의 계획은 아주 정확했으나, 촉나라 군대 간의 협공 능력을 미처 계산하지 못한 점이 큰 아쉬움으로 남는다.

그다음 단계는 전성기다.

제갈량은 맹달 사건으로 큰 타격을 받았는데, 이는 한쪽 팔을 잃은 것과 다름없었다. 하지만 냉정한 태도를 유지하며 탁월한 전략적 능력을 보여주었다. 어떤 경우라도 공격은 단독으로 이루어져서는 안 된다. 특히 아군의 실력이 상대보다 현저하게 약할 경우 도움을 받을 수 있는 여러 경로를 반드시 열어두어야 한다. 그로써 상대방의 판단 오류를 유도하여 자신의 주된 목적을 노출시키지 않으면서 상대의 출격을 방해하고 힘을 분산시켜 격파시키는 전술을 써야 한다.

그래서 제갈량은 병력을 셋으로 분산시켰다. 병력이 가장 약한 군대는 경험이 많은 조운에게 지휘를 맡겨 관중 공격을 시도하는 것처럼 상대를 속이도록 했다. 이는 제나라 장군 전기의 말 시합과 비슷한 계책으로, 약한 힘으로 강한 상대에 대항하는 방법이었다. 조운의 부대는 수비가 쉽고 공격이 어려운 기곡(箕谷)을 택해 주둔했는데, 부족한 병력으로 상대의 주력 부대를 유인하려면 지형 선택이 아주 중요했다.

또 다른 군대는 위연이 이끄는 군대로, 가장 먼 양주의 안정군을 공격했다. 제갈량은 직접 4만 병사를 이끌고 위연을 위해 후방을 지키며 농산 동북의 남안과 천수를 공격했다.

이 계획은 단시간에 성공적인 결과를 낳았다. 우선 조운은 위나라 군대의 주력 부대인 대사마 조진 부대를 견제했고, 위연은 장해물이 거의 없는 상황에서 안정군 공격을 순조롭게 진행해 양주 전역을 위협했고, 아울러 서북쪽으로부터 관중 지역을 살폈다. 제갈량도 병력이 취약한 천수와 남정을 강점하고, 이곳에서 훗날 군사적 후계자인 강유를 받아들였다.

마지막 단계는 후퇴기다.

계책은 어디까지나 수단일 뿐이고, 승부를 결정하는 관건은 단연 실력이다. 훌륭한 계책이 전쟁의 성공을 낳을 수도 있겠지만 최후의 성패를 판가름하는 절대 요소는 아니다. 사전 계책에 따라 전투를 진행하다가도 자칫 한 걸음만 빗나가도 전세는 바로 역전되므로 신중하게 실수를 줄이도록 최선을 다해야 한다.

이를 잘 증명해주는 것이 바로 제갈량의 북벌이다. 계책과 인물 배치가 정확했다면 1차 북벌은 성공했을지도 모른다. 하지만 모든 일은 하늘의 뜻으로, 만사가 늘 순조롭게 진행될 수만은 없는 법이다.

이 전쟁을 겪으면서 제갈량의 의도는 자연스럽게 드러났는데, 이는 가장 위험한 징조이기도 했다. 위나라 군대는 정확한 판단을 내릴 수 있었고 병력을 합리적으로 이동시켰다. 사료에 따르면 위나라 황제는 직접 병사를 이끌고 출정하여 장안에 주둔했으며, 낙양에는 30만 군대가 편성되어 황제의 명을 기다리고 있었다. 황제는 조진에게 조운의 소수 유인 부대를 공격하도록 명령하고 나서 제갈량이 지휘하는 후로를 차단했다. 그 후 양주의 위협을 제거하기 위해 명장 장합이 5만 병사를 이끌고 촉나라의 주력 부대를 추격했다.

실력만을 놓고 보면 위나라는 승리를 목전에 두고 있었다. 3개 전선에 제갈량보다 훨씬 우수한 병력을 배치했을 뿐 아니라 후방에 더 막강한 병력을 지원 부대로 배치해둔 상태였다. 결과적으로 제갈량이 장안 급습을 제안한 위연의 전략에 동의하지 않은 것이 천만다행이었다. 장안은 아주 민감한 지역이었고, 촉나라의 힘은 너무 약했다. 공격에 성공하더라도 그곳을 지속적으로 수비하기에는 역부족이었다. 후퇴할 때도 위험 요소가 깔려 있어 안전을 장담하기 힘들었다.

제갈량 자신은 애초부터 장안을 점령하고자 하는 계획을 세우지도 않았다. 그저 위나라의 실력이 가장 약한 양주를 선택한 다음 군대의 내실을 다져 장안을 압박하고자 했던 것이다. 만약 제갈량이 장합 부대를 격파했다면 1차 북벌은 성공적으로 마무리되고 어려운 관문은 훨씬 줄어들었을 것이다. 안타까운 것은 인재 등용의 실수로 작은 목표조차 달성하지 못했다는 점이다.

장합은 과연 명장이었다. 그는 양주와 장안에 연연해하지 않고 선봉군 위연을 저격했다. 그는 눈앞의 가장 위급한 지역을 포기할 줄 아는 냉정함을 가진 인물로 제갈량과 위연 사이에 놓인 길을 차단하여 양쪽의 연락망을 단절시켰다. 결국 위연은 후방의 지원 없이 고분군투하다 결국 파국으로 치닫게 되었다. 동시에 장합은 제갈량을 저격함으로써 북벌의 의도를 알아차렸다. 이는 일석이조의 효과를 낼 수 있는 뛰어난 전술이었다. 마치 싸움에서 상대의 급소를 공격하여 치명상을 입힌 것 같았다.

그 급소에 해당하는 가정은 실로 중요한 지역이었다. 그 땅을 지켜내기만 했다면 일은 원만하게 해결될 수 있었다. 우선 선봉에 선 위연 부대는 장합의 공격에 대항하여 상대의 병력 공격을 늦추면서 후방으로부터 지속적인 보급을 받아 성과를 거둘 수 있는 상태였다.

그런데 정말 안타까운 것은 제갈량이 마속을 가장 중요한 가정의 최고지휘관 자리에 앉혔다는 점이다. 위수는 기산과 농산 사이를 흐르고 있었다. 그중 가정은 기산의 북쪽에 자리했으며, 북쪽으로는 위수와 이웃하고 있었다. 장합 부대가 습격했던 곳은 위수의 북쪽으로, 제갈량은 마속에게 위수의 험한 지세를 빌어 북쪽으로 농산을 넘어오는 장합과 상대하도록 했다. 그래서 북쪽에서 퇴각하는 위연을 기다렸다가 쌍방으로 장합을 사이에 두고 남북에서 협공하기로 했다. 반면 장합은 중간에서 제갈량과 위연 사이의 소통로를 끊으려고 했다. 그의 전술은 일석이조였지만, 전술 자체는 상대방에게 협공당할 수 있는 위험을 안고 있었다. 마속은 제갈량의 말을 듣지 않고 욕심을 내어 적을 유인하여 역공할 생각으로 기산 위에다 진을 쳤다. 하지만 장합은 위수를 건너기 위해 위수와 기산 사이의 공터에 진영을 두어 기산에 있는 마속 부대의 식수로를 차단함으로써 승기를 잡았다.

가정을 잃고 제갈량은 다시 군대를 집결시켜 한중으로 돌아와 다음 기회를 기다릴 수밖에 없었다.

1차 북벌에서 제갈량의 가장 큰 실수는 맹달과 마속, 이 두 사람을 잘못 기용했다는 것이다. 맹달의 잘못된 계산으로 기산 출정에서 전방과 후방 부대 간의 소통이 원활하지 못했다. 그래서 위나라 군대에 공격 낌새가 발각되어 촉나라 군대의 세력은 약화되었다. 마속 때문에 가정이라는 핵심 지역을 잃어 오랜 기간 계획했던 북벌은 실패로 돌아갔다.

역사는 종종 많은 우연으로 만들어진다. 하지만 그 우연 속에는 대체로 필연이 숨어 있다. 제갈량의 1차 북벌은 약세에서 출발하여 신중한 계획 속에서 진행되었으나, 인재를 잘못 기용함으로써 결국 실패하고 말았다.

5차 북벌이 실패한 까닭

제갈량의 5차 북벌이 실패한 가장 큰 원인은 무엇인가?

먼저, 북벌 전투 전의 상황을 살펴보자.

촉나라는 231년 6월 4차 북벌 군대를 철수하고 나서 2년 반 동안 큰 규모의 군사 활동을 하지 않고 국력을 키우는 데 집중했다. 이때 촉나라 군대는 4차 북벌에서 소모한 국력을 보충하여 군사력이 다소 강화된 상태였던 것으로 추측된다. 그 와중에 233년 남이의 수령인 유주의 반란을 평정하는 소규모 전쟁을 치르기도 했다. 제갈량은 목우유마를 이용하여 양초를 야곡구 일대로 운반했으며, 야곡을 따라 식량 창고를 세워 다음 단계의 군사 활동을 위한 준비 태세를 갖췄다.

위나라는 서쪽 전선에서 줄곧 수비 태세를 유지해 촉나라와 큰 충돌은 일어나지 않았지만 동쪽에서는 2년 동안 오나라와 여러 차례 전쟁을 치렀다. 오나라는 이 기간 위나라를 상대로 큰 규모는 아니지만 계속해서 군사 행동을 감행했다. 233년 손권은 직접 군대를 이끌고 합비(合肥)의 신성을 공격했다가 패배했다.

촉나라와 오나라는 과거 위나라 군대에 맞서 제대로 된 합공을 해보지 못했는데, 이번에는 일시에 양쪽에서 대규모 공습을 감행하기로 합의했다.

전투 전 양군의 배치 상태를 살펴보자.

촉나라 군대가 여러 차례 관농 지역을 공격한 사례가 있어 위나라는 일찌감치 이 지역에 안정된 방어선을 구축해놓았다. 당시 양쪽의 관농 지역에 대한 병력 배치는 대략 다음과 같다.

위나라 군대는 대장군 사마의와 양무장군 곽회가 서쪽 전선의 주력 병력을 이끌고 장안 일대에 주둔했는데, 군대 규모는 5만 명 정도였다. 정촉호군 진랑이 2만 명을 이끌고 그 뒤를 따라 전장에 도착했다. 이 외에 농산 우측에 있는 천수군과 기산 등지에 방어부대 1~2만 명을 주둔시켰는데, 거리상 문제로 참전하지 않았다. 결과적으로 위나라 군대는 서쪽 전선에만 9만 명 정도가 배치되었고, 그중 전투에 참가한 병력은 7만 정도였다. 근 3년간 서쪽 전선에 군사 행동이 없어 위나라 군대가 서쪽 전선에 유지한 기본 병력은 중급 수준에 해당했다. 위나라 군대가 진령의 유리한 지형을 이용하여 방어 작전을 펼친다고 봤을 때 그 정도 병력이면 충분했다. 위 명제의 엄명에 따라 사마의는 서쪽 전선에서 공격이 아닌 수비 태세를 지속했던 것으로 보이는데, 서쪽 전선의 촉나라 병력도 어느 정도 수준을 갖춘 것으로 보인다.

그리고 촉나라 군대는 제갈량과 위연, 양의, 강유, 하평, 마대 등이 대군을 이끌고 야곡을 나와 관중으로 진군했다. 그때 병력은 10만 정도였다고 하는데, 《자치통감》의 기록에 따르면 실제로는 8~9만 명 정도였다고 한다. 촉·오 간의 사전 동맹으로 한중에 소수의 수비군을 남기고 성도와 남방 일부 지역에 조금 남겨둔 것을 제외한 나머지 군대를 모두 북부 전선에 배치했다. 촉나라 군대는 거의 3년 동안 회복을 도모했기에 총병력은 11만 정도였을 것이다.

촉나라 군대의 전투 시도를 살펴보자. 제갈량은 진창이 견고한 요새이기는 하지만, 농산 오른쪽으로 멀리 돌아 공격할 경우 적시에 오나라 군대와의 합공이 이루어지기 어려울 거라고 생각했다. 또한 위나라 군대 양 전선의 작전 병력이 그다지 많지 않은 점을 고려하여 야곡을 나와 직접 관중의 중부 지역을 공격하는 모험을 감행했다.

이번에는 위나라 군대의 전투 시도를 살펴보자. 동남쪽 전선에서 오나라 군대가 삼면 공격으로 크게 위협하자 위 명제는 주력 군대를 집중시켜 오나라 군대의 합비, 양양, 광릉 공격에 맞섰다. 부분 병력을 서쪽 전선으로 증원시켜 서쪽 전선에서 유리한 지형을 토대로 수비에 나섬으로써 되도록 협공을 당하는 불리한 국면을 피하고자 했다.

이번에는 북벌 전투의 전개 과정을 살펴보자.

1, 2차 북벌에 실패한 뒤 제갈량은 3차 북벌에서 기본 전략을 바꾸었다. 위나라 도시를 점령하는 것에 중점을 두기보다는 전략 요충지를 포위하여 그 군대에게 지원군을 요청하도록 만든 다음, 자신의 막강한 기동부대를 이끌고 야전에서 핵심 부대를 섬멸하고자 했다. 234년 2월 촉나라 군대는 한중에서 출발하여 야곡을 따라 관중 지역으로 진격했다. 진령은 길이 험해 전진하기가 어려워 군대는 4월이 되어서야 관중의 미현 일대에 도착했다.

그때 사마의는 군사를 이끌고 위하를 넘어 위하 남쪽에 진을 치고 수비 태세를 갖췄다. 그는 촉나라 군대가 산동 지역을 토대로 공격해오면 위나라 군대에 위협이 될 것이고, 촉나라 군대가 서쪽 오장원으로 올라오면 큰 위험이 없을 것이라고 판단했다.

제갈량은 군대를 이끌고 야곡을 나섰다. 그런데 위나라 군대가 이미 위수 기슭에 진을 친 것을 보고는 서쪽 오장원으로 발길을 돌렸다. 위나라 장군 곽회는 촉나라 군대의 다음 목적이 오장원에서 북진해 북원을 점령한 후 농산 땅으로 향하는 길을 끊어 위나라가 농산 우측 지역과 관중을 연결시키려는 것을 막아 그곳에서 결전을 벌이도록 유도할 것이라고 예상했다. 그래서 우선 그곳을 점령하자고 주장했다. 이에 사마의는 곽회에게 군사를 이끌고 북원에 요새를 만들어두고 기다리도록 명령했다.

곽회가 북원을 점령하고 나서 보루를 쌓고 있었을 때, 촉나라 전군은 이미 북원 공격을 개시했다. 하지만 곽회가 재빨리 반격에 나서자 촉나라 군대의 계획은 실패로 끝나고 말았다.

뒤이어 제갈량은 대군을 이끌고 서쪽으로 전진하는 척했다. 위나라 장군들은 촉나라 군대가 서쪽 방어선을 공격할 것이라고 여겼다. 하지만 곽회는 촉나라 군대가 드러내놓고 서쪽으로 전진하는 데는 속임수가 있을 거라 간파하고, 주력 부대가 서쪽을 지원하는 척하다가 기회를 틈타 동쪽 양수 쪽으로 공세를 취하도록 했다. 과연 촉나라 군대는 밤을 틈타서 양수를 맹공격했는데, 위나라 군대가 이미 대책을 세워놓아 성공을 거두지 못했다.

이 시기의 형세를 살펴보면 촉나라 군대는 오장원 일대의 위수 남쪽 기슭에 진지를 쳤다. 그 동쪽에서 사마의의 주력 부대는 위수를 따라 보루를 세워 수비했으며, 그 북쪽은 곽회의 군대가 북원의 지세를 빌어 보루를 세워 방어에 나섰다. 그 서쪽은 견고한 진창 요새였고, 남쪽은 한중으로 통하는 야곡이었다.

5~8월 제갈량의 여러 차례에 걸친 자극에도 위나라 군대는 끝까지 수

비 태세를 고집하며 출정하지 않았고, 이런 상태에서 100여 일이 흘렀다. 그동안 제갈량은 촉나라 군대가 식량이 다 떨어져 군사를 철수할 때까지 기다리겠다는 위나라의 전략을 눈치 채고 그곳에 둔전을 마련해두었다.

8월 제갈량이 오장원의 군영에서 죽고 나서 촉나라 군대는 퇴각하기 시작했다. 사마의는 이 소식을 듣고 추격에 나섰으나, 제갈량처럼 보이도록 만든 목상을 보고 속아 추격을 포기하고 말았다. 그가 정확한 소식을 들었을 때는 촉나라 군대가 안전하게 철수한 뒤였다.

5차 북벌이 실패한 이유를 전반적으로 분석해 보자.

이 전투에서 중대한 교전은 일어나지 않았다. 위나라 군대의 수비 전술로 촉나라 군대는 대전을 펼칠 기회가 없었다. 이번 전투에서 목적을 이룬 쪽은 위나라 군대로, 촉나라 군대는 목적을 달성하지 못했으므로 성공했다고 말할 수 없다. 다만 최후의 퇴각 과정에서 크나큰 손실을 보지 않았을 뿐이다.

그렇다면 촉나라 군대의 작전은 왜 기대한 성과를 얻지 못했을까? 정치적 전략과 경제, 군사력 측면에서 촉나라는 이미 쇠퇴기에 있었으므로 매번 작전을 실행할 때마다 전력을 다해야 했고, 절대 다수의 주력 군대를 투입해야 했으므로 모험을 감행할 수밖에 없는 상황이었다는 것이 일반적인 의견이다.

군사력 면에서 봤을 때 촉나라는 전술상 세 가지 문제를 안고 있었다. 하나는, 촉나라 군대는 진령에서 멀리 떨어진 관중 지역까지 가서 전쟁을 해야 했으므로 속전속결의 전략을 취해야 했다. 대치 국면에 들어서면 결국 패배하는 쪽은 촉나라였다. 다른 하나는, 속전속결을 원했다면 반드시 기발한 계략을 세워 모험적으로 움직여야만 위나라 군대를 자극해 전투 기회를 잡을 수 있었다. 평범하고 형식적인 작전 행동으로는 승리의 가능성이 희박했다. 마지막은 전장에서 촉나라 군대가 취한 모든 행동이 사전에 노출되어 전투의 주도권을 잡지 못했다. 그중 두 차례의 공격 전술은 모두 곽회에게 사전 발각되고 말았다.

5차 북벌이 실패한 몇 가지 특별한 문제를 살펴보자.

먼저, 제갈량은 왜 동쪽으로 가지 않고 서쪽 오장원을 택했을까?

사마의도 촉나라 군대가 동쪽으로 가면 위나라에 위협이 될 것이고, 서쪽 오장원을 택할 경우 별다른 위협이 되지 않을 거라고 생각했다. 이때 제갈량이 동쪽을 택하지 않은 이유는 신중한 성격 때문이었다. 당시 전장의 지형을 보면 위하와 진령산맥 사이에 좁고 긴 평탄한 골짜기 지역이 있었는데, 촉나라 군대는 이 좁고 긴 길을 따라 동쪽으로 이동해야 했다. 하지만 사마의 대군이 위수 기슭에 진을 치고 있어 이 경로를 통해 동쪽으로 이동할 경우 적진을 끼고 행군해야 하는 위험이 따랐다. 대군이 좁고 긴 지대에서 적을 옆에 끼고 행군한다면 그 위험은 클 수밖에 없었다. 그런데 사마의의 배수진은 아주 막강해서 촉나라 군대의 가장 위협적인 진격 노선을 없애버린 셈이었다. 그리하여 제갈량은 오장원이라는 안전한 방법을 선택한 것이다. 만약 그가 모험을 감행했다면 사마의가 출격했을 것인지에 대해서는 말하기 어렵다. 사마의는 위 명제의 명령을 받고 수비만 하며 대기하고 있었다. 만약 출격하지 않았다면 촉나라 군대는 이 좁고 긴 지대를 통과해 사마의 군대와 후방 장안의 연대를 끊을 수 있었을 것이다. 더 나아가 병력이 적었을 것으로 추측되는 장안성을 함락시킬 수 있었을지도 모른다. 이렇듯 전세란 참으로 예측하기 어려운 것이다.

제갈량은 왜 북원의 요충지를 점령하지 못했을까?

여기에는 두 가지 실수가 있었다. 하나는, 위나라 군대가 먼저 북원(北原)을 점령하리라는 것을 예측하지 못해 파견 부대의 수를 너무 적게 배치한 것이다. 그로써 곽회의 반격에 무너져 위나라 군대에게 시간을 벌게 해주어 북원의 방어 진지를 더욱 공고히 하도록 만들었다. 다른 하나는, 곧바로 주력 부대를 증원시켜 북원 쟁탈에 나서지 않았다. 만약 사마의가 북원을 더 지원했다면 보루를 떠나 기동 작전을 펼치는 도중에 공격할 수 있었다. 사마의가 증원하지 않았다면 곽회를 소멸한 뒤 여전히 농으로 통하는 길을 차단하거나, 위수 북쪽 기슭을 따라 동쪽으로 전진하여 사마의의 후방을 위협할 수도 있었을 것이다. 결국 제갈량은 용병을 운용하는데 결단력이 부족했고, 그다지 기발하지 못한 계획이 상대에서 사전에 발각되어 북원의 요충지를 점령하지 못한 것이다.

제갈량은 과연 사마의에게 여자들이 사용하는 옷과 장식을 보냈을까?

《자치통감》에 보면 제갈량은 사마의에게 여자의 옷과 장식을 보낸 기록이 나온다. 하지만 《삼국지》 관련 전기에서는 이런 기록을 찾아볼 수 없다. 이 일이 사마의에게 불리하다고 판단되어 일부러 《삼국지》에 기재하지 않은 것으로 보인다. 그렇다면 정말로 이런 일이 있었을까? 그렇지 않았을 거라고 생각하는데, 그 이유는 다음과 같다. 첫째, 제갈량의 교양과 기질로 미뤄봤을 때 이런 저급한 행동은 하지 않았을 것이다. 둘째, 제갈량은 적수인 사마의의 성격을 파악했을 것이고, 이런 방식으로 그를 격분시키는 일은 전혀 효과가 없다는 사실을 알았을 것이다. 성격이 불같은 장비라면 모를 일이지만 말이다. 셋째, 《한진춘추》에 보면 "제갈량이 도착하여 여러 차례 싸움을 걸었다. 선왕이 다시 표를 올려 교전을 허락해 줄 것을 굳게 청하니, 제갈량이 말하길 '그는 원래 싸울 생각이 없었는데 굳이 출전을 청한 것은 단지 자기 군사들에게 강인함을 보이려는 것이오. 장수가 군중에 있으면 군주의 명이 있어도 받지 않는 법인데 만약 우리 군을 능히 제압할 수 있다면 어찌 천릿길을 가서 출전을 청하겠소!'라고 했다"는 기록이 있다. 이 기록에 따르면 제갈량은 사마의가 출전할 의사가 없음을 알았는데, 무엇 때문에 이런 방법을 사용했겠는가. 넷째, 《위씨춘추》가 제갈량을 폄하하기 위해 이런 내용을 넣지 않았을까 싶다. 아니면 최전선에 배치된 장군들 중 한 사람이 제갈량의 이름으로 보냈는지도 모른다. 다섯째, 수장을 격분시키는 데 성공했다면 기록으로 남겨도 되지만 실패했다면 굳이 적을 필요가 없지 않았을까? 개인적으로 《삼국지》의 기록은 아주 정확하며, 믿을 만한 근거가 없는 기록은 다 삭제되었다고 생각한다. 그러므로 제갈량이 여자 옷과 장식을 사마의에게 보내지 않았다고 생각한다. 다만 군사들이 영루 앞에서 욕을 하는 등 여러 차례 사마의 군대를 향해 열을 올렸던 것은 사실인 듯하다.

제갈량은 과연 전장에 둔전을 두었을까?

이 내용은 《삼국지》〈제갈량전〉에서 볼 수 있으며, 이는 사실인 것으로 보인다. 하지만 그 목적은 군량 확충이 아니라 다른 데 있었던 듯하다. 이렇게 주장하는 근거는 다음과 같다. 먼저 자신의 후방 혹은 적군과 아군 사이에 사람이 없는 구역, 적군을 공격하거나 공격을 받는 전장에는 둔전을 두지 않는다. 왜냐하면 전세가 순식간에 역전되어 적의 기병이 둔전에 심은 곡식을 쉽게 없앨 가능성이 있기 때문이다. 다음, 제갈량은 삼면에서 적의 공격을 받고 있었으며, 그가 머무른 지역은 그리 넓지 않았다. 결국 그곳에서 둔전을 일구어 거둔 양식은 10만 명에 달하는 대군이 먹기에 터무니없이 부족했다. 실제로 제갈량은 근 3년 동안 야곡에 많은 곡식을 재배해 그 지역의 양식에 의존할 필요가 없었다. 마지막, 제갈량은 4월에야 골짜기를 나와 다시 오장원으로 진격하여 북원을 쟁탈한 다음 100여 일 동안 대치 상태에 있었다. 그렇다면 둔전은 대치 상태에 있었던 5월에 일구기 시작했을 텐데, 통상적으로 관중 지역은 6월 하순에 곡식 수확이 시작된다. 5월에 둔전을 일구었다면 한 달 만에 다 자랐을 리가 없다. 제갈량이 둔전으로 위나라 군대의 공격을 유도한 것은 아마 사실이었을 것이다. 촉나라 군대가 현지 백성들과 밭을 가는 척하고(물론 백성들은 3월에 이미 곡식을 심었음) 동시에 정예부대를 부근에 배치시켜 위나라 군대가 계략에 빠지기를 기다렸던 것이다. 하지만 위나라 군대가 전혀 신경 쓰지 않아 그 계책은 실패로 돌아갔다. 사서의 기록도 착오는 없을 텐데, 발생한 일과 현상만을 기록했기 때문이다. 미루어보건대 진실은 후세 사람들이 분석하고 판단할 문제다.

사마의가 수비를 고집하며 출전하지 않은 까닭은 용기가 부족해 전쟁이 겁났기 때문일까?

전혀 그렇지 않다. 사마의는 정확한 전술을 취해 그 목적을 달성했을 뿐만 아니라 병력에 타격을 입히지도 않았다. 실제로 사마의의 병력은 관중 평원(위하 양안, 산이 약간 있고 대부분 평원이었음)에 있었으므로 촉나라 군대와 충분히 접전을 벌일 수 있었다. 모든 전쟁에는 실패의 위험이 따르는 법인데, 막대한 사상자가 날 수도 있는 상황이었다. 그래서 사마의는 유비가 219년 한중에서 조조 부대와 대치했을 때의 전술을 선택했다. 차이가 있다면 조조는 진령에서 한중까지 식량을 운송했고, 지금은 제갈량이 한중에서 관중으로 식량을 운반했다는 점이다. 그런 유비를 두고 겁쟁이라고 비판하는 사람은 아무도 없었고, 오히려 그의 전술을 칭찬했다. 사마의는 아주 교활한 인물로 제갈량의 실수를 기다리고 있었다. 하지만 제갈량은 매사에 신중한 성격으로 어떤 모험도 하지 않았다. 그렇다 보니 사마의는 계속해서 수비 태세를 유지할 수밖에 없었다.

결론적으로, 제갈량의 5차 북벌은 여러 가지 이유로 성공하지 못했다. 하지만 촉·오 양국은 의기투합하여 연합 작전을 펼쳤다. 양국은 1000리나 떨어져 있었으나, 위나라 군대와의 실제 개전 시간의 차이는 한 달밖에 나지 않았다. 이는 교통과 통신이 낙후된 당시로서는 대단한 일이었다. 유일하고도 막대한 손실을 꼽으라면, 촉나라 군대가 이번 전쟁에서 제갈량과 위연을 잃었다는 점이다. 그로써 촉나라는 더 이상 성공의 희망을 가질 수 없게 되었다.

제갈량이 저지른 실책

제갈량의 북벌은 번번이 실패로 끝났다. 이를 두고 후주 유선 주변에 있던 간신들이 방해했기 때문이라고 말하는 사람이 있는데, 이는 실패의 주된 원인이 아니다. 북벌 실패의 원인으로 몇 가지 중요한 문제를 꼽을 수 있다. 예를 들어 북벌의 시기, 북벌의 방향, 북벌의 목적이 그것이다.

제갈량은 1~4차 북벌에서 차근차근 전진하며 진을 쳐가는 신중한 전술로 위나라를 조금씩 잠식해 들어갔다. 하지만 부인할 수 없는 사실은 위나라와 촉나라의 국력이 현저하게 차이가 나는 상태에서 전선이 너무 길고 전쟁 없이 대치 상황만 계속되었고 식량 공급이 차단되었다는 점이다. 그 결과 식량 부족으로 퇴각해야 했으며, 그로써 승리를 번번이 양보해야만 했다.

5차 북벌에서 제갈량은 드디어 한 가지 사실을 깨달았다. 그는 직접 야곡을 나서 농의 동쪽 지역으로 진입하는 편이 훨씬 승산이 있다고 생각했다. 하지만 여러 차례 북벌을 시도한 탓에 위나라는 이미 경계 태세를 취하고 있어 더는 전진하기가 어려웠다. 게다가 제갈량은 결국 전장에서 세상을 떠나고 말았다.

그렇다면 제갈량의 북벌 시기와 그 진군 방향은 과연 적절했을까?

우선 제갈량의 북벌에 맞선 위나라 군대의 병력 배치를 살펴보자. 북벌 일 년 전인 227년에 위나라 군대는 병력을 세 방향으로 나누어 배치시켰다. 서부의 장안(관중·농 지역의 오른쪽) 일선, 중앙의 완(남양·양양·예) 일선, 동부의 양주(합비·완)가 바로 그곳이다. 서부의 총사령관은 조진이었고, 중앙의 총사령관은 사마의(227년 6월 사마의는 형주 예주 제군사 대도독으로 완 지역을 통솔했음), 동부의 총사령관은 조휴였다. 이들 세 곳의 수비 중점은 각기 달랐다. 중앙 지역을 맡은 사마의는 하구와 상용을 방어의 요지로 삼았고, 동부는 동관과 합비를 방어의 요지로 삼았으며, 서부는 진창과 산관과 장안을 방어의 요충지로 삼았다.

227~228년에 일어난 사건을 살펴보자. 227년 3월 제갈량은 북벌 결정했다. 227년 말 맹달은 상용에서 배반했으며, 228년 초에 사마의가 맹달을 무찔렀다. 228년 제갈량의 1차 북벌이 시작되었으나, 4월에 그는 한중으로 퇴각했다. 228년 4~8월 오나라 육손이 완으로 출정했으며 석정이 조휴를 이겼다. 11월 오나라가 완에서 승리했다는 소식을 들은 제갈량은 위나라 군대를 동쪽으로 유인한 뒤 한중을 나와서 북벌을 시도했다. 그리고 12월 제갈량은 진창 용병에서 성과를 얻지 못했고, 결국 2차 북벌은 실패로 돌아갔다.

앞서 위나라의 병력 분포와 1, 2차 북벌에서 발생한 사건들을 보면 촉·오 두 나라는 교대로 북벌을 감행하지만 결국 차례로 후퇴하고 말았다. 좀 더 상세하게 이를 분석해보자.

먼저, 북벌을 감행했을 때 촉나라는 오나라와 손발이 맞지 않았다. 다음은 북벌 시기가 부적절했는데, 1차 북벌이 시작되고 끝날 때까지 촉나라는 계속 서쪽만 공격했다. 또한 제갈량이 북벌에서 실패한 뒤에도 오나라는 북진할 당시 위나라의 동쪽만을 공격했기 때문에 위나라는 여유를 갖고 침착하게 서부에서 동부로 병력을 이동시킬 수 있었다. 마지막 제갈량이 2차 북벌을 진행할 때 오나라 군대의 북진은 성공을 거두었으나, 그 일이 제갈량에게 어떤 영향을 준 것은 아니었다. 왜냐하면 정보 교류가 느렸기 때문이다. 승리 소식이 제갈량이 있는 곳에 도착했을 때 오나라 군대는 이미 후퇴하고 있었으며, 제갈량은 그제야 2차 북벌을 재촉하다가 진창에서 저지당하고 말았다.

이런 요점을 통해 제갈량의 1차 북벌을 두고 대담한 추론을 해볼 수 있다. 이를 이야기하기 전에 우선 융중대책에 대한 견해를 한 가지 부연 설명하고자 한다. 융중대책의 관점으로 봤을 때 동으로 오나라와 협력하여 형주와 한중에서 북상한다는 전략에 큰 걸림돌은 없어 보였다. 이럴 경우 위나라 군대를 동, 중, 서 삼면으로 이동시킬 수 있었다. 동으로 오나라와 협력하면, 오나라가 동쪽 기 땅에서부터 공격을 가장하여 위나라 군대의 동쪽 날개를 견제하고 중로와 서로에서 주요 공격 방향을 선택할 수 있었다. 그로써 위나라 군대는 촉나라 군대의 주요 공격 방향을 제대로 파악할 수 없게 되고, 결국 주도권은 촉나라의 수중에 들어가게 되는 것이었다. 게다가 제갈량은 융중대책에서 어느 곳을 주요 공격 방향으로 삼을지에 대한 사전 계획이 없어 용병을 기동성 있게 실시할 수 있었다.

제갈량은 1차 북벌에 나섰을 때 융중대책에서 말한 군사 작전, 다시 말해 여러 곳에서 출격하되 한 곳을 주요 공격점으로 삼아 위나라 군대의 병력을 분산시켜야 했다. 그러나 제갈량의 북벌 결과를 보면 한 곳만 주요 공격점으로 지정함으로써 위나라 군대가 침착하게 대처하도록 도와

준 꼴이 되고 말았다.

　제갈량의 융중대책과 1차 북벌 전의 형세를 기초로 하면 북벌의 실제 시기와 방향은 반드시 언제, 어느 방향이어야 했는지 대담한 추론을 할 수 있다. 만약 위에서 서술한 여러 가지 단점을 보충해본다면 제갈량의 1차 북벌은 다음과 같은 전략에 따라 진행되어야 했다.

　먼저, 융중대책에서 말했듯이 동쪽으로 오나라와 연합하고자 했다면 북벌 전에 접촉하여 협력해야 했다. 만약 시기를 맞춰 동시에 북진했다면 오나라가 촉나라와 다른 시기에 북벌하는 상황은 발생하지 않았을 것이다.

　다음은 오나라와 협력했다면 여러 지역에서 출격하되 한 곳을 주요 공략 지역으로 삼는 전략이 가능했을 것이다. 다시 말해 오나라는 동쪽과 중앙에서, 촉나라는 서쪽과 중앙에서 협력하여 진격했을 것이다. 과연 이런 전략이 가능했을까? 당시 오나라는 줄곧 주방을 시켜 산중의 구족(舊族) 명장에게 가서 북쪽의 소식을 아는 사람을 찾아오게 해서 북진을 준비했다. 만약 제갈량이 오나라 군대에게 같은 시기에 동쪽에서 위나라를 공격하도록 했다면 대승을 거둘 수 있었을 것이다. 여러 갈래 길로 진군할 경우 위나라 군대는 서부 대군을 동쪽으로 이동시키는 데 상당한 어려움이 따랐기 때문이다. 결국 오나라는 오래전부터 동쪽에서 진격하려는 생각을 가졌지만, 촉나라와 사전 조율을 하지 않았던 것이 문제였다.

　그다음은 협력하려고 했어도 한 가지 중요한 문제가 있었다. 바로 통신상의 문제였다. 통신은 제갈량이 주요 공격 방향을 선택하는 데도 아주 중요한 문제였다. 만약 위나라의 서쪽을 공격 대상으로 선택했다면 동쪽의 오나라와 행보를 같이하기가 어려웠을 것이다. 그렇다면 어디를 주요 공격 방향으로 선택하는 것이 좋았을까? 중앙, 다시 말해 중로가 가장 유리했을 듯하다. 다시 말해 양양과 남양에서 북진하여 곧바로 완과 낙양 땅을 치고 난 뒤에 위나라의 심장부를 공격하되, 우선 야곡에서 출발하여 유인 부대로 위나라 군대의 서쪽을 견제한 후 중로의 제갈량이 한중을 나서서 상용을 공격한 다음 한수를 따라 동쪽으로 내려가 양양을 평정하면 좋았을 것이다. 그리고 오나라 군대는 동쪽에서 완과 합비를 출발해 하구에서 나와 유인 전술을 펼친 다음, 촉나라 군대와 만나 동쪽으로 내려가 양양을 탈취하면 되었을 것이다.

제갈량의 북벌을 다음과 같이 결론지을 수 있다. 외교 면에서 제갈량은 동으로는 오나라와 연합하여 협력한다. 군사 면에서 촉나라 군대는 오나라 군대와 연합하여 여러 곳에서 동시 출격하되 주요 공격 방향을 중로로 택한다. 이렇게 하면 오나라 군대와 순조롭게 협력할 수 있었을 것이다. 또한 동로와 서로가 협동 작전을 펼친다면 그 전략 전개가 제갈량의 융중대책과도 일치하여, 위나라의 주력 부대를 여러 갈래로 분산시킬 수 있었을 것이다.

그런데 여기서 해결해야 할 중대한 문제가 있었는데, 바로 오나라와의 관계였다. 제갈량의 1차 북벌 당시 오나라와 촉나라는 각각 따로 북진했다. 미루어보건대 양국은 당시 협력하여 북진할 용의가 없었으며, 결과적으로 두 나라 모두 성과를 얻지 못했다. 제갈량은 오나라가 승리한 후에 북벌을 시도했지만 상호 연락망이 제대로 갖춰지지 않아 2차 북벌의 기회를 놓치고 말았다. 결국 이 모든 결과는 촉나라와 오나라 간에 사전 협력 단계가 없어 생긴 일이다.

3차 북벌 후 제갈량은 오나라와의 협력에 대한 필요성을 절감하면서도 주요 공격 범위가 너무 좁아 위나라 군대가 침착하게 대처하도록 도와줬을 뿐 다시 북진의 기회를 잃고 말았다. 그 원인은 북벌의 방향을 잘못 선택해 촉·오의 협력을 제대로 도모하지 못했기 때문이다.

이런 관점에서 돌이켜보면 제갈량이 선택한 북벌의 방향과 시기는 자신이 제시한 융중대책과도 어긋났다. 이는 촉·오 간에 신뢰가 없고 상호 협력관계가 결여되었기 때문이다. 제갈량의 북벌이 실패로 돌아간 것은 어쩌면 당연한 결과였다.

사실 생각해보면, 중로를 통한 북진은 관우가 형주를 지킬 때부터 이미 진행되고 있었다. 하지만 공교롭게도 오나라가 촉나라의 북진 경로를 차단시켜 제갈량은 중로를 통한 북진을 고려하지 않았다. 중로로 북벌하면 오나라가 관우 사건과 같은 일을 반복할 경우 위험한 상황에 빠질 것이 뻔했기 때문이다.

이처럼 북벌에서 제갈량이 저지른 가장 큰 실책은 군수물자 보급, 병력 이동, 군대 간 협력 등 여러 방면에서 촉나라보다 훨씬 우월한 위나라의 한 곳만을 집중 공격했다는 것이다. 게다가 전략상으로는 위나라 군대에 대한 사전 견제가 부족했으며, 자신이 제시한 융중대책을 제대로 실천에 옮기지도 못했다. 오나라 또한 여러 차례 진행된 북진에서 제갈량과 비슷한 상황을 겪었다. 결국 위나라는 오나라와 촉나라가 동시에 북벌을 감행하지 않아서 무사할 수 있었다.

위나라가 봤을 때 촉나라와 오나라의 협력은 상당한 부담이었고, 반대로 두 나라의 분열은 두 손 들고 환영할 일이었다. 오나라는 형주와 양주 두 곳을 취하려는 작은 욕심에 결국 행운을 제 발로 걷어찬 셈이었다.

관우의 죽음과 유비의 오판

　삼국을 논할 때 제갈량의 북벌은 주된 관심거리였다. 익히 알려진대로 당시 중원을 차지했던 위나라는 인적·물적으로 좋은 조건을 갖추고 있었다. 이런 상황에서 촉나라가 위나라를 공격한다는 것은 결코 현명한 행동이 아니었다. 그렇다면 제갈량은 잘못된 판단으로 치명적인 과오를 범한 것일까? 아니면 〈출사표〉에서 말한 것처럼 선제의 유언을 받들기 위해 불가능한 도전을 시도한 것일까?

　먼저 북벌의 배경부터 살펴보자. 사실 북벌은 당시 수많은 백성의 반대에 부딪혔다. 삼국시대만 해도 군주와 중앙정권의 권력은 우리가 생각하는 것처럼 그렇게 대단한 수준이 아니었으며, 정책의 결정권을 가진 쪽은 오히려 각 지방의 권문세가였다.

　또한 당초 융중대책에서 제갈량이 제시한 전략은 '동서 협공을 위한 양동 작전'으로, 대군을 관중으로 출병시킴과 동시에 상장에게 형주의 군사를 이끌고 완과 낙양으로 진군하도록 하는 전략이었다. 하지만 당시 형주는 오나라 땅으로 북벌은 이미 그 의미를 상실했다고 할 수 있다.

　제갈량이 실제 행동으로 취한 북벌은 과거 융중대책에서 언급한 것과 달랐다. 비록 그 목적은 일치했지만 실질적인 상황은 완전히 달라진 상태였다. 당시 북벌의 목적은 중원을 공격하여 위나라의 전략적인 방어선을 무너뜨려 위나라의 발전을 저지하면서 관중과 양주 지역을 탈취하여 촉나라를 유지하는 데 있었다. 그러므로 당시의 북벌은 아주 시의적절했다고 볼 수 있으며, 실제로 관중 지역이 북벌에 휘말려 전쟁으로 들썩이게 되자 천수 · 남안 · 서평 3개 군의 태수가 소문을 듣고 곧장 항복했고, 위나라 군대는 잇달아 패전을 거듭했다.

그러자 위나라 황제 조예는 직접 장안으로 가서 군심과 민심을 위로하고, 급하게 사마의를 기용했다. 이렇듯 북벌은 당시 정세에 돌발적인 변화를 불러일으켰다. 둘째, 오나라와의 관계가 다시 원만해져 유비의 동쪽 정벌 이전의 우호관계를 완전히 회복했다. 셋째, 이 부분이 가장 핵심인데 위나라가 막강한 국력을 갖추기는 했으나 아직 최고점에 다다르지는 않았다. 당시 북벌을 감행하지 않으면 위나라의 힘이 더 막강해져 훗날의 일을 예상할 수 없다는 위기감이 있었다.

한편 촉나라의 내부적인 요인을 살펴봐도 이미 북벌의 조건을 완전히 갖춘 상태였다. 첫째, 촉나라는 유비의 패전으로 막대한 손실을 입은 상태였는데, 특히 정예 병력을 잃었다는 것은 가장 심각한 피해였다. 하지만 다행히도 조운과 마초(馬超) 등 맹장들이 아직 건재했다. 만약 다시 몇 년 세월이 지났다면 인재난은 더욱 심각해져 특히 장수 기용에서 늙은 요화가 선봉이 되는 지경에 이를 정도로 인물이 부족했을 것이다.

어떤 사람들은 "왜 뛰어난 장수들을 배출하거나 시대에 맞는 인재들을 길러내지 못했을까?"라는 의문과 함께 그 탓을 제갈량의 인재억압 정책으로 돌리기도 한다. 그런데 이 점에 대해선 설명이 필요할 듯하다. 우선 촉나라는 뛰어난 장수가 배출될 수 있는 토대 자체가 부족했다는 점에 주목해야 한다. 유비가 익주로 들어갈 때, 촉나라에는 고작 장임과 엄안 두 명의 명장만 있었다. 그중 한 명은 이미 나이가 70세를 넘었고, 한 명은 죽어도 투항하지 않겠다면서 버텼다. 위나라에 비하면 촉나라에는 뛰어난 장수가 절대 부족한 상태였다. 그래서 서둘러 서량을 탈취하여 용맹한 서북 지역의 인재들을 기용해 촉나라 군대의 힘을 강화하고자 했던 것이다.

둘째, 제갈량은 이미 남만을 평정하여 훗날 탈이 될 만한 불씨를 제거했다. 그는 최신식 무기로 무장하고 직업 군인으로만 구성된 10만 명에 달하는 부대를 구성한 상태였다. 우수한 장비를 갖추고 엄격한 훈련을 실시해 병력의 수적 열세와 북방인에 비해 체격이 작은 불리한 신체조건을 뛰어넘을 수 있었다. 이후 여러 차례의 전투에서 불과 5만 명의 촉나라 군대가 10만 명이 넘는 위나라 군대를 늘 꼼짝 못하게 만들었던 것만 봐도 전투력이 얼마나 강했는지 짐작할 수 있다.

셋째, 경제적으로 안정된 시기였다. 제갈량은 남부 지역을 개발하는 데 전력을 다했다. 촉나라의 경제는 발전기에 있었고 각 방면에서 물자가 풍족하여, 유비가 전쟁에서 패한 이후로 국내 형세가 가장 좋았다.

그렇다고 문제가 없었던 것은 아니다. 오나라와 마찬가지로 촉나라에도 전쟁보다는 평화로운 생활을 바라는 백성이 있었고, 그들은 절대 북벌을 원치 않았다. 또한 국력 면에서도 중원의 위나라보다 나은 것이 전혀 없었다. 이런 문제는 쉽게 극복할 수 있는 것이 아니어서 전쟁에서 결코 패배해서는 안 된다는 강박관념을 만들었다. 전술상의 실패든 군량 수송상의 실수든 간에 어떤 사소한 실수라도 그것은 북벌 대업의 실패로 직결될 수 있으므로 제갈량은 신중하게 전략을 선택할 수밖에 없었다. 자오곡을 거쳐 장안을 공격하라는 위연의 전략은 기발했지만 모험적 성격이 너무 강할 뿐 아니라 수많은 인재를 보유한 위나라가 결코 이 전략을 알아차리지 못할 거라고 확신하기도 어려웠다. 위연의 전략은 일종의 도박이었다. 이기면 관중을 점령하는 것이고, 패하면 촉나라의 멸망으로 이어져 삼국시대는 막을 내리고 위나라가 천하를 제패하게 되는 것이었다.

따라서 제갈량은 도박이 아닌 안전한 전략을 선택했다. 그래서 사람들은 제갈량을 두고 일생 늘 삼가고 신중을 기했던 인물로 평가한다. 전쟁에서 도박을 선택할 수 있는 자는 과연 누구이며, 누가 도박할 자격이 있는가? 조조와 같은 강자만이 도박을 걸 수 있지 않았을까. 조조는 적벽대전이라는 도박에서 패배했음에도 위나라의 국력은 끄떡없었다. 또한 조조는 여전히 중원의 지배자였으며, 제후들을 거느리고 천하 위에 군림했다. 하지만 제갈량의 상황은 달랐다. 그가 속해 있던 촉나라의 국력은 보잘 것 없어 도박에 실패할 경우 치러야 할 대가가 너무나 컸다.

중국 역사에서 우리에게 가장 친숙한 시대도, 가장 낯선 시대도 삼국시대다. 친숙함과 낯설음의 원인은 《삼국지연의》에서 비롯된다. 이 책을 읽으면서 우리는 너무 많은 착오에 빠졌고, 그 착오를 수정하면서 더 많은 착오가 생겨나기도 했다. 특히 제갈량의 북벌에 관해서는 더욱 그러한데, 대부분의 사람은 북벌이 실패했다고 생각한다. 그에 대한 가장 큰 이유로 한 치의 땅도 얻지 못했다는 점을 든다. 이는 전쟁의 목표가 반드시 땅을 차지하는 데 있지 않다는 점을 간과했기 때문에 나온 말이다. 때로는 전략 목표를 실현한 것만으로도 그 목표를 달성했다고 할 수 있다. 우리는 사마의가 수비만 고집해 결국 촉나라 군대가 전쟁 한번 치르지 못하고 자진 후퇴했던 결과만 생각할 뿐, 결과적으로 촉나라의 공격으로 국력만 헛되이 낭비한 위나라의 상황은 염두에 두지 않았다.

　개인적으로 제갈량의 공성계를 믿지 않는다. 또한 "죽은 제갈량이 살아 있는 사마의를 물리쳤다"는 귀신 이야기도 믿지 않는다. 우리가 주목해야 할 것은 제갈량이 열악한 군사력과 물자로 위나라의 거대한 군력 낭비를 초래했다는 점이다. 위나라 군대는 매번 수십만 부대로 제갈량의 4만 부대에 대항했다. 위나라의 입장에서 북벌은 엄청난 골칫거리였다. 제갈량이 죽은 뒤 위나라는 촉나라 군사에 대항할 능력이 없었던 것으로 보인다. 그렇지 않았다면 제갈량이 죽던 날 왜 위나라 군대가 그 기세를 몰아 공격하지 않았겠는가. 만약 그랬다면 촉나라는 별 저항도 하지 못하고 쓰러졌을 것이다. 역사서에 상당히 흥미로운 기록이 나온다. 위나라의 조예는 현명한 황제였으나 제갈량이 죽자 향락에 빠져들었다는 내용이 그것이다. 그 원인은 과연 무엇일까? 마음의 근심거리가 사라지자 이후 위나라의 귀족들은 너나 할 것 없이 모두 향락에 빠져들었던 것이다. 그러다가 결국 사마씨가 들고 일어나 위나라는 멸망했다.

　많은 사람이 제갈량의 능력에 대해 의문을 갖는다. 이는 소설 《삼국지연의》에 등장하는 제갈량에 대한 의심에서 비롯되었다. 현실에서 바람을 일으키고 비를 불러오는 인간이 결코 있을 수 없다고 해서 제갈량의 능력을 부정할 수 있을까? 정사에서도 그를 찬미하는 글은 많다. 《삼국지》를 읽은 사람이라면 이 사실을 분명히 알 것이다. 어떤 기록이든 간에 그 결점과 실수는 있기 마련이다. 제갈량은 결코 소설처럼 성격이 온화하고 세련되게 행동하지 않았다. 하지만 진실 속의 제갈량은 틀림없이 결단력을 갖춘 인물이었을 것이다. 그런 그가 촉·오의 관계가 아직 정해지지도 않았을 때 오나라로 가서 선제와 같은 하늘을 섬기지 않는 적과 신속하게 동맹을 맺은 인물이었다고도 상상하기 어렵다. 그는 가만히 앉아서 도를 논하는 책벌레 서생이 아니었을 것이다. 나관중이 제갈량을 미화시키기 위해 오히려 그의 인격을 지나치게 약화시킨 것이 아닐까 하는 생각이 든다. 그런데 나관중도 제갈량의 진면모를 노출시킨 부분이 있다. 예를 들어 제갈량이 익주를 다스릴 때 엄격한 법률과 형벌을 집행하면서 강력한 지방 세력을 제압했다고 표현했다. 이 부분이 바로 제갈량이 조조와 마찬가지로 법가의 이론으로 난세를 다스린 인물이었음을 보여준다. 제갈량과 조조는 각각 남쪽 지역과 북쪽 지역에 있으면서 법가 사상으로 국가를 다스렸다.

또 다른 의견으로 제갈량을 두고 '명분을 실제보다 더 중시한 인물'이라고 한다. 그들은 "와룡과 봉추, 이 두 사람 가운데 하나만 얻어도 천하를 평정할 수 있다"라는 말을 예로 들면서 이렇게 이야기한다. "그렇다면 제갈량을 얻은 유비가 천하를 통일시켜야 맞는데, 그렇지 못한 것은 제갈량과 방통의 능력이 부족한 탓이 아닌가?" 그런데 이렇게 말하는 사람들이 놓친 것이 있다. 바로 "그 사람을 얻은 것이지, 그 시기를 얻은 것은 아니었다"라는 사실이다. 물론 유비는 진수가 말한 대로 도량이 넓고 의지가 강하고 마음이 너그러우며, 인물을 알아보고 선비를 예우할 줄 알았다. 그는 한나라 고조의 풍모를 지녔으며 영웅의 그릇이었다. 유비가 나라를 받들고 태자를 보좌하는 일을 제갈량에게 부탁하되 마음에 의심이 없었던 것은 황제와 신하의 지극한 공정심에서 비롯된 것이다. 또한 이는 고금을 통해 가장 훌륭한 모범적인 사례로 남아 있다.

그러나 유비는 임기응변 능력과 책략이 조조에 미치지 못해 작은 땅을 차지할 수밖에 없었다. 유비는 소설에서처럼 인의만 고집하는 못난 사람이 아니었다. 애석한 점은 유비와 제갈량의 만남이 시기적으로 너무 늦었다는 것이다. 당시 조조는 이미 중원을 점거한 상황이었고 손권은 강동을 점거했으며, 이 두 사람의 기반은 확고한 상태였다. 유비는 둘 사이에서 생존하기 위해 아등바등 해야 했다.

또한 유비가 제갈량과 방통의 말을 모조리 듣고 따랐던 것도 아니다. 제갈량은 군사중랑장으로 일개 참모에 지나지 않았다. 당시 진정한 참모는 법정이었다. 법정은 촉나라 군대의 태수이자 양무장군으로, 밖으로는 수도와 경기 지역을 통솔하고 안으로는 군주를 보필했다. 당시 지위가 제갈량보다 높았던 인물은 그 한 사람뿐이 아니었다. 관우 등 무관을 제외하고 문신만 보더라도 미축, 손건, 황권 등이 제갈량보다 훨씬 높은 지위에 있었다. 왜 그랬을까? 제갈량의 능력이 부족해서였을까, 아니면 유비가 그를 믿지 못해서였을까? 둘 다 아니다.

실제를 아주 중시한 인물이던 유비는 익주에서 입지를 굳히기 위해서는 유장 때의 옛 체계가 필요하다고 생각했다. 그래서 그들을 소홀히 대할 수가 없었다. 앞서 말한 지방 권문세가들의 세력을 무시할 수 없었던 것이다. 유비는 이 점에 대해 분명하게 인식하고 있었고, 그들은 민심을 얻는 데 중요한 요소였다. 사실 그는 민심을 얻었다기보다는 선비, 다시 말해 지식인의 마음을 얻어냈다. 그래서 서주에서는 도겸이 서주 땅을 양보했고, 형주에서는 유비를 유표의 후계자로 삼아야 한다고 주장하는 자도 있었다. 그 이유는 다름 아닌 유비의 인재 관리 능력 때문이었다.

유비는 평범한 인물이 아니었다. 지략 면에서 조조보다 못했다고 하더라도, 인재 관리 능력에서는 조조보다 훨씬 뛰어났다. 물론 유비가 실패한 이유도 바로 여기에 있다. 당시 세가들도 그를 지지했는데, 외부 세력

248

이 강성하여 압박할 때 그들은 결코 유비를 돕는 것으로 그 외부 세력에 대항하지 않았다.

또한 유비는 인재를 등용할 때 인정(人情)을 중시했다. 그는 아주 드물게도 정을 중시한 황제로, 관우가 죽었을 때 물불을 가리지 않는 비이성적인 행동을 하기도 했다. 그 수하의 부하들 중 미축은 서주의 유명한 명문 귀족 출신이었지만 가문이 몰락하자 유비를 따라 떠돌이 생활을 했으며, 그의 관직 서열은 유비 바로 다음이었다. 위연은 유비가 아직 세력이 미미할 때부터 그를 따랐던 인물로, 한중을 손에 넣자 유비는 그에게 한중 태수 자리를 주었다. 위연은 우수한 인재였고, 유비에 대한 충성심이 대단했으며, 자신을 인정해준 것에 늘 고마워했다. 훗날 그가 유비를 배반한 이유는 양의와 충돌했기 때문인데, 제갈량 또한 그 이유가 되었다.

유비의 인재 등용 방침을 살펴보면, 제갈량은 초기에 그다지 중용을 받지 못했다. 제갈량의 융중대책을 수용하기는 했으나, 그를 그 전략의 실행 책임자로 주목하지는 않았다. 제갈량이 권력을 잡은 것은 한중 공격에서 공을 세운 후부터였다. 그가 재능이 없어 중용받지 못했던 것은 결코 아니다. 또한 중시받지 못했다는 말은 더더욱 아니다. 다만 당시 상황이 그를 중용할 수 없었다는 말이다. 왜냐하면 그것이 유비의 방침이었고, 제갈량을 중용하는 것이 내부 단결에 불리하게 작용할 수도 있다는 판단 때문이었다.

그러나 유비는 익주로 들어갔을 때 후방을 관우와 제갈량에게 맡기고 방통을 데리고 떠났다. 이를 통해 유비의 마음속에 이미 두 사람의 비중이 굉장히 높았음을 알 수 있다. 유비는 자신의 가장 중요한 거점을 넘겨주었을 뿐 아니라 중요한 행동 조치를 모두 관우의 손에 맡겼다. 유비는 관우를 융중대책을 실행할 핵심 인물로 여겼는데, 그야말로 명실상부한 2인자였다. 사실 촉나라의 미래는 관우와 절대적 관계에 놓여 있었다.

애초에 유비의 전력 배치는 제갈량이 관우를 도와 협공 전략을 성공적으로 펼쳐 완과 낙양으로 진군하여 허창(許昌)을 습격하는 것이었다. 유비가 제갈량을 관우와 함께 남겨둔 이유는 바로 이런 전략 때문이었다. 만약 제갈량을 형주에 남겨두었다면 그의 외교력과 지혜로 봤을 때 훗날 결코 실패하지 않았을 것이다. 하지만 불행하게도 방통이 죽었고 유비 곁에는 모사에 뛰어난 신하가 꼭 필요한 시점이었다. 법정이 아직 항복하지 않은 때였으니, 하는 수 없이 제갈량이 익주로 들어가야 했다.

"제갈량 평생의 업적이라고는 형주와 양양의 9군에만 치중되어 있었다"라는 말이 있다. 이는 많은 사람이 제갈량을 책망하는 말이기도 하지만, 그 반대로 그의 장점을 잘 반영해주기도 한다. 당시 북벌로 중원을 치려면 형주가 가장 승산 있는 경로였다. 이곳은 적의 심장부와 가장 가까운 곳으로 직접 적의 중추를 위협할 수 있었다. 다른 출병 노선은 거리가 너무 멀었으며, 군량이 부족할 위험이 있었다. 그런데 유비와 제갈량은 한 가지 문제를 등한시했다. 그것은 강동 지역의 오나라가 품고 있던 형주에 대한 야심을 꿰뚫어보지 못했다는 점이다. 유비와 관우가 이 점을 등한시했던 것이 아니라면 그들을 얕잡아본 것이라고 해야겠다. 유비는 익주를 점거한 후 강하 등 3군을 할양하면 손권이 야심을 거둘 거라고 생각하고, 그들은 한중을 취하기로 결정했다. 뒤이어 유봉과 맹달에게 상용을 취하도록 하고 관우에게 양양을 취하도록 했다. 결국 제갈량은 실수를 범한 꼴이 되었고, 결과적으로 위나라에게 아주 좋은 빌미를 제공했다.

여기서 오나라에게 이용당했다고 말하지 않은 것은 이익을 본 쪽이 위나라 정권이었기 때문이다. 형주를 얻은 것은 강동의 입장에서 봤을 때 실제로 부담을 가중시킨 것으로, 후에 그 부담은 현실로 나타났다. 강동은 형주를 얻으면서부터 국력을 키울 수 없었다. 오히려 과거의 동맹국이 수시로 보복 행위를 하지 않을까 노심초사했다. 촉나라와 오나라는 후에 관계를 회복했지만 둘 다 막대한 병력으로 방어막을 구축하려고 애썼다. 전략적인 관점에서 보면 오나라는 반드시 회하 유역, 이 전략적 요충지를 공격해야 했다. 강동을 지키려면 반드시 회하 유역이 필요했고, 이 유역을 소유해야만 전술을 펼치는 능력이 확대될 수 있었다. 다시 말해 일단 습격을 받았을 때 적의 힘이 회수 유역에서 소모될 것이고, 이때 청야를 굳건히 수비하면 적은 장강 일선까지 올 수는 있지만 선박이나 여러 물자가 부족해 결국 패전할 확률이 높았던 것이다.

후에 송, 제, 양(梁), 진(陳), 남송(南宋) 등의 정권들이 북방 정권에 대항하여 남북으로 할거 국면을 유지했던 것도 모두 회수를 점유하고 있었기 때문이다. 남명(南明)이 급속도로 빨리 멸망한 이유는 회수를 점거하지 못했기 때문이다(명나라의 부패도 중요한 원인이었다). 중국 역사를 보면 남방이 강대할 때는 회수의 이점이 크게 부각되지 않았다. 장강이 갖는 천혜의 험준함으로 물 위가 더 유리했기 때문이다. 하지만 일단 남북의 힘이 균형을 잃으면 회수의 완충 작용은 그 빛을 톡톡히 발휘했다. 후에 오나라가 망하는 과정을 살펴보면 이를 잘 증명해준다. 촉나라가 망한 후 오나라는 삼면에서 적의 공격을 받는 위험에 처했다. 이는 천혜의 험준함으로도 막을 수 없는 것이었다. 수도는 직접적으로 적의 공격을 받았는데, 오나라처럼 빠른 시간에 멸망한 사례도 역사상 찾아보기 힘들 정도다.

사실 삼국의 시작은 적벽대전 이후부터이고, 삼국의 종지부는 오나라가 멸망하고 여몽이 형주를 취하는 데서 시작되었다. 한 시대의 웅주였던 손권이었지만, 그는 현상 유지에만 급급했다. 게다가 그는 황제로서 갖춰야 할 군사적 지혜를 갖추지 못했다. 그는 아버지와 형이 천하를 다스리는 것이 자신의 임무라 여겼던 것과 달리 그저 강동을 잘 다스리고자 하는 마음뿐이었다. 물론 그는 아들로서, 아우로서는 잘못한 것이 없지만 지도자의 관점에서 볼 때 명백한 잘못을 저질렀다. 손권 수하의 도독도 전임자들에 비해 전략적 두뇌가 부족했다. 물론 그의 도독들 역시 잘못은 없다. 그들은 그저 장군으로서 수행해야 할 일을 했을 뿐이다. 하지만 오나라는 이 시점에서 형주를 취하는 잘못을 범했고, 이로써 동맹국에게 급속도로 쇠퇴의 길을 걷도록 했다.

물론 어떤 사람들은 촉나라가 형주를 잃은 이유를 관우의 교만 때문이라고 한다. 교만으로 형주를 잃었다는 말은 맞지만, 그 교만은 관우가 아니라 유비한테서 비롯된 것이었다고 생각한다. 당시 형주에는 겨우 7만 명의 군사가 주둔해 있었다. 후에 유비는 오나라를 치러 70만 대군을 이끌고 갔다고 했는데, 이는 물론 과장된 숫자이겠지만 그 절반 정도는 되지 않았을까 싶다. 만약 관우가 양양을 출병하기 전 10만 명의 군사를 줬다면 형세는 어떻게 되었을까? 사실 관우는 전투에 아주 능한 인물로, 7만에도 못 미치는 부대를 이끌고 형주를 수호했다. 또한 양양 공략을 시도하면서 '임파서블 미션'으로 온 중국을 흔들어놓았다. 그는 양양 공략을 거의 성공적으로 이끌어낸 당시 최고의 명장이었다. 그는 유비의 신임을 저버리지 않았고, 불가능한 것을 가능하게 만들 줄 아는 진정한 장수였다. 우리는 단순히 승패만을 가지고 영웅을 논하면서 그의 공훈을 부정해서는 안 된다. 당시 유비는 오히려 그의 형제를 아주 위험한 궁지로 몰아넣은 것이다.

앞서 말했듯이 유비는 오나라가 형주를 탈취하려는 계획이 있음을 예측하지 못했다. 어떤 사람들은 제갈량이 자신을 위해 관우를 배제하기 위한 행동이었다고 말하기도 한다. 이는 제갈량을 지나치게 폄하한 말이다. 이 사건은 그의 융중대책의 성패와 직결되었고, 그가 일생 동안 이룩해야 할 사업의 성패와도 직결되었다. 그런 그가 관우에게 큰 불만을 가졌다고 해도 자신의 평생 사업을 가지고 도박을 벌이지는 않았을 것이다. 제갈량은 도박을 좋아하지 않았다. 그는 도박을 할 만큼 자본금을 가지고 있지 않았으며, 유비 또한 자기 형제의 목숨과 혁명을 걸고 도박하도록 허락할 인물이 아니었다.

그렇다면 유일한 해석은 유비가 한중왕이 된 후로 자신의 상황을 잠시 망각했다는 것이다. 훗날 극단에 치우친 그의 비이성적 행동이 이를 잘 증명해준다. 줄곧 이성적이었던 지도자가 분노에 휩싸이자 자신이 이미 적을 삼킬 만한 실력을 갖췄다는 착각에 빠졌다. 게다가 자신의 친형제나 다름없는 관우의 죽음 앞에서 깊은 자책과 괴로움에 빠졌다. 거대한 포부를 품고 평생을 살아온 그의 앞에 남은 것은 바로 복수였다. 만약 유비가 당초에 실수를 범하지 않았다면 그토록 자책하지 않았을 것이다. 제갈량의 만류에도 아무 소용이 없었다. 물론 제갈량은 "법정이 만약 폐하 곁에 있었다면 동행하는 것을 반드시 막았을 것이고, 동행했다면 그리 위태롭지 않았을 것이다"라고 말했다. 하지만 이것은 어디까지나 가정에 지나지 않는다. 이는 조조에게 곽가가 있었다면 적벽대전에서 패하지 않았을 것이라고 뒤늦게 말한 것과 같다. 조조와 유비 모두 뛰어난 인물이었지만, 그들도 결국 실수를 범하는 인간이었다. 그런데 그들이 범한 실수는 평범한 사람들과는 달랐다. 그 실수의 대가가 너무 처참했던 것이다.

유비의 첫 번째 실수로 관우는 비극의 절정으로 치달았다. 동시에 인생에서 가장 찬란한 절정을 맞기도 했다. 관우가 형주 등지에 봉황대를 세운 것으로 미루어볼 때 자기 앞에 놓인 상황을 몰랐다고 할 수는 없다. 그는 최전선의 장군으로 여러 가지 상황을 충분히 예측하고 있었다. 또한 자신의 병력이 완성해야 할 임무를 감당하기에 지나치게 약하다는 사실도 알고 있었다. 하지만 어떤 부류의 사람들은 지나치게 교만하여 불가능함을 알면서도 결코 포기하지 않는다. 결국 관우는 명을 받들어 서쪽 정벌에 나섰다. 전투 상황을 보면 관우는 과연 명장이라고 부를 만하다. 그의 군대는 남군에서 출병했지만 아주 빨리 양번 지역에 도착했다. 촉나라는 이미 오래전부터 이 지역을 제어했으며, 유비가 익주로 들어간 후 관우는 줄곧 이 지역을 충실하게 수비하고 있었으니 그의 능력이 아주 뛰어났음을 짐작할 수 있다. 어떤 사람들은 유비가 관우에게 형주 수비를 맡긴 것 자체가 잘못으로, 관우 대신 마초나 조운을 선택했어야 한다고 말한다. 특히 마초는 관중에서 조조를 대패시켜 돌려보낸 전적도 있고, 말을 이용해 양번을 공략하는 등 관우보다 더 뛰어났다고 지적한다.

물론 마초가 그만한 능력을 가졌다는 것은 사실이다. 능력만 갖고 관우와 비교한다면 누구의 손을 들어주어야 할지 대답하기가 어렵다. 다만 마초는 왕후 가문 출신으로 당시 사족 중에서 유비보다 지위가 높았다. 그가 유비에게 항복한 것은 사실상 어쩔 수 없는 선택이었다. 그런 그에게 큰일을 맡기고 유비가 안심할 수 있었겠는가? 아무리 인의를 중시했다 해도 그런 어리석음을 범하지 않았을 것이다. 마초를 받아들인 것은 그가 다른 사람의 수하에 들어가는 것이 싫어서였다. 이는 조조가 서서를 억류시킨 것과 같은 이치였다. 마초는 유비에게 투항한 이후 더 이상 공로를 세우지 못했는데, 그 이유가 바로 여기에 있었다. 유비는 마초에 대한 경계를 한시도 풀지 않았고, 그 역시 적극적으로 나서려고 하지 않았다. 세 차례에 걸쳐 가문이 멸했던 마초는 빛을 감춰 밖에 비치지 않도록 하는 도광(韜光)을 배웠으니, 이는 안타깝기 그지없는 일이었다.

한편 조운의 명성은 나관중이 그에게 선물한 것이나 다름없다. 그는 계략보다는 전투 실력이 훨씬 뛰어났다. 유비가 성도에서 밭을 내리자 그는 거절하면서 촉나라의 민심을 안정시키는 것이 우선이라고 권고했다. 함부로 상을 내리지 않았고, 후에 유비에게 오나라를 치지 말 것을 권한 것으로 볼 때 조운은 식견이 넓고 조예도 깊은 인재였다. 그럼에도 당시 그를 형주에 남아 수비하게 한다는 것은 정황상 이해하기 힘들다.

이상의 내용으로 보건대 관우를 대체할 자가 없었음이 증명되었다. 하지만 어떤 사람들은 관우의 능력에 의심을 품기도 하는데, 그렇다면 그를 직접 살펴보도록 하자. 관우가 양양 지역으로 달려가자 조조 군대는 크게 술렁거렸다. 몇 차례 전투를 치르면서 조조의 군대는 연이어 패했다. 당시 양양의 지휘관은 조인이었는데 그 역시 맹장이었다. 하지만 유비 군대의 기세를 피하고 싶어 양번 수비를 포기하려고 했다. 이때 한 모사가 결사반대하며 겨우 조인을 설득했으나, 양번의 형세는 아주 위태로웠다. 그래서 조조는 신속하게 구원 부대를 조직했다. 우금이 그 우두머리를 맡았는데, 그는 조조의 다섯 호장 중 한 명이었다. 사실상 조조의 휘하에서 우금은 조조가 가장 의지할 만한 장군이었을 것이다. 그렇지 않았다면 그 같은 중요한 임무를 맡겼을 리가 없다.

그러나 우금은 더욱 강한 상대를 만나게 되었는데, 그가 바로 관우였다. 관우는 가을에 물이 불어나는 시기를 이용해 7군을 모두 물에 잠기게 만들었고, 번성을 공격하여 방덕을 죽이고 우금을 항복시켰다. 그로써 양양의 형세는 더욱 위태로워졌다. 아울러 중원도 술렁거리기 시작했다. 심지어 허창 부근의 육혼 지역에서 폭동이 일어났다. 또한 조조는 천도하여 관우의 칼날을 피할 생각까지 했다. 관우는 자신의 최대 약점이 바로 병력 부족이라는 사실을 알았다. 그래서 신속하게 육혼에서 반란을 일으킨 농민군과 연락을 취해 그들에게 봉호를 내리고 군사 물자 등을 원조해주었다. 관우의 이런 행동에서 간과해서 안 되는 것이 있다. 농민군이 작전상 전혀 보탬이 되지 않았다 하더라도 그들의 존재로 위나라의 형세는 더욱 혼란스러워졌으며, 각 방면에서 견제를 받을 수 있었다.

농민군 세력이 방대해지는 것을 방치했다가는 훗날 상상도 못할 엄청난 대가를 치를 것이 분명했다. 그러나 조조는 역시 조조였다. 그는 모사들의 건의를 받아들여 서황에게 제2 지원부대를 이끌고 양양으로 가도록 했다. 그리고 자신은 대병을 이끌고 뒤따라 출병해서, 동시에 그 뒤에서 습격하기 위해 손권과 연합했다. 서황이 도착한 뒤 관우와 교전하면서 대치 국면이 계속되자, 관우는 조조 대군이 뒤따라 도착하리라는 사실을 알아챘다. 그래서 힘을 아끼기 위해 퇴군을 결정했다. 여기까지의 전투 상황을 보면 관우는 그 전역에서 대략 5만 명의 부대(2만 명 정도를 남겨둠)로 조조의 30만 대군(양양 방면에 7~8만 명이고 우금에 대략 10만 명, 서황의 군대가 약 12만 명, 조조가 대군을 집결시킨 것은 집계하지 않음)과 교전하면서 양양을 포위했으며, 전략적 요충지 번성을 점령하여 적의 상장 한 명을 포로로 잡고 한 명은 죽였다. 적의 거의 모든 정예 부대(장요와 하후돈 이외의 장군들은 모두 참여함)를 상대로 빛나는 승리를 거두었던 것이다. 하지만 바로 그때 오나라가 형주를 습격한다는 소식이 전해졌다. 그때 관우는 부대를 이끌고 적의 위험을 피할 수 있는 상황이었다(당시 상용은 이미 유비에게 점령되어 촉나라 땅으로 돌아가는 길이 아직 끊어지지 않은 상태였다).

도망갈 수 있는 상황이었지만 관우는 형주 탈취를 선택했다. 도망갈 수 있는 상황에서도 그의 머릿속에 떠오른 것은 자신의 직책과 융중대책이었다. 유비가 자신에게 걸고 있는 기대였다. 유비가 평생토록 추구한 이상과 사업이었다.

그를 질책할 수도 있고, 미워할 수도 있다. 하지만 그는 진정 명장으로서 실패 앞에서도 용감하게 자신의 책임을 다했다. 실패를 앞두고도 끝까지 최선을 다하는 모습을 요즘 사람한테서는 찾아보기 힘들다. 지금은 작은 실패도 두려워 도망치는 겁쟁이가 넘쳐나는 세상이다. 누가 감히 관우의 선택이 잘못이었다고 말할 수 있는가! 적어도 그는 죽기 직전까지도 장수로서의 책임과 존엄을 되새겼다. 이처럼 그는 영웅으로 불려도 손색이 없는 인물이었다.

결국 관우는 세상을 떠났다. 그의 죽음은 유비의 두 번째 실수, 다시 말해 오나라와의 전쟁을 불러왔다. 이는 분명 잘못된 행동이었다. 그의 실패는 불 보듯 뻔한 일이었다.

결국 유비는 패배했고, 그 패배는 그의 숙명이었다. 마치 적벽대전에서 조조의 숙명처럼 말이다. 영웅도 사람이다. 숙명을 벗어날 수 없는 자도 있기 마련이다. 삼국 역시 자신의 숙명을 벗어나지 못했다. 삼국시대에는 영웅이 너무 많았는데, 그것이 삼국의 숙명이라면 숙명이었다. 본래 난세에는 영웅 한 명으로 족한데, 삼국시대에는 많은 영웅이 한꺼번에 출현하여 각자 인생의 연극판을 벌였다. 그들의 무대는 바로 삼국이었고,

결국 중국은 100년이 넘는 분열기를 맞았다.

영웅은 결국 영웅이며, 인걸은 결국 인걸이다. 이릉 전투의 패배는 촉나라의 쇠퇴를 불러왔다. 촉나라의 정예 부대는 거의 소멸되었고, 남방의 소수민족들은 반란을 일으켰으며, 강력한 적은 압박을 가해오기 시작했다. 촉나라 경제는 심각하게 쇠퇴했고, 사족들은 속으로 다른 꿍꿍이를 갖고 있었다. 촉나라는 실제로 심각한 위기에 직면해 있었다. 게다가 유비는 이미 촉나라를 지탱할 수 없는 처지에 이르렀다. 그는 또 한 명의 인걸인 제갈량에게 모든 것을 맡기고 이 세상과 이별했다.

제갈량은 나라 안팎의 여러 가지 어려움 속에서 믿기 어려울 정도의 뛰어난 재능을 펼쳐 군대를 중건하고 외교관계를 회복시켰다. 또한 호강 세력을 누르고 민심을 달랬으며 남중을 평정하고 인재를 등용하여 위나라를 위협하면서 내부적으로 촉나라의 안정을 되찾았다. 제갈량이 인재를 억압했다는 말은 잘못된 것이다. 장완, 비의, 강유 등은 모두 제갈량에게 중용된 인물이다. 다만 촉나라 당시의 지리적 위치 때문에 대규모 개발이 이루어지지 않아 중원과 강동 지역보다 인재가 많지 않았고, 지역 특성상 그곳은 장수 기질을 가진 인재가 부족했던 것이다.

제 7 장

금은 어디에 있든지 빛나는 법이다

제갈량은 삼국시대에 해박한 지식과 분명한 사리를 가진 사람들 가운데서도 으뜸이었다. 유비는 그를 나라의 대들보라 여기고 모든 군정대권을 맡겼다. 제갈량이 세상을 떠난 후에는 촉나라를 누구의 손에 맡겨야 안정된 정권을 이어갈 수 있을까? 제갈량 또한 이 문제를 놓고 고심했다. 결론적으로 촉나라에는 나라를 이끌어나갈 인재가 부족했다.

제갈량이 지목한 열 명의 후계자

장완(蔣琬)

제갈량이 유언에서 후계자로 지목한 장완은 제갈량이 출병할 때마다 후방에서 충분한 식량과 병사를 지원했다. 이런 그를 보고 제갈량은 "뜻이 높고 충성스러우니 나와 함께 제왕의 대업을 이룰 사람이다"라고 평가했다.

제갈량은 자신의 병세가 악화되자 "신에게 불행이 닥치면 뒷일은 장완에게 맡기십시오"라는 말로 은밀히 표를 올렸다. 이를 통해 장완을 제1후계자로 지목했음을 알 수 있다. 후에 제갈량이 죽자 장완은 촉나라의 군정대권을 장악했다. 제갈량이 세상을 떠난 직후 촉나라가 상당히 불안정한 모습을 보였음에도 그는 평소처럼 냉정하고 차분하게 행동했다. 그러자 군신들은 점차 그를 신임하게 되었다.

장완은 성품이 온화하지만 일을 처리할 때는 냉철했다. 또한 협상력을 겸비하여 불안정한 시기에 적합한 지도자로서의 면모를 보여주었다. 그의 신중함과 온화함, 겸손함은 제갈량보다 뛰어났을지언정 결코 부족하지 않았다.

장완은 한중에 주둔하면서 여러 차례 강유를 파견하여 북벌에 나섰으나 아무런 성과를 얻지 못했다. 이런 경험을 바탕으로 그는 제갈량의 북벌 과정을 다시 살펴보면서 실패한 이유를 분석해 그 원인을 찾아냈다. 그 원인은 길이 험하여 군량을 운송하는 데 어려움이 있었다는 것이다. 이에 장완은 수로를 이용해 동쪽으로 내려가 한수와 면수에서 수중전을 치르며 위흥과 상용을 습격하는 편이 효과적일 거라고 판단했다. 하지만 지병이 재발하여 직접 군사를 이끌 수 없게 된 그는 강유를 양주지사로 파견하여 서북 지역의 전투를 책임지게 했고, 그 자신은 동쪽 배성 부근으로 가서 동쪽으로 공격이 가능한지를 신중히 살폈다. 하지만 불행히도 병세가 악화되어 그만 부성 부악산에서 숨을 거두고 말았다.

비의(費褘)

제갈량의 두 번째 후계자는 비의다. 그가 장완의 뒤를 잇게 된 시기는 제갈량이 죽은 지 11년째 되던 해였다. 오랜 세월이 지났는데도 황제 유선과 촉나라의 중신들은 여전히 제갈량이 생전에 명한 대로 비의가 장완의 뒤를 잇도록 했던 것이다. 이를 통해 촉나라의 군신들이 제갈량을 얼마나 존경했는지 알 수 있다.

오나라와의 전투에서 비의는 등지를 능가하는 공적을 세웠다. 이에 손권조차 제갈량의 총애를 받아 오나라 사신으로 수차례 파견된 비의를 대단한 인물로 여길 정도였다. 손권은 사신으로 파견된 그에게 "그대는 천하의 미덕을 갖춘 사람이니 촉나라에 없어서는 안 될 중신에 오를 것입니다. 그래서 오나라에서 자주 볼 수 없을까 걱정입니다"라고 하며 자신이 지니던 보검을 주었다.

비의는 제갈량을 따라 북벌에 나서 그를 도왔다. 또한 서로 적대시하던 위연과 양의를 훈계하며 중재하기도 했다. 제갈량이 죽은 후 그는 후군사가 되었고, 오래지 않아 장완의 뒤를 이어 상서령에 올랐다. 그리고 훗날 병이 위중해진 장완에 의해 대장군에 봉해졌으며, 실권을 행사할 수 있는 녹상서사가 되어 후계자 준비를 했다.

기억력이 뛰어나 일을 능률적으로 처리했던 비의는 일이 아무리 많아도 여유를 즐겼다. 또한 귀한 손님을 맞아 접대하는 중에도 공사를 그르치는 일이 없었다. 한번은 비의가 공무로 출장을 갔을 때 동윤이 대신하여 상서령의 일을 보게 되었다. 평소 비의가 느긋하게 일하는 것을 보고 그만 여유를 부리다가 열흘 만에 산더미처럼 쌓인 일감을 보고 놀란 입을 다물지 못했다. 그는 비의의 능력에 새삼 감탄하며 "감히 따라갈 수가 없구나. 사흘 동안 쉬지 않고 일했건만 반나절의 여유도 생기지 않는구나"라고 말했다. 비의는 한중 전선에 주둔해 있으면서도 성도의 군정대사를 효율적으로 처리할 정도로 그 능력이 출중했다.

또한 성품이 공손하고 소박했다. 집에는 여유 재산을 두지 않았고, 그 아들에게도 검소한 생활을 하도록 했다. 외출할 때도 보좌하는 병사를 두지 않아 겉으로 보기에 관직이 낮은 벼슬아치와 다르지 않았다.

대장군이었던 그는 조정의 연회에서 만취한 상태에서 위나라로부터 항복해온 곽순의 칼에 찔려 그만 세상을 뜨고 말았다. 그 출중한 재능을 채 발휘하기도 전에 일어난 일이었다.

동윤(董允)

제갈량은 〈출사표〉에서 이렇게 말했다. "시중인 곽유지 · 비의, 시랑인 동윤 등은 선제께서 뽑은 사람들입니다. 그들의 임무는 나랏일을 상의하고 정사를 규범지어 이롭게 하고, 앞으로 나아가 폐하께 충언을 다하는 것입니다. 궁궐 안의 일은 크든 작든 가리지 말고 모두 그들에게 의견을 물으십시오. 신의 생각으로는 틀림없이 부족한 부분을 채우고 널리 이로울 것입니다. 만약 덕을 일으키는 말이 없다면 그들을 처형하여 맡은 일에 게으름을 밝히십시오."

제갈량이 현신으로 지목한 동윤은 촉나라 후기의 핵심 인물이었다. 북벌에 나설 때 후주 유선이 아직 어려 판단력이 부족하다고 여긴 제갈량은 국정 처리를 늘 공명정대한 동윤에게 맡기도록 했다. 그는 후주를 도와 나라를 어지럽히는 간사한 세력을 제거했다. 시중의 지위에까지 올랐던 그는 황궁을 보호하는 호분중랑장을 겸하며 황궁을 수비하는 근위병을 모두 관리했다.

동윤은 매사에 분명하여 의견을 건의하거나 문서를 처리하는 일을 거의 도맡아 처리했다. 후주 유선조차 그를 어려워할 정도였다. 그가 한중에 주둔하면서 성도의 군정대사는 비의가 맡아서 처리했는데, 그때 동윤은 비의의 가장 훌륭한 조력자였다. 유선은 기민하고 아첨을 잘했던 환관 황호를 아꼈는데, 그런 황호를 꾸짖고 그릇된 행동을 하지 못하게 한 사람이 바로 동윤이었다. 그가 세상을 떠날 때까지 황호는 낮은 지위를 벗어나지 못해 평생 영향력을 발휘하지 못했다.

양의(楊儀)

제갈량이 병으로 죽음을 앞두었을 때, 오장원에 주둔한 촉나라 대군은 일대의 위기를 맞았다. 전쟁을 벌일 때 우두머리 장수가 죽으면 전군의 사기는 크게 떨어진다. 죽기 전 제갈량이 가장 염려했던 것은 촉나라 대군이 안전하게 후퇴하는 것이었다. 위연의 기세는 삼군을 뒤덮었고 강유는 지략과 용맹함을 고루 갖춘 인물이었다. 왕평은 경험이 풍부하고 비의는 협동 능력이 뛰어났다. 하지만 제갈량은 그들로서는 군사를 안전하게 철수시키지 못할 것이라고 여겼다. 그 시점에서는 신중하고 세밀한 사고력과 행정력이 필요했다. 결국 제갈량은 고심 끝에 인간관계에서는 좀 서투르지만 행정력이 뛰어난 수석 참모 양의를 선택했다.

북벌 전선에서 제갈량이 가장 필요로 했던 사람이 바로 양의와 위연이었다. 각각 문과 무의 귀재였던 두 사람은 촉나라 북벌 군대의 보배였다. 하지만 두 사람은 사이가 좋지 않아 늘 심하게 다투었다. 제갈량이 오장원에서 병세가 위중할 때 양의에게 철군 작업을 지휘하고 감독하도록 시켰다. 과연 양의는 뛰어난 능력을 발휘하여 촉나라의 대군을 신속하게 위험에서 벗어나도록 했다. 하지만 위연이 명령에 불복하여 처형당하는 비극이 발생했다.

제갈량은 양의의 성격이 험악하여 사람들과 좋은 관계를 유지하지 못한다는 단점을 잘 알고 있었다. 그는 양의가 좋은 막료는 될 수 있지만 뛰어난 리더의 자격은 없다고 보았다. 그래서 후계자로 성격이 원만하고 활달한 장완을 꼽았던 것이다. 이에 양의는 화를 내면서 공개적으로 장완을 멸시하고 자신에게 실권을 주지 않은 제갈량한테 강하게 불만을 표시했다. 양의의 이런 격렬한 항의는 촉나라의 신정권을 불안하게 만들었다.

한편 장완은 양의와 사이가 좋았던 비의를 보내 그를 위로했다. 그는 비의를 보자 원망의 말을 쏟아냈다. "승상(제갈량)이 세상을 떠났을 때, 내가 군대를 들어 위나라로 갔다면 내 처지가 이처럼 땅에 떨어졌겠습니까!

지금 생각하니 참으로 후회막급이오." 비의는 즉각 이 말을 조정에 고했다. 장완은 양의의 공로를 생각해 그 죽음을 면하게 하고, 서민으로 폐하여 한가군으로 내쫓았다.

양의는 유배지에 이르러 모욕감을 참지 못해 죽기로 결심하고 다시 글을 올려 불공평함을 토로하며 비방을 멈추지 않았다. 그 말이 지나치게 격하여 장완은 할 수 없이 군령에게 양의를 잡아들이도록 했다. 결국 그는 옥중에서 자살로 생을 마감했다.

강유(姜維)

장완과 비의가 차례로 대장군과 대사마를 지냈지만, 두 사람 모두 문관 출신으로 제갈량처럼 일선에서 작전을 수행한 경험이 없었다. 그래서 엄격하게 말하면 장완과 비의는 촉나라 대군의 명의상 통솔자에 지나지 않았다. 제갈량 이후 실제로 군대를 통솔하며 위나라 대군과 전투를 벌인 인물은 제갈량의 병법상 후계자인 강유다.

제갈량과 깊은 대화를 나눈 뒤 강유는 크게 감동을 받아 한 왕실 회복이라는 대업을 위해 충성을 다하기로 결심했다. 북벌 기간에 강유의 지위는 양의 바로 다음이었다. 문무를 겸비한 그는 중요한 임무를 담당했다. 제갈량이 병으로 세상을 떠난 후 철군 과정에서 사마의의 추격을 끊는 중대한 임무를 맡은 강유는 성도로 돌아온 후 군대를 감독하는 우감군과 보한장군이 되었으며, 그 후 승진하여 평양후에 봉해졌다.

대장군 장완을 따라 한중에 주둔했을 때 강유는 곁에서 그를 수행하며 실제로 군사작전을 지휘했다. 얼마 후 장완이 대사마로 승진하자 강유는 사마가 되어 군정 결책에 참여하면서 여러 차례 기산 서쪽 전선에 참여하여 북벌을 진행했다. 강유는 진서대장군으로 승진하고 양주자사를 겸하며 촉나라 북벌 군대의 주장이 되었다. 이 기간에 두 사람은 의기투합했는데, 그때가 강유에게는 전성기였다.

장완이 죽은 뒤 강유는 위장군으로 승진하고 대장군 비의와 함께 녹상서사가 되었다. 그는 파산 평원의 이족들이 반란을 일으키자 병력을 이끌고 토벌하여 평정했다. 또한 위나라의 대장군 곽회 군대와 조수 서쪽에서 전투를 벌이기도 했다. 한편 비의는 해를 거듭한 전쟁으로 촉나라의 국력이 크게 쇠하자 대규모 용병에 반대했다. 여러 차례 양주대군을 이끌고 출병하려고 했지만, 비의가 번번이 이를 제지시키며 고작 1만 명의 병력을 주자 강유는 제대로 실력을 발휘할 수 없게 되었다. 하지만 비의가 세상을 떠나자 자신들의 이념이나 주장을 관철하기 위해 상대편과 타협하지 않고 사태에 강경히 대처하는 매파가 즉각 실권을 잡았다. 그 후 3년간 강유는 세 차례에 걸쳐 위나라 군대와 싸워 작은 승리를 거두었지만, 식량 운송상의 어려움으로 어쩔 수 없이 퇴각했다.

그 후 강유는 대장군으로 승진했다. 진서대장군 호제와 상규에서 만나 함께 북벌에 나서기로 약속했다. 하지만 호제는 오지 않았고 강유는 위나라의 대장군 등애에게 격파되어 군사들은 뿔뿔이 흩어졌고 죽은 자도 많았다. 이 전투는 강유가 북방 공격에 나서 처음으로 좌절을 맛본 전투였다. 2년 뒤 강유는 위나라의 정동대장군 제갈탄이 모반한 틈을 타서 진천으로 향하려고 북정에 나섰다. 위나라의 대장군 사마망과 등애가 연합하여 대항하자 몇 차례 결전을 벌였으나 성과가 없었다. 후에 제갈탄이 패배했다는 소식을 듣고 곧 성도로 돌아왔다.

경요 원년에는 환관 황호 등이 조정에서 권력을 잡아 조정의 기풍이 문란해졌다. 게다가 강유는 여러 해에 걸쳐 출전했으나 공적을 쌓지 못했다. 황호는 우대장군 염우와 결탁하여 강유를 폐하고 염우를 세우고자 후주 유선을 선동했다. 이에 그는 오랫동안 한중에 머물면서 위나라 남정 군대의 주역 등애와 종회 군대에 대항했다. 머지않아 등애는 종회에게 피해를 입었고, 강유는 종회가 익주목이 되어 반란을 일으키도록 부추겼다. 강유는 종회에게 등애를 제거하고 촉 땅을 손에 넣은 후 종회를 죽이고 촉을 재건하려는 계획을 품고 있었다. 하지만 위나라 남정 군대의 장령이 지지하지 않아 양쪽은 성도에서 전쟁을 벌였고 종회와 강유는 둘 다 위험에 빠졌다. 전하는 바에 따르면 강유는 위나라 장수들에게 죽음을 당하고 시체마저도 난도질당했는데, 위나라 장수가 그의 간을 꺼내 재어 보니 무려 90센티미터나 되었다고 한다.

왕평(王平)

가정 전투에서 패한 것은 제갈량의 가장 큰 실수였다. 총대장이었던 마속은 참패의 대가로 처형을 당하고, 제갈량을 비롯한 조운과 위연 등 모든 장령은 강등되었다. 그러나 오직 한 사람만이 특별한 전공을 세우고 중용을 받았는데, 그가 바로 일자무식 왕평이었다. 가정 전투에서 마속의 부하는 모두 사방으로 흩어지고 오직 그가 인솔하는 1000명만 북을 울리며 임무를 다했다. 그로써 위나라의 장수 장합은 복병을 의심하여 감히 공격하지 못했고, 촉나라의 대군은 안전하게 한중으로 돌아왔다. 왕평은 특별한 공을 세워 참군을 더했다. 또한 토구장군으로 승진하여 정후로 봉해졌다. 제갈량은 4차 북벌에 나서면서 그를 부지휘관으로 명하여 기산을 포위하도록 했다. 위나라의 사마의가 장합에게 대군을 이끌고 왕평을 치도록 했을 때 그는 남방 소수민족으로 구성된 무적의 군대를 이끌어 수비를 굳게 하고 움직이지 않았다. 이에 장합은 공격하지 못하고 그냥 돌아갔다.

제갈량은 사마의와 첫 번째 대전에서 상당한 우세를 점했고, 왕평은 소수의 병력으로 위나라 맹장 장합의 군대를 견제하여 공을 세웠다. 제갈량이 오장원에서 죽고 군대를 철수하던 중에 위연이 반란을 일으켰을 때, 명을 받들어 위연의 군대를 무찌른 인물이 바로 왕평이었다. 그 공로로 후전군과 안한장군으로 승진했으며, 얼마 후 한중 태수를 겸했다.

건흥 15년 안한후에 봉해지고 원래 한중에 주둔했던 부(副) 거기장군 오일을 대신해 촉나라 군대의 총지휘자 장완이 한중에 주둔했을 때 왕평을 북벌 선봉 군대의 책임자로 삼았다. 연희 6년 장완이 군대를 이끌고 항성으로 후퇴할 때 왕평을 전감군과 진북대장군으로 임명했고, 그는 촉나라의 한중 지역에 주둔하는 군대의 총사령이 되었다.

연희 7년 위나라의 대장 조상이 보병과 기병 10여 만 명을 이끌고 한중을 공격해왔을 때 촉나라 군대의 각 장령은 놀라 당황했으나 오직 왕평만이 태연하게 지휘에 임했다. 비의도 성도에서 대군의 지원을 받자 위나라 군대는 물러났다. 당시 왕평은 북방에 있었고 등지는 동쪽에 있었으며 마충은 남쪽에 있어 촉나라 정권의 철통수비대가 되었다. 왕평은 사졸 출신으로 글을 쓸 수 없고 아는 자라고는 열 글자밖에 되지 않았으나 구술로 작성한 문서를 보면 식견이 있고 조리가 있었다고 한다. 그는 일찍이 막료에게 《사기》《한서》를 읽도록 하여 통독했으며 다른 사람과 토론을 벌일 때 핵심 맥락을 잃지 않았다. 말이나 행동이 신중했으며 아침부터 저녁까지 온종일 단정한 모습을 보였다. 다만 옹졸한 면이 있고 의심이 많아 대범함이 부족했는데, 이는 아마도 학식의 부족함에서 비롯된 것이 아닐까 싶다. 왕평은 연희 10년 병으로 세상을 떠났다.

마충(馬忠)

마충은 제갈량 남중 원정의 전공을 이어받아 남방에 주둔하면서 촉나라 남쪽 지역의 국방을 철통같이 수비했다. 제갈량이 남중을 정벌했을 당시 그는 총사령관으로 그 지역을 안정시키는 데 큰 공헌을 했으며, 그 덕분에 중대한 반란사건은 더 이상 일어나지 않았다. 연희 5년 명을 받고 조정으로 돌아와 여러 장군과 함께 군국대사를 논의했던 그는 진남대장군에 봉해졌다. 연희 7년 대장군 비의가 북정에 오르자 마충은 성도에 남아 상서의 일을 맡았다. 비의가 돌아온 후 마충은 곧장 남중으로 돌아갔고, 그 후 군영에서 병으로 세상을 떠났다.

그는 관대하고 도량이 크며 농담을 잘하고 호탕하며 화가 나도 얼굴에 잘 드러내지 않았다. 하지만 일을 처리할 때는 결단력이 있었다. 위엄과 은혜를 두루 갖추어 남중의 소수민족들은 그를 두려워하면서도 좋아했다. 그가 세상을 떠났을 때 소수민족들은 장례를 치르는 곳에 와서 눈물을 흘리며 애도했고, 큰 묘당을 지어 제사를 지냈다.

등지(鄧芝)

제갈량이 집정한 이후로 촉·오 정권 간에는 별다른 전쟁 없이 장기간 평화가 지속되었다. 이는 촉나라의 동쪽 전선 수비 군대의 총사령관 등지 덕분이었다. 유비가 죽은 뒤에 명을 받들어 손권과 우호관계를 맺기 위해 파견된 첫 번째 외교사절이 바로 등지였다. 제갈량은 "두 나라를 화합시킬 수 있는 자는 오직 등지뿐이다"라고 말했다.

제갈량이 수차례에 걸쳐 북벌을 진행하는 동안 그는 중요한 군대를 이끄는 지도자였으며 중감군과 양무장군을 맡았다. 제갈량이 세상을 떠난 후 그는 전군사 전장군으로 승진했고 극주자사가 되었다. 아울러 이풍(李豊)에 이어 독강주가 되었다. 손권과는 자주 왕래하며 가깝게 지냈다. 연희 6년 거기장군으로 승진한 그는 14년에 병으로 동쪽 지역 전투에서 세상을 떠났다.

장군 지위에 있던 20여 년간 등지는 상벌을 명확하게 판단하고 군사들을 잘 보살폈다. 또한 검소하여 관에서 공급하는 것만으로 생활했으며, 사유재산을 두지 않아 그의 처자식은 굶주림과 추위를 면하지 못했다. 그는 천성이 워낙 강직하여 선비들과 화합하지 못해 외롭게 관직 생활을 했으나 그 자신은 전혀 개의치 않았다. 그저 자신에게 주어진 직책에 충실할 뿐이었다. 이런 그를 촉나라의 관리 중 오직 강유만이 높이 평가했으며 서로 존중했다.

장의(張嶷)

왕평, 마충, 등지 등 2대 전장들이 세상을 떠나자 강유와 함께 촉나라를 관리했던 인물이 장의와 장익다. 장의는 남방 소수민족들의 농사, 목축, 염철 경영에 참여하며 그들의 생활을 개선시켰으며, 남중 지역을 개발하고 발전시키는 데 크게 공헌했다. 후주 유선은 그를 무용장군에 봉했다. 주도면밀하고 식견이 넓었던 그는 일찍이 대장군 비의에게 신변에 조심을 기하라고 건의했지만, 이를 새겨듣지 않다가 얼마 후 칼에 찔려 죽고 말았다. 오나라의 태부인 제갈량의 형 제갈근의 장자 제갈각이 위나라를 치려고 계획하자, 장의는 그에게 신중을 기하고 교만하지 말 것을 충고했다. 제갈각 또한 그 말을 새겨듣지 않다가 결국에는 이민족에게 화를 당했다.

남중에 부임한 지 15년이 되었을 때 성도로 가게 되자 그를 아끼고 존경하던 백성들은 수레를 붙들고 눈물을 흘렸는데, 장의를 수행하여 조공한 두목이 100여 명이나 되었다. 그는 조정에 이르러 탕구장군에 임명되었다. 강유를 따라 북벌에 나선 그는 소수 병력으로 위나라의 장군 서질과 싸우다가 중상을 입고 전쟁터에서 죽고 말았다. 남방 월수군의 백성들 중에서 장의가 죽었다는 소식을 듣고 슬피 울지 않은 사람이 없었는데, 그를 위해 묘당을 세우고 사계절과 수해와 한재가 있을 때마다 제사를 지냈다.

장익(張翼)

장익은 그 성품이 지나치게 엄격하여 소수민족의 환심을 사기에 힘들었다. 이민족의 우두머리 유주가 반역하여 난을 일으키자, 그는 군사들을 이끌고 토벌하러 갔지만 지방 장로들의 지지를 받지 못했다. 반란이 더 거세지자 마충을 보내 그를 대체하게 했다. 마충이 아직 도착하기 전 상황은 점점 악화되었는데, 장익에게 성도로 돌아오라는 전갈이 도착했다. 하지만 그는 정색하며 이렇게 말했다. "그럴 수 없습니다. 저는 이민족이 소란을 피워 토벌하러 왔다가 아직 임무를 다하지 못했고, 나를 대신할 사람이 아직 오지 않았습니다. 전쟁터에서 식량을 수송하고 곡물을 쌓아 두는 등 물자를 담당하고 있는데, 어찌 개인적인 이유로 국가의 큰일을 그르치겠습니까!" 장익은 사전 준비를 충분히 했고, 덕분에 마충은 유주를 소멸할 수 있었다.

제갈량이 죽은 후 장익은 전장군에 임명되었고, 관내후 작위를 받았다. 연희 원년에는 상서가 되었고 계속 승진하여 도정후로 봉해졌으며 정서대장군이 되었다.

장익과 강유는 전쟁에 대한 작전이 아주 달랐다. 강유는 다시 출병할 것을 제의했으나, 장익은 신중하게 전술을 펴야 한다고 주장했다. 팽팽하게 대립하던 중 강유는 장익을 이끌고 출정하고자 했고, 장익은 마지못해 따라나섰다. 촉나라가 멸망했을 때 장익과 강유는 함께 검각에 있었다. 그리고 얼마 후 종회의 음모를 모반하다가 난을 일으킨 군사에게 죽음을 당했다.

인재를 선별하는 지혜

인재를 선발할 때는 당연히 그 사람의 이력을 꼼꼼하게 따져봐야 한다. 이력은 당사자의 공적과 공로를 말해주는 좋은 지표이며, 아울러 그 사람의 됨됨이를 보여준다. 리더는 우수한 인재를 선발하여 적재적소에 배치했을 때 그의 능력을 가장 잘 활용할 수 있다. 하지만 이력을 중시한다는 것은 그것만 가지고 인재를 평가한다는 뜻이 아니다. 능력을 갖춘 리더는 실제 상황에서 어떤 형식에도 얽매이지 않고 우수한 인재를 선발할 줄 안다. 그리고 가장 적합한 위치에 배정하여 그 능력을 충분히 발휘하도록 한다. 이력만을 중시하는 태도는 조직의 분위기를 침체시키는 반면, 파격적인 인재 등용은 조직에 생기와 활력을 불어넣는다.

삼국을 세운 이들은 하나같이 파격적인 인재 등용의 선구자였다. 그들은 형식에 얽매이지 않았다. 조조는 초기에 장수라고는 제하후, 조인, 조홍, 이전, 악진 등밖에 없었다. 모신으로는 순욱, 순유, 정욱, 곽가 등이 있었다. 이후 남정과 북벌 전투에서 군웅들을 소멸시키는 과정에서 그의 주군은 점차적으로 늘어나 수하의 인재가 많아져 그야말로 대성황을 이루었지만 대부분 적의 손에 목숨을 잃었다. 조조 수하의 부하들 중 가장 우수한 장령으로 4명을 꼽는데, 우금을 제외하고 서황은 원래 양봉의 부하였고 장합은 원래 원소의 부하였다. 그들은 위급한 상황에서 조조에게 투항했다. 또한 장료는 여포와의 전쟁에서 포로로 끌려와 조조에게 귀순한 후 중병을 보유하고 동남쪽을 수비하며 오나라를 방어하는 국가의 병풍 역할을 맡았다. 그는 800명 군사를 이끌고 손권의 10만 군사를 소요진에서 대패시켜 명성을 드날렸다. 허저는 조조의 호위대장으로 호위군의 수령이 되었는데, 그 또한 포로 출신이었다.

문관 중에서 모사 가후는 원래 조조의 군대를 대패시킬 계략을 바쳤다가 그에게 목숨을 잃을 뻔한 적이 있었다. 치국 명신으로는 최염, 신비, 원환, 왕수, 문사 진림, 왕찬 등이 있었다. 그들 모두는 원소나 유표 등 적군에서 데려온 자들이었다. 종요, 화흠, 왕랑 등도 물색해서 불러온 인재로, 후에 모두 공보대신이 되었다. 조조를 보필하던 인재는 유비와 손권에 비하면 월등히 많았다. 이는 조조가 형식에 얽매이지 않고 파격적으로 인재를 등용한 것과 무관하지 않다.

경력을 따지지 않고 젊은 인재에게 파격적으로 중임을 맡길 수 있었던 것은 손권의 뛰어난 장점이었다. 강동 4걸 중 한 사람인 주유는 나이로 보나 경력으로 보나 정보 혹은 황개처럼 3대에 걸쳐 황제를 모셨던 원로에 미치지 못했다. 그가 도독에 임명되었을 때 정보는 이를 아주 못마땅하게 여겼다. 적벽대전을 지휘한 주유는 조조에게 대승을 거두어 기세등등했기 때문이다. 노숙과 여몽은 손권이 불러들인 인재였는데, 처음 발탁되었을 때 각각 20세와 30세였다. 장소는 노숙을 두고 "나이가 어리고 서툴다"라고 말할 정도였다. 육손은 21세에 손권의 막하에서 일했는데 위기에 직면하여 명을 받들게 되었을 때 세상 경험이 별로 없는 샌님에 불과했다.

유비의 부하들은 경력 면에서 셋으로 나눌 수 있다. 탁군에서 일어나 서주와 예주를 지킬 때는 관우, 장비, 미방, 미축, 손건이 있었다. 그리고 형주 시절에는 제갈량, 방통, 마량, 마속, 황충, 위연 등이 있었다. 파촉 지역을 차지했을 때는 법정, 맹달, 허정, 유파, 황권 등이 있었다. 제갈량이 막 초려를 나왔을 때 겨우 28세로 경력은 전무했지만 유비는 그를 세워 전군을 지휘하도록 했다. 관우와 장비도 처음에는 이를 아주 못마땅하게 여겼다. 파촉 인사들은 맨 나중에 유비에게 귀의한 자들로 촉나라 정권에서 그들 수는 거의 절반을 차지했다. 허정은 권력이 막강한 신하였으나 그에 비해 명망이 낮았다. 한중왕에 있을 때 유비는 그를 태부로 임명했으며, 황제가 된 이후에는 그를 사도에 봉했다. 직위로 봤을 때는 제갈량보다 위였다.

평생 신중한 성격의 소유자던 제갈량은 인재 등용에서도 온건한 태도와 덕을 중시했다. 그렇다고 경력만을 중시한 것은 아니었다. 촉나라는 후기로 가면서 정권 안정기에 접어들었다. 특히 제갈량 사후에도 대외적으로 공격 자세를 취한 덕분에 20여 년 동안 안정기를 누렸다. 이는 제갈량이 기존의 규칙에 얽매이지 않고 인재를 선발하여 자신의 국정을 이어나가도록 한 것과 직접적인 관계가 있다. 제갈량이 노년기에 접어들었을 때 촉나라 조정에는 유비가 막 나라를 세웠을 때 뜻을 같이했던 늙은 신하들이 여전히 남아 있었다. 그 자신도 장완과 비의를 등용하여 막중한 임무를 수행하도록 했다.

장완은 형주에서 일을 시작할 때만 해도 하급 관리에 지나지 않았다. 나중에 촉나라로 들어간 후 그는 현급 장관을 맡게 되었다. 유비가 우연히 순시를 돌다가 그가 일처리를 제대로 하지 않은 것을 보고 처벌하려고 하자 제갈량이 "그는 작은 고을이나 다스릴 사람이 아니라 나라의 큰 그릇입니다"라고 말해주어 관직만 박탈하는 데 그쳤다. 제갈량은 막부를 열어 장완을 초빙하여 동조연으로 삼았다. 그는 참군, 상부장사, 무군장군으로 승진했다. 제갈량이 북벌에 나설 때 그는 막부에 남아 식량과 병사를 지원하는 등 후방 수위와 군사 보충에 힘썼다. 제갈량은 죽기 전에 그를 자신의 후계자로 추천하여 국정을 책임지도록 했다. 제갈량이 죽자 촉나라는 온통 불안한 분위기에 휩싸였고, 정치적으로 아직 새로운 핵심 세력이 형성되지 않아 민심은 불안했다. 이때 후계자로 뽑혀 백관들 위에 있던 장완은 평소대로 침착하고 차분하게 제갈량이 구축해놓은 기존 방침에 따라 국가를 다스려 안정적으로 촉나라의 발전을 이끌었다.

비의는 강하 출신으로, 촉나라로 유학을 떠났다가 유비가 촉나라 땅을 평정하자 그대로 남아 그의 막료에 들어가 동윤과 함께 태자사인이 되었다가 승진하여 서자에 올랐다. 유선이 제위에 오른 뒤에는 황문시랑이 되었으며, 사자의 자격으로 황제의 뜻을 받들어 자주 오나라에 갔다. 비의는 제갈량이 직접 뽑아 키운 세 번째 후계자였다. 장완이 죽은 후 그는 국정을 도맡아 제갈량의 뒤를 계승하여 변경 지역을 평화롭게 다스렸다.

강유는 제갈량의 유언에 따라 군대를 통솔하여 북벌을 계속한 총사령관으로, 촉나라 후기에 군사의 버팀목이 되어주었다. 소설에서는 그가 아홉 번 중원을 쳤다고 나온다. 결국 그의 북벌 시도는 성공하지 못했으나 일개 소국으로 대국을 공격한 자세는 참으로 가치 있는 일이라고 하겠다. 강유는 1차 북벌 때 투항해온 인재로, 제갈량은 그에게 국가의 안위를 책임지는 중임을 맡겼고, 그 기대를 저버리지 않았다.

지나친 신중함이 부른 화

본래 위나라의 장령이었던 강유의 자는 백약(伯約)으로, 제갈량에게 발탁되었다. 엄밀히 말하면 그는 반란을 꾀한 위나라의 반도였다.

타산지석이라고 했던가. 이는 다른 사람의 힘을 빌려오는 것을 의미한다. "어둠을 버리고 빛을 찾았다"는 말은 반도들을 위한 변명일 뿐이다. 사실 이 어둠과 빛의 기준도 반도들이 직접 정한 것이다. 반도는 그저 반도일 뿐이다. 예부터 지금까지 반도는 쉽지 않은 행위다. 하지만 할 수만 있다면 한 번의 배반으로 평생 팔자를 고칠 수도 있다.

배반할 때는 그 시점이 아주 중요하다. 양쪽이 팽팽하게 대립하고 있는 상황을 가정해보자. 만두는 다 빚어졌고 이제 막 다 쪄서 먹으려는 순간, 아뿔싸 이게 웬일인가! 만두를 찍어먹을 간장이 없는 것을 알게 되었다. 바로 이때 상대의 반역자가 간장을 들고 찾아올 때, 이 반역자의 앞날은 탄탄대로일 것이다. 반역자는 상대편에 간장을 주는 대신 차도 요구할 수 있고 집도 요구할 수 있다. 간장이 꼭 필요했던 터라 상대는 순순히 그의 요구를 들어줄 것이다. 하지만 양쪽의 싸움이 끝났을 때, 그때 가서 자기편을 배반하고 상대방에게 도망간들 상대가 필요로 하겠는가. 아마 도망칠 기회조차 쉽지 않을 것이다.

도망갈 때는 상대가 자신을 환영할지 여부를 먼저 따져봐야 한다. 상대가 반긴다면 그의 도망은 상대에게 스카우트되는 것이다. 바로 "두 손 번쩍 들고 환영합니다" "지금껏 줄을 잘못 서 계셨군요. 어서 이쪽으로 오세요"라며 맞이하는 상황이 될 수 있다. 하지만 기껏 자기편을 배반하고 상대편으로 도망쳤는데 상대가 그를 좋아하지 않는다면 환대를 기대할 수 없다. 그러니 함부로 반도가 되어서는 안 된다.

반면 강유의 경우에는 도망 시간, 장소, 방법, 시기 등등의 조건이 모두 시의적절했다. 천수관 전투에서 제갈량은 상대방의 진영에 있던 이 젊은 이의 능력을 알아차리고 굉장히 흡족해했다. 천수관 전투의 결과와 정해 놓은 작전 방침을 어떻게 실시할 것인가 제갈량은 사전에 다 정해놓았다. 그의 목적은 강유를 촉나라로 데려와 자신의 신하로 만드는 것이었다. 강유는 인재 중의 인재였던 것이다. 온갖 방법을 동원해 상대편의 인재를 데려오고 싶었던 제갈량은 며칠 동안 머리를 짜내고 또 짜냈다. 이는 그가 인재를 얼마나 중시했는가를 잘 보여준다. 강유가 막 도망쳐와서 아직 숨도 고르기 전에 제갈량은 높은 관직을 선물로 안겨주었다. 그것은 모든 사람의 질투를 살 만한 파격적인 조치였다. 강유 같은 반도가 앉은 벼슬이라면 동서고금의 반도들이 다 부러워할 만했다.

강유를 얻기 위해 제갈량은 큰 대가를 치렀다. 《삼국지연의》에 따르면 제갈량은 당시 위나라 내부로 깊숙이 공격해 들어갈 수 있었다(역사에는 이런 일이 없었고 기록도 없지만, 소설 자체의 줄거리를 바탕으로 분석해본 결론이 그렇다). 이는 천년에 한 번 올까 말까 한 기회였다. 당시 사마의가 물러나자 위나라 군대의 사기가 떨어졌다. 하지만 제갈량은 그 기회를 틈타 공격을 감행하지 않았다. 위나라를 물리칠 좋은 기회를 과감하게 포기한 것이다. 그는 과연 무슨 생각을 했던 것일까? 도망치는 하후돈의 둘째 아들 하후무도 뒤쫓지 않고 말이다. 제갈량의 말대로 표현하면, 촉나라는 오리 한 마리를 버리고 대신 봉황을 얻은 셈이었다. 봉황이 무엇인가? 새들의 왕이 아닌가. 그렇다면 오리는? 시장에 넘쳐나는 것이 오리 아닌가. 하후무는 '오리구이 집'의 흔해빠진 오리였으니 그 값이 얼마나 나갔겠는가.

제갈량에게 강유의 의미는 아주 컸다. 《삼국지연의》를 읽다 보면 이 시점에서 의문이 들 수도 있다. "인재 한 명을 얻기 위해 위나라를 공격할 기회까지 포기하다니? 천수관 전투에서 너무 많은 시간을 허비했고 작전상 최상의 기회까지 버리면서까지 강유에게 집착하다니 말이다!" 과연 강유가 그럴 만한 가치가 있는 인물이었을까? 얼마나 뛰어난 인재이기에 제갈량의 마음을 그토록 사로잡았을까? 제갈량이 그처럼 강유를 중시한 까닭은 후계자 선정 때문이었다.

유비가 죽은 후 제갈량은 촉나라라는 기업의 사장이 되었다. 촉나라는 모든 일이 사장 책임제로 운영되었으므로, 이사장 '유선'은 그저 옆에 앉아 편안히 지낼 뿐 특별히 할 일이 없었다. 여러 해 동안 촉나라를 다스리면서 제갈량이 치명적인 실수를 범한 것이 있다면, 후계자를 키우지 않았다는 점이다. 그는 적합한 후계자, 다시 말해 '부사장'을 아직 정하지 못했다. 하산한 이후 제갈량 주위에는 인재가 많았으나 그의 눈에는 차지 않았다. 그들한테서 자신의 꿈을 실현할 만한 능력이 보이지 않았기 때문이다. 그는 말년에 상당히 조바심이 났을 것이다. 그렇다면 과연 누구를 후계자로 삼을 것인가? 제갈량은 진지하고 세심한 사람이었다. 불만스러운 점이 있는데도 대충 결정할 사람이 아니었다. 후계자는 반드시 완벽하게 그의 마음에 들어야 했다. 그렇다 보니 후계자 선정은 너무도 어려운 일이었다.

물론 시간을 아끼는 방법이 있기는 했다. 유선에게 물어보거나, 회의를 통해 후보자를 선정해 선거를 실시하면 되었다. 후계자가 될 만한 몇 사람을 뽑아놓고 선거를 통해 표를 가장 많이 얻는 사람을 정하고 유선의 허락을 받아 임명장을 주기만 하면 끝이었다. 하지만 제갈량이 일을 절대 그렇게 처리하지 않았다!

제갈량은 아주 신중한 태도를 취했다. 후계자는 우선 사상과 책략 면에서 그와 일치해야 하고 다른 모든 면면도 그가 만족할 만한 수준이어야 했다. 하지만 촉나라에서는 수천 번을 찾아보아도 적당한 인물이 없었다. 그렇다면 다른 나라에 있었단 말인가? 그렇다. 그가 바로 위나라의 강유였다. 제갈량은 반드시 그를 데려와야 한다는 생각에 애가 닳았다. 그래서 천수관 전투에서 싸움을 확대시키지 않고, 장수를 남겨 끝까지 추격하지도 않았다. 아마도 제갈량은 강유를 얻은 후 너무 좋아서 아무 생각도 하지 못했을 것이다.

한편 평소 후계자를 키워놓지 않은 것은 제갈량 한 사람만의 잘못은 아니다. 역사를 살펴보면 대정치가와 대기업가들은 대체로 건강이 좋지 않아 위험신호가 왔을 때에야 비로소 후계자를 찾는다. 처음에는 목적을 가지고 한 사람 한 사람 심혈을 기울여 후계자를 키우지만 시간이 흐를수록 모두 자신의 뜻대로 되지 않는다고 느낀다. 처음에는 후계자들이 하는 일이 괜찮아 보이지만, 계속해서 일을 시킬수록 마음에 들지 않아 결국 다른 사람으로 대체하는 경우가 허다하다. 결국 누구를 뽑든지 간에 시간이 지날수록 모든 후계자한테서 단점을 발견하게 된다. 중국의 고대, 근대,

현대를 살펴보면 이런 예가 부지기수다. 후계자 선출은 시대를 막론하고 굉장히 어려운 선택이다. 후계자를 뽑다가 목숨까지 내놓은 경우도 있지 않은가.

엄밀히 따져보면 제갈량이 후계자를 키운 적이 있는데, 바로 마속이었다. 제갈량은 마속에게 관심이 많아 참모로 삼은 후 군정대사를 모두 그와 상의했다. 하지만 마속은 이론상으로 뛰어났지만 실제 경험에서는 부족한 점이 많았다. 그는 자신의 주장을 적극적으로 실천에 옮기려 했으나 성공하지 못했다. 그러다가 가정 땅을 잃었을 때 결국 자신의 목도 잃고 말았다. 사실 마속은 너무 어리석어 지나치게 서둘러 공을 세우려고 했다. 너무 노골적으로 제갈량의 환심을 사려고 했던 것이다. 아마도 그는 전쟁을 나라를 빛낼 도구쯤으로 생각했던 모양이다. 나라를 빛낸다는 생각은 사실 허영에 지나지 않는다. 엄밀히 말하면 마속은 강유를 누르고 자신을 빛내고 싶었던 것이다. 결과적으로 그는 몸과 마음을 모두 잃은 셈이니, 이는 허영심이 화를 부른 것이다.

제갈량은 마속 외에 또 누구를 후계자로 키웠을까? 아마 없었을 것이다. 《삼국지연의》를 따르면 그는 마속 외에 다른 누군가를 키우고 싶다는 마음이 들지 않았던 것으로 보인다. 그러니 강유는 정말 행운아였다.

제갈량은 강유에게 자신의 자리를 물려주고 안심하고 죽었다. 강유는 여러 해에 걸쳐 공을 들인 제갈량의 숙원 사업을 저버리지 않았다. 제갈량이 죽은 뒤 그는 여러 차례 위나라를 공격했다. 물론 그 성과야 어찌 되었든지 간에 제갈량을 향한 강유의 의지는 충분히 전해졌다. 그 의지는 전임 리더인 제갈량이 자신에게 남긴 정치적 대업을 불굴의 정신으로 계속 이어가겠다는 것이다. 이는 일종의 상징적 프로젝트로, 그가 반드시

해야 할 일이었다. 잘하든 못하든, 효과가 있든 없든 그것은 개인의 능력 문제였다.

강유가 위나라를 향해 취한 몇 차례 군사 행동을 노래한 시가를 보면, 약간의 과장이 섞여 있다는 느낌이 든다. 얼굴에 화장을 덧칠한 느낌이라고 할까? 중원 북벌은 두뇌 싸움이자 힘 싸움이었다. 촉나라 군사력과 경제력이 어떤 상황이었는지 강유도 모르지는 않았을 것이다. 그런데 왜 그토록 죽음도 두려워하지 않고 중원 북벌을 감행했을까? 그것은 자신을 발탁해준 제갈량의 은혜에 보답하기 위해서가 아니었을까? 제갈량의 뒤를 이었으니 그 임무를 수정할 수 있지 않았을까? 강유는 보수주의자였다. 하지만 동서고금의 역사를 살펴보면 보수주의자로서 뛰어난 업적을 일궈낸 자는 찾아보기 어렵다. 이렇게 본다면 그의 실패는 필연적이었다고 하겠다.

그리고 강유는 뼛속 깊이까지 제갈량의 기존 방침을 동의하지 않았지만, 그에게 제갈량은 은인 중의 은인이었다. 강유는 마음속으로 제갈량이 아니었다면 자신은 아무것도 되지 못했을 거라고 생각했을 것이다.

"제갈량이 아니었다면 지금쯤 위나라에서 평범한 장령이 되어 보수나 성과금도 얼마 못 받고 살았을 것이다. 투항했을 때 제갈량이 중용하지 않았다면 나는 결코 촉나라의 대장군이 될 수 없었을 것이다. 그가 없었다면 지금의 나 강유도 없었을 것이다. 이런 내가 제갈량이 남긴 북벌 정책을 뒤엎어버린다면 세상 사람이 나를 두고 뭐라고 하겠는가? 쓸데없는 갈등은 집어치우자. 그가 시킨 대로만 하자. 잘하고 못하고를 떠나 그저 그의 분부대로만 실행하자. 효과가 있고 없고는 별개의 문제다."

만약 강유가 이런 생각으로 북벌을 했다면, 공과 사를 구분하지 못한 인물이라고 하겠다. 그렇다고 해서 강유를 탓해선 안 된다. 예로부터 후계자란 역할은 원래부터 잘하기 힘든 것이다. 후계자는 개혁파나 수구파, 둘 중 하나다. 어느 길을 선택해도 다 욕을 먹는다. 강유는 철저한 보수파로 형세의 변화가 있든 없든 간에 제갈량의 기존 방침을 끝까지 실행했다. 제갈량이 생전에 완성하지 못한 북벌 정책이 합리적인지 비합리적인지 판단하지 않은 채 말이다. 그는 이 정책을 진행하면서 백성들을 전쟁의 고통에 시달리게 했으며, 국가 재정을 낭비했다. 강유는 별다른 이견 없이 전례를 그대로 답습했으며, 그로 인해 촉나라는 지칠 대로 지쳐버렸다. 제갈량 사후에 촉나라의 자본과 국력은 모두 바닥을 보인 상태였지만, 그는 여전히 위나라를 공격하는 데 급급했다. 촉나라의 무력을 남용하여 전쟁을 일삼았던 것이다. 위나라를 향한 공격에는 어떤 맛이 결핍되어 있었다. 꼭 있어야만 하는 그 무엇인가가 빠진 듯한 느낌이 드는 것이다.

강유의 운명은 순조롭지 않았다. 그는 여러 해에 걸쳐 위나라의 사마사, 사마소와 전쟁을 치렀다. 그 후에는 두 명의 강적, 곧 등애와 종회를 만났다. 이 두 사람은 강유보다 늦게 세상에 나왔지만, 그 명성은 우열을 가리기가 힘들 정도였다.

등애와 종회는 사마소의 기대를 저버리지 않고 촉나라를 격파시켰다. 등애는 칼로 유선의 등을 겨누며 강유에게 투항할 것을 명하도록 했다. 유선이 명령을 내리자 강유는 투항했다. 어찌해 볼 도리가 없었던 것이다. 등애는 강유가 감히 유선의 명령을 어기지 못할 것이라고 생각했다.

그러나 강유가 과연 항복했는지에 대해서는 의문점이 남는다. 항복한다면 자신을 키워준 제갈량에게 미안한 일이고 항복하지 않는다면 명령을 어기는 곤란한 상황이었을 것이다. 강유는 틀림없이 항복하지 않았을 것이다. 항복? 천만에 말씀이다! "제갈량이 베푼 은혜를 위해서라도 결코 항복하지 않으리라. 나는 제갈량의 뜻을 섬길 뿐, 사실 유선을 그다지 인정하지 않는다. 목숨을 부지하겠다고 투항한다면 후세 사람들이 나를 어찌 생각하겠는가? 항복하지 않겠다! 죽는 것이 구차하게 사는 것보다 낫다." 강유는 몰래 유선에게 밀신을 보냈다. 그 내용인즉슨 "폐하! 조금만 더 견뎌보십시오. 제가 여기서 방법을 강구해보겠습니다. 이렇게 우리의 '기업'을 망하도록 내버려둘 수는 없습니다. 반드시 방법을 생각해내어 다시 일어서도록 하겠습니다."

강유는 우선 애타는 마음으로 종회를 설득했을 것이다. "사마소에게 목숨을 팔지 마시게. 공을 세운다고 뭐 좋은 일이 있겠소. 사마소가 당신에게 재산을 나눠줄 것도 아닌데 말이오. 지금 천하의 일은 누구의 주먹이 센가에 달려 있소. 어떻소? 우리 같이 힘을 모읍시다. 우선 등애를 해결한 뒤에 사마소를 해결하면 천하는 우리 둘의 것이 되지 않겠소." 강유의 설득에 종회는 넘어가지 말았어야 했다. 종회는 똑똑한 자로 책도 많이 읽었고 머리 회전도 빨랐다. 하지만 똑똑한 자들이 한번 이성을 잃으면 바보보다 더 바보짓을 하는 법이다. 예나 지금이나 사리사욕에 눈이 먼 자는 대부분 똑똑한 사람이다. 종회는 강유에게 설득당하고 말았다.

강유와 종회는 그들의 상대가 사마소임을 잊고 있었다. 사마소는 결코 풋내기가 아니었다. 종회가 출병하기 직전 사마소는 이미 모든 사실을 알고 있었다. 그는 조용히 머리를 굴려 등애와 종회가 서로를 죽이도록 만들었다. 강유는 난군 속에서 죽었고 난군도 목숨을 잃었다. 난군은 그의 간이 90센티미터나 되는 것을 목격하고 깜짝 놀랐다. 《삼국지연의》에는 간이 큰 자가 두 명 나오는데, 강유와 조운이다. 그러나 조운은 강유와 달리 올바르게 행동한 인물이었다.

강유는 제갈량의 유언을 지키기 위해 몸과 마음을 다했다. 이런 사실로 봤을 때 제갈량이 후계자를 잘 선택하긴 했다. 그런데 그가 제갈량에게 발탁되지 않고 계속 위나라에 남아 있었다면 훗날 위나라의 어느 뛰어난 상사에게 발탁되었을지 아무도 모를 일이다. 금은 어디에 있든지 간에 빛나는 법이다. 능력을 가진 자가 무엇이 두렵고 무엇이 급하겠는가. 적어도 강유가 위나라에 끝까지 충성했다면 대장군까지는 되지 못하더라도 난군 속에서 비참하게 죽는 일은 없었을 것이다.

이렇듯 강유를 망친 것은 바로 제갈량이었다. 역사는 자신의 인격이나 재능을 알고 잘 대우해준 사람의 은혜가 그 사람의 인생을 망칠 수도 있음을 말해주고 있다.

촉나라를 뒤흔든 타살 사건

비의의 타살은 촉나라 정권을 뒤흔들었다. 그로써 촉나라는 방어 전략에 큰 변화를 맞게 되었다. 촉나라에 매파 세력이 고개를 든 것이다. 〈비의전〉을 보면 그 일은 그저 우연한 사건에 지나지 않는다. 하지만 다른 역사 기록들과 연결시키면 비의의 타살은 그리 간단한 문제가 아니다.

연희 15년 이후 강유는 서평 공격에 나섰다. 그는 서평 공략에는 실패했지만 당시 위나라의 중랑장을 맡고 있던 곽순을 사로잡았다. 곽순은 능력이 뛰어난 인물로 그는 후에 촉나라의 진영에서 좌장군에 임명되었다. 이는 마초, 오의, 향총 등이 역임했던 자리다. 위나라 장수였다가 촉나라에 투항한 하후패에 버금가는 자리를 준 것으로 보아 그를 아주 특별하게 대우했음을 알 수 있다.

그러나 곽순은 몸은 촉나라에 있으면서 마음은 위나라에 가 있었다. 《자치통감》의 기록을 살펴보자. "곽순은 후주 유선을 죽이고자 했다. 하지만 가까이 가는 것이 여의치 않자 상주하다가 후주를 알현하는 자리에서 그를 죽이려 했으나 좌우의 저지를 받아 일을 성사시키지 못했다." 비록 유선을 죽이지는 못했지만, 그는 술에 취해 자신에게 다가온 비의를 죽였다. 위나라는 이에 감동하여 곽순을 장악향후로 봉했고, 그 아들에게 작위를 세습했다.

그런데 그 사건을 자세히 살펴보면 상당히 많은 의문점을 발견하게 된다. 동기 면에서 봤을 때 그 사건은 결코 위나라 조정이 나서서 꾸민 음모가 아니었다. 당시 촉나라의 비의는 유명한 보수 세력의 우두머리로, 그의 임기 동안 촉나라와 위나라 양국은 대규모 무력 충돌 없이 가장 평화로운 시기를 보냈다. 그런 상황에서 위나라가 비의를 죽이고 매파 강유를 자리에 앉힌다는 것은 귀찮은 일을 일부러 찾아 만든 격이었다. 그렇다고 개인적인 원한에서 비롯되었을 확률도 거의 없다. 곽순이 비의와 무슨 원한이 있었으며, 또 그가 신선도 아닌데 강유가 언제 서평을 치러올지 알리도 없고 자신이 포로가 될지 안 될지도 모르는 상황이었다. 게다가 포로가 된 후 처형될지 중용될지도 알 리 없었으니 말이다. 또한 비의가 술에 취해 자신의 앞까지 올지 안 올지도 사전에 알지 못했을 것이다.

이 두 가지를 모두 배제했을 때, 비의를 죽일 만한 동기를 가진 사람은 바로 강유다. 강유와 비의 간의 불화는 누구나 다 아는 사실이었다. 강유는 위나라를 치자고 주장하는 매파였고, 비의는 보수적인 전략을 고집해온 온건파였다. "강유는 대규모 군사를 이끌고 위나라를 공격하기 위해 출병하려고 했으나, 비의가 번번이 그것을 제지시켰으며 그에게 준 병력은 고작 1만 명에 지나지 않았다." 이 같은 기록으로 미루어보아 강유는 비의에게 많은 제압을 당했다.

그리고 비의가 죽고 나서 가장 큰 정치적 이익을 본 사람이 바로 강유였다. 사실 〈강유전〉에 보면 의미심장한 내용이 나온다. "16년 봄에 비의가 죽었다. 그해 여름 강유는 수만 명을 이끌고 석영을 나섰다." 이 짧은 대목에서 비의가 죽고 수만 명의 병사를 이끌고 출병하는 강유의 기쁨이 느껴지는가? 바꿔 말해 비의의 죽음에 강유가 충분한 동기를 가지고 있었던 것이다.

강유는 과연 어떤 사람이었는가? 〈강유전〉의 배송지가 단 주를 보면 이런 기록이 나와 있다. "부자가 말하기를 '강유는 사람됨이 공을 쌓아 이름 날리기를 좋아하고, 죽기를 각오하고 나선 군사를 길러 명성을 드높이고자 했다'라고 말했다." 강유는 명예와 명성에 집착했다. 또한 《삼국지연의》에 보면 야심을 품고 몰래 사사를 키우기도 했다. 몰래 이런 사사를 키워 무엇하려고 했는지 정확히 알 수는 없다. 그런데 곽순이 연초 연회에 참석하여 많은 사람이 보는 앞에서 비의를 찔렀던 행동이야말로 사사가 할 수 있는 일이 아닐까? 자신도 죽음을 면치 못할 거라는 사실을 알면서도 그토록 대범한 행동을 했으니 말이다.

서평 전투를 일으킨 사람도, 곽순을 붙잡은 사람도, 그를 체포하여 죽이지 않고 오히려 조정으로 보낸 자도 강유였다. 바꿔 말해 곽순은 우연히 포로가 되어 촉나라로 들어왔다고 하지만, 이 우연도 강유가 조작한 것일 수 있다. 그는 전쟁의 시작할 시기와 장소를 결정할 권한을 있었으며, 포로를 자기 마음대로 처리할 지위와 능력도 있었다. 그러니 강유만이 이 우연을 필연으로 만들 수 있었다. 몇 가지 증거를 모으고 여기다가 충분한 동기를 더해보면, 강유가 비의 타살 사건에서 혐의가 없다고 보기는 힘들다.

후세를 사는 우리가 부족한 사료를 통해 강유의 혐의를 추측할 수 있을 정도라면, 당시 촉나라의 누군가는 틀림없이 이를 눈치챘을 것이다. 하지만 대부분의 역사서는 강유가 그 사건과 아무 관련이 없다고 적고 있는

데, 과연 그 이유가 무엇일까?

"곽순은 후주 유선을 죽이고자 했다. 하지만 가까이 가는 것이 여의치 않자 상주하다가 후주를 알현하는 자리에서 그를 죽이려 했다. 하지만 좌우의 저지를 받아 일을 성사시키지 못했다"는 《자치통감》의 기록에는 아주 의문스러운 점이 있다. 만약 곽순이 장수를 축하하는 자리에서 후주를 죽이려 했을 때 좌우에서 저지했다면 왜 그를 일찌감치 체포하지 않았으며, 왜 그를 연희 16년 연초 연회에 참가할 때까지 내버려두었을까? 그러므로 이 기록은 사실이 아닐 거라고 생각한다. 그가 사악한 마음을 품고 있었다는 점을 말하기 위해 후에 일부러 첨가한 듯하다. 예를 들어 누군가가 나쁜 일을 저지르고 나면 그에 대해 "일찍부터 저 놈이 좋은 물건이 아니라는 걸 알고 있었지. 요전에 그가 우리 집 앞에서 어슬렁거리는 걸 봤는데 꼭 물건을 훔치려고 하는 것 같았거든. 지금까지 말을 안 하고 있었지만 말이야"라고 하는 경우를 종종 보게 된다.

곽순의 일 또한 마찬가지다. 후주는 그가 자신의 중신을 죽인 것을 알고 노하여 군신들을 불러 그의 행동을 속속들이 들춰내라고 했을 것이다. 그래서 "곽순은 일찌감치 두 마음을 품고 있어 폐하를 죽이고자 했으나 다행히 우리가 좌우에서 말렸다"라고 써붙였을 수 있다. 어쨌든 곽순은 죽었으니 이를 증명할 길이 없고, 머리가 나빴던 후주 유선은 "일찍부터 알고 있었다면 왜 미리 말하지 않았느냐?"라고 묻지도 않았을 것이다.

결국 이 기록은 비의 타살 사건이 있은 후 곽순에게 오물을 끼얹기 위한 것이었다. 한편 이 기록은 이 사람들에게 하나의 암시를 주고 있다. 다시 말해 곽순은 유선을 죽이는 것 너무 어려운 일이라 상대적으로 좀 더 쉬운 사냥감을 찾는데, 그 대상이 바로 비의였다. 살인의 원래 목표는 유선이었고, 비의는 차선의 목표였다는 것이다.

　만약 사람들이 이 기록을 믿는다면 강유는 혐의를 벗게 된다. 그렇다. 곽순은 원래 촉나라 황제를 죽이려고 했으나 기회를 잡지 못하자 다른 목표물을 겨냥했다. 비의가 운이 나빠 걸려든 것뿐이었다. 좀 더 추론해보면 위의 기록은 강유가 자신의 혐의를 벗기 위해 사건이 일어난 후 덧붙인 것이 아닐까 싶다.

　앞서 이야기한 것을 종합해보면 몇 가지 이상한 점을 어렵지 않게 발견할 수 있다. 비의 타살 사건의 전체 맥락은 다음과 같다. 우선 강유가 위나라의 곽순을 포로로 붙잡아 그를 자신의 사사(혹은 곽순은 아예 죽었고, 강유가 자신이 키우던 사사를 곽순으로 둔갑시켰을 수도 있음)로 삼았다. 서평 전투는 바로 강유가 "곽순이 위나라의 장군이었다가 포로가 되어 촉나라 조정에 귀순했다"는 그럴듯한 신분 배경을 만들기 위해 일으킨 전투였을지도 모른다. 뒤이어 곽순은 포로가 되어 성도까지 압송되어 촉나라에 귀순하면서 좌장군의 지위를 얻었다. 그 후 16년 연초 연회에서 오래 전부터 계획했던 대로 비의를 죽이고 사사의 사명을 완수했다. 강유는 다른 사람들이 자신에게 혐의를 씌울까 두려워 유선과 다른 관리들에게 "이자가 앞서 몇 차례나 황제를 죽이려 하는 것을 막았다"고 말했다. 이에 모두 깜짝 놀라 더이상 강유가 비의를 죽인 동기에 대해 의문을 품지 않고 위나라의 테러 행위를 비판하는 말만 되풀이했다.

　물론 강유가 비의 타살 사건에 연루되었다는 사실을 증명할 증거는 부족하다. 역사서의 증거자료 역시 찾아보기 어렵다. 하지만 동기와 능력, 조건, 수법으로 보아 강유가 비의의 죽음과 밀접한 관련이 있음을 쉽사리 추측해 볼 수 있다.

제 8 장

제갈량 다시 읽기

제갈량은 신비스러운 인물이다. 이 말은 제갈량을 '신격화'시킨 《삼국지연의》에서 나온 말이 아

니다. 이는 다름 아닌 역사 속의 현실적인 인물인 제갈량에 대한 내 개인적인 생각이다. 그의 삶

에는 의혹을 떨쳐내기 힘든 풀리지 않는 몇 가지 수수께끼가 존재한다.

덕과 재능을 겸비한 정치가

    역사상 중요한 인물의 공적이나 활동에 대한 평가는 각 시대의 가치 기준과 개인의 관점에 따라 다양하게 나타난다. 이런 현상은 고대뿐 아니라 현대의 여러 나라 역사에서도 자주 찾아볼 수 있다.

    제갈량의 경우도 마찬가지다. 진나라 진수의 《삼국지》에서 현대에 이르기까지 그에 대한 평가는 참으로 다양하다. 그를 위대한 정치가이자 병법가라고 평가하는 사람이 있는가 하면, "이민족을 다스리는 데는 뛰어났지만 기발한 모략은 갖추지 못했다. 백성들을 다스리는 능력이 장군으로서의 전략보다 더 탁월했다"고 말하기도 한다. 또 어떤 사람들은 "탁월한 재능을 가진 자"이며 "현명한 군주의 본보기다"라고 말하기도 한다. 이에 반해 다른 사람들은 "제갈량의 문장은 아름답지도 않고 주도면밀함이 지나치다"라고 비판하기도 한다. 학자 주시우시아는 제갈량은 자신을 너무 맹신한 나머지 적당한 후계자를 배출하지 못했다고 평가한다. 그가 촉으로 나가기 전 제갈량의 처지에 대해 진수는 일부 문제에 대해서만 단정을 내렸을 뿐 많은 분쟁의 소지를 남겨두었다. 그 예로 《삼국지》〈촉지 제갈량전〉 기록을 살펴보자.

"제갈량은 자가 공명으로 낭야군 양도현 사람이며 한나라의 높은 관직인 사예교위를 지낸 제갈풍의 자손이다. 아버지 제갈규의 자가 군공(軍貢)으로 한나라 말기 태산군의 승(丞)을 지냈다. 제갈량은 일찍이 부모를 여의었다. 숙부인 제갈현이 제갈량과 아우 제갈균을 데리고 유표 관할인 예장 태수로 부임했다. 그런데 마침 한나라 조정에서는 주호를 다시 뽑아 제갈현을 대신하도록 했다. 제갈현은 평소 형주목 유표와 두터운 교분이 있어 그에게 가서 몸을 의탁했다. 그 후 숙부가 병으로 죽자 제갈량은 직접 밭을 갈았다."

진수의 기록을 살펴보면 제갈현은 타살이 아닌 병으로 죽었다. 하지만 같은 전기의 배송지 주에서 인용한 《헌제춘추》에는 이와 상반된 내용이 나온다. 이 책에는 "예장 태수 주술이 병으로 죽자 유표가 제갈현을 예장 태수로 승격시켜 남창에 두었다. 한나라 조정에서는 주술이 죽었다는 소식을 듣고 주호를 파견하여 제갈현을 대신하게 했다. 주호는 양주 태수 유요로부터 군대를 빌렸기 때문에 제갈현은 후퇴하여 서성으로 향했고, 주호가 남창으로 들어갔다. 건안 2년(197년) 정월 서성에서 민란이 일어나 제갈현을 죽여 그의 머리를 유요에게 바쳤다"라고 적혀 있다.

이 두 책에는 상반된 내용을 기록되어 있다. 한쪽은 병으로 죽었다고 기록했고, 다른 한쪽은 살해당했다고 적었다. 《헌제춘추》에 따르면 제갈량의 숙부 제갈현이 죽고 난 뒤 그의 가족들은 상당한 타격을 입었다고 전해진다. 남은 가족들이 위협을 당했던 것이다. 당시 정치적 분위기는 조조가 장악했던 한 왕조의 중앙과 유표가 이끌던 지방정권 간의 대립을 비롯해 원술, 유표, 손견 등 지방정권 간에도 심각한 대립이 있었다.

이런 상황은 제갈량이 군사를 이끌고 한중으로 나아가 북벌을 일으킬 때 출격에 앞서 올린 글에서 말한 것과 내용이 잘 들어맞는다. "어지러운 세상에서 구차하게 목숨을 보전하며 제후에게 명성이 알려져 출세할 것을 구하지 않았다. 선제께서 신을 비천하다 여기지 않으시고 외람되게도 스스로 몸을 낮추어 세 번이나 신의 초옥을 찾아오셨다." 이 글에서 '비천하다' '구차하게 목숨을 보존하다'는 말은 종숙부 제갈현의 피살이 그 계기가 되었음을 뜻한다. 만약 제갈현이 유표에게 의탁하다가 죽었다면 당시 유표는 형주의 남양, 남군 등 7~8개 군을 통솔하고 있었으니 '비천하다' '구차하게 목숨을 보전하다'라는 말은 납득하기가 힘들다.

앞의 내용을 살펴보더라도 진수의 기록은 《헌제춘추》에 비해 진실성이 떨어진다. 뭔가를 회피하기 위해 고의로 애매모호하게 적은 것이 아닌가 싶다. 진수는 본래 촉나라 사람으로 어려서 초주에게 학문을 배웠다. 진수는 제갈량을 매우 높이 평가했으며, 진나라로 들어간 후에도 그의 생각은 바뀌지 않았다. 이 점은 본전뿐 아니라 그가 편집한 《제갈씨집》에서도 보이며, 진 무제 태시 10년(274년)에 기록된 '표(表)'에도 같은 감정이 드러나 있다. 그는 제갈량을 두고 "키가 8척에 용모가 준수하여 사람들이 그를 특별하게 여겼다. 한 말에 혼란이 일어나자 숙부 제갈현을 따라 형주(《후한서》〈유표전〉에는 '남쪽으로 강릉을 차지하고 북으로는 양양, 형주 8군을 수비했다'라고 나온다. 이현은 주에서 《한관의》를 인용하여 '형주는 장사와 영릉, 계양, 남양, 강릉, 무릉, 남군, 장릉을 관할한다'고 했다. 하지만 《후한서》〈군국지〉에는 '형주는 장사와 영릉, 계양, 남양, 강하, 영릉, 계양, 무릉, 장사 7군을 관할한다'라고 나온다)로 피난 가서 직접 농사를 지었는데, 출세하여 세상에 이름을 떨치고자 하지 않았다. 이때 좌장군 유비가 제갈량이 뛰어난 기량을 갖추었다는 말을 듣고 그의 초려를 세 번이나 찾아오니, 그는 유비의 건장한 자태에 걸출함을 보고 마침내 출사하여 충성을 다하기로 했다. 위 무제 조조가 남쪽으로 형주를 정벌하고 유종이 투항하자, 유비는 그만 세력을 잃고 적은 수의 군사에다 송곳 꽂을 땅조차 갖지 못했다. 제갈량은 당시 27세의 나이로 기묘한 계책을 세우고, 사자로서 직접 손권을 찾아가서 오와 촉의 동맹을 요청했다. 손권은 이전부터 유비를 존경한데다가 제갈량의 뛰어나고 고아한 풍격을 보고 그를 공경하고 중시하여 군사 3만 명을 보내 유비를 도왔다. 이에 유비가 힘을 얻어 무제와 교전해 그의 군대를 대파하고 승세를 거듭해 강남을 평정했다. 그 뒤 유비는 서쪽으로 가서 익주를 취하고 익주가 평정된 뒤 제갈량을 군사장군으로 삼았으며, 한중왕이 된 후에는 제갈량을 승상, 녹상서사로 삼았다. 유비가 죽은 뒤 그 후계자가 유약하여 크고 작은 일을 모두 제갈량이 전담했다. 이에 밖으로는 오나라와 연합하고, 안으로는 남월을 평정하고, 법을 세우고 제도를 시행하며 군대를 정비했는데, 그는 기계에 능하고 교묘한 재주가 있었다. 법과 교령을 엄히 다스리고 상벌에 반드시 믿음을 갖게 하여 악은 반드시 처벌받고 선은 반드시 보상을 받았다. 관원들은 간사함이 용납되지 않고, 사람들은 스스로 힘쓰며, 길에 떨어진 물건이 있어도 줍지 않고 강자가 약자를 괴롭히지 않는 등 사회적 기풍이 바로잡혔다"라고 적었다. 이 글에는 제갈량에 대한 존경하고 우러러보는 마음이 넘쳐난다. 일반적으로 '존경하는 자에 대해 부정적인 의견을 피하는 것'은 고대 역사 기록에 공통적으로 보이는 현상이다.

1000여 년에 이르는 역사적 검증을 거친 제갈량은 분명 위대한 역사적 인물임을 의심할 여지가 없다. 그는 정치적으로 백성을 어루만지고 예의와 법도를 보여주었으며 마음을 공평하게 썼다. 군사적으로는 상벌을 엄격히 구분하고, 군무를 정비하고, 전략과 전술을 연구하여 시대의 모범이 되었다. 또한 경제적으로는 사후에 "안팎으로 비단과 재물을 쌓아두지 않았으며 필요한 의복과 식량은 관부에서 모두 지급하므로 따로 장사하여 재산을 보태지 않았다"고 전해진다. 이처럼 제갈량은 청렴한 정치인의 모범이며 덕과 재를 겸비한 훌륭한 인물이었다. 그가 오랜 세월 사람들의 존경과 추앙을 한몸에 받는 것은 당연한 일이다. 비록 "출사해 뜻을 이루지 못하고 몸이 먼저 죽었지만" 전쟁의 승패로 역사적 인물을 평가해서는 안 될 것이다.

'제갈량이 직접 밭을 갈았다'는 것은 생계를 위해 농사를 지었다는 의미로, 관직에 나가거나 상공업에 종사하지 않았음을 뜻한다. 옛사람들은 농사를 업으로 하여 고결하게 사는 삶을 영예로운 것으로 인식했기에 사서에 이런 표현이 있는 것이다. 만약 제갈량이 평생 농사일에만 매진했다면 학문에 매진하며 경서를 두루 익히고 명사들과 사귈 기회는 없었을 것이다. 그랬다면 아마 글을 깨치지 못해 문맹자가 되었을지도 모른다. 이런 상황에서 정치, 경제, 군사 등의 학문을 익혀 수신제가치국평천하의 꿈을 키우기란 결코 쉽지 않았을 것이다.

영웅만이 영웅을 알아본다

진수는 원소와 유표를 평가할 때 두 사람을 함께 논했다. 《삼국지》〈유표전〉에 보면 "유표는 한남 땅에서 활보하고 원소는 하삭에서 이름을 떨쳤다. 하지만 모두 겉으로는 관대하지만 속으로는 의심이 많고, 책략을 좋아하지만 결단력이 없고, 유능한 인재가 있어도 쓸 줄을 모르며, 좋은 의견도 귀로는 듣지만 받아들이지 않았다"라고 했다. 여기서 '인재가 있어도 쓸 줄을 몰랐다'라는 것은 분명 누군가를 지목한 말이다. 이는 아마 제갈량과 방통, 왕찬 등을 가리킨 말이었을 것이다. 이들은 타의추종을 불허하는 인재인데도 불구하고 왜 유표의 눈에 들지 않았을까?

그 이유는 바로 유표 자신에게 있었다. 우선, 유표는 자신을 보호할 생각에 "인재가 있으면서도 활용할 줄 몰랐다." 유표는 초평 원년(190년) 형주자사, 형주목이 되어 18년 동안 형주를 통치했다. 역사에서는 그를 두고 "백성을 다스리며 선비들을 양성하며 경내를 평안하게 다스렸다. 관서와 연주, 예주의 학자들 중 그의 부에 들어온 자가 무려 1000명을 헤아렸다. 학교를 세워 유학의 경전을 가르치도록 했다"고 평가했다.

그는 전란으로 형주에 유입된 관중 백성 10여 만 명을 정착시켰다. 또한 그들을 이용하여 남방의 구릉 산간 지역을 개발했다. 동한 말엽 사회가 크게 동요하던 시기에 형주는 영토를 확장하여 남쪽으로는 오령에 접하고 북으로는 한천을 점거하여 수천 리에 이르는 영토에 10여 만 군대를 거느리게 되었다. 비옥한 토지가 천리에 달하여 백성들은 부유해졌고, 유표는 제후로서 막강한 정치적 힘을 소유하게 되었다. 하지만 그는 장강과 한수 간의 영토를 보전하기 위한 목적으로 천하의 변화를 지켜보았다. 부하가 책략을 내어 "원소와 조조가 싸우며 서로 대립하고 있으니 천하의 안위는 전적으로 장군에게 달려 있습니다. 장군께서 원하신다면 이 기회를 틈타 병사를 일으키거나, 어느 한쪽을 지지하셔야 합니다"라고 간언했다. 이에 유표는 의심하며 우물쭈물하다가 전쟁의 기회를 놓치고 말았고, 북방을 평정한 조조가 군대를 이끌고 남하하여 손쉽게 형주의 수도 양양을 점령하고 말았다. 자신의 안전을 지키고자 했던 유표의 생각은 평범한 됨됨이에서 비롯된 것인지, 아니면 자기 땅의 평안을 위해서였는지는 알 길이 없다. 여기서 문제는 군웅이 병기하던 시대에 자신의 땅만을 지키고자 했던 것은 현실적이지 못한 생각이었다. 잡아먹지 않으면 내가 잡아먹히던 시대가 아니었던가. 물론 자기 땅을 지키고자 했던 유표의 정책은 인재가 있는데도 활용할 줄 모르는 소극적인 태도에서 비롯된 것이라고 말할 수도 없다. 자신의 땅을 유지하려는 노력에 재능 있는 자를 등용하는 태도가 반드시 포함되어야 한다. 이 점을 미뤄보면 진취적이지 못했던 유표의 성격이 인재가 있으면서도 활용할 줄 모르는 태도를 낳은 것이 아닌가 싶다.

둘째, 유표는 포용력을 지닌 인물이 아니었다. 의심과 질투심 많은 성격이 결국 '인재가 있으면서도 활용할 줄 모르는' 결과를 가져왔던 것이다. 유표 정권은 주로 세 부류의 사람으로 구성되었다. 하나는 형초 지역의 막강한 귀족 집단으로 괴량과 괴월, 채모, 방계, 장윤, 황조, 문빙 등이 여기에 속한다. 이들은 형주 정권의 핵심 인물로 유표가 절대적으로 의지했던 주요 세력이다. 다른 하나는, 형초의 명사들이다. 한숭과 송충, 유선, 등의 등이 여기에 속한다. 이들은 유표가 끌어들여 단결을 이끌어낸 자들이다. 마지막은, 외부에서 유입된 인사다. 부선과 왕찬, 미형 등은 그저 장식에 지나지 않았는데 마음 씀씀이가 작아 중용되지 못했다. 인재 수로 보면 유표 치하의 인재는 유비보다 적었고 조조, 손권과 비교하면 훨씬 적었다. 인재의 기량으로 보면 유표 수하에는 탁월한 인재가 거의 없었는데, 이는 그의 속 좁은 성격과 밀접한 관련이 있다.

《삼국지》〈유표전〉에는 "유비가 도망쳐오자 유표는 그를 후하게 대우해주긴 했지만 등용하지는 않았다"라는 구절이 있다. 당시 유비는 상갓집의 개 같은 처지였지만 그가 어떤 인물인지 유표도 모르지 않았을 것이다. 조조도 유비를 두고 "지금 천하의 영웅은 군과 조조뿐이구나"라고 탄식했다고 한다. 하지만 유표는 그를 지나치게 질투한 나머지 양양성 안에 두지 않고 전방인 신야로 보내 일개 평범한 장령 취급을 했다. 유표는 자신의 부하 한숭에게도 이와 비슷한 태도를 취했다. 그는 괴월 등 심복들의 건의를 받아들여 한숭을 보내 조조에게 투항했을 때의 허실을 살펴보도록 했다. 한숭은 명령을 충실히 이행하고 돌아왔지만 유표의 의심으로 죽게 될 처지에 이르렀다. 만약 유표의 처 채부인이 말리지 않았다면 그는 유표의 칼날에 저세상 사람이 되었을 것이다. 《영웅기》에는 장선에 대한 기록이 나오는데, 이 대목에서도 유표가 남을 포용하는 성격이 아니라는 걸 충분히 알 수 있다. "장선이 먼저 영릉과 계양의 현장이 되었다가 장강과 상수 사이에서 민심을 얻었는데, 성품이 강직하여 쉽게 순종하지 않았다. 유표는 그의 사람됨을 천박하게 여겨 예우하지 않았다. 그는 이런 이유로 원한을 품고 있다가 마침내 유표에게 모반했다"라는 기록이 있다. 진수는 "유표는 외모는 고상하지만 의심과 질투가 많다"라고 적었는데, 이는 결코 과장된 표현이 아니다.

또한 유표는 인재 등용에도 문제가 있었다. 그는 명분 있는 자를 중시할 뿐 젊은 인재를 경시하여 인재가 있어도 활용할 줄 모르는 상황을 불러왔다. 유표의 입장에서는 인재를 조금도 존중할 줄 몰랐다고 말하는 건 약간 억울하다. 방덕공에 대한 유표의 태도가 좋은 예다. 양양의 명사였던 방덕공은 덕망이 아주 높아 유표는 오랫동안 그를 흠모했다. 그래서 수차례 출사를 청했지만 거절당하고 말았다. 미형에 대한 유표의 태도도 마찬가지다. 조조도 당시 천하에 이름을 떨치던 광사(狂士)였던 미형을 알아보지 못하고 마치 쓰레기 버리듯 그를 유표에게 보냈다. 유표는 미형의 문학적 재능을 좋아하여 상빈으로 모셨지만 얼마 후 그의 오래된 버릇을 보고 삼키기 힘든 쓴 과일임을 깨닫고 황조에게 줘버렸다. 이로 미루어보아 유표는 인재를 존중하지 않았던 것도, 인재를 거부한 것도 아니었다. 다만 명성이 높은 자에게만 치중하여 좀 더 넓은 안목으로 인재를 보지 못했던 것이다. 이는 인재가 눈앞에 넘쳐나도 알아보지 못하는 어리석음을 드러낸 것이다.

이상으로 다른 사람의 예를 들어 인재를 활용할 줄 모르던 유표가 제갈량을 놓친 이유를 설명했다. 하지만 입장을 바꾸어 생각해보자. 제갈량이 유표에게 자신의 능력을 보여줄 생각이 없었다고 한다면 어떨까? 그렇다면 그가 왜 제갈량을 등용하지 않았는지에 대한 의문이 풀릴 것이다. 제갈량은 어려서 숙부를 따라 유표에게 의지했다가 17세가 되던 해에 숙부가 세상을 떠나자 즉각 그를 떠나 융중에서 직접 농사를 지으며 살았다. 제갈량은 유표에 대해 직접적인 평을 한 적은 없다. 그는 융중대책에서 유비에게 이렇게 말한 적이 있다. "형주는 북쪽으로 한수와 면수에 의지해 그 이익이 남해에 다다르고, 동쪽으로 오의 회계와 연결되고, 서쪽으로 파촉과 통하니 이는 용병할 요충지입니다. 하지만 그 주인이 지킬 능력이 없으니 하늘이 장군께 주려는 것입니다." 여기서 '그 주인'은 바로 유표를 가리킨다. 유표에 대한 제갈량의 생각은 오랜 세월 관찰에 따른 결과이지만, 방덕공와 사마휘 등이 그에게 끼친 영향도 배제할 수는 없다. 그렇다면 사마휘는 유표를 어떻게 평가했을까? 《세설신어》〈언어편〉 주에 인용된 《사마휘별전》에는 "사마휘는 자가 덕조(德操)이며 영천 양직 사람으로 인재를 알아보는 안목을 지녔다. 형주에 거할 때 자사인 유표가 성격이 음험하여 선한 사람을 해칠 것이라는 사실을 알아차리고 입을 꼭 다문 채 담론하지 않았다"라는 기록이 있다.

제갈량은 평생 신중에 신중을 기한 사람이다. 특히 군주를 선택할 때 그는 까다로운 조건을 가졌다. 그가 섬길 만한 군주는 바로 웅대한 재략과 신중한 행동, 어진 사람을 예의와 겸손으로 대하며 한 왕실의 부흥을 자신의 소임으로 삼은 일대의 영주여야 했다. 그런데 유표는 자신의 안위에만 치중하며 중국 대륙의 한 귀퉁이를 지키던 군벌에 불과했다. 그런 유표에게 어찌 자신의 앞날과 운명, 정치적 포부를 맡길 수 있었겠는가.

역사는 유표가 제갈량을 선택하지 않았다고 하지만, 제갈량 역시 유표를 선택하지 않았을 것이다.

촉나라와 운명을 같이하다

5차 북벌을 결심하고 군사를 이끌고 북상해 야곡을 지나 위나라로 출격한 제갈량은 사마의와 100여 일을 대치하다가 병을 얻은 이곳에서 인생의 종지부를 찍었다. 그는 임종을 앞두고 유언을 남겼다. "한중의 정군산에 묻되 산세를 이용해 무덤을 만들고 묘혈은 관이 들어갈 수 있을 만큼 파고 입관할 때는 평소 입던 옷을 입히고 부장품은 어떤 것도 넣지 마시오." 그는 생전 무향후에 책봉되어 사후에는 충무후라는 시호를 받았다. 그래서 후대 사람들은 그 묘를 무후묘라고 부른다. 제갈량은 따로 장지를 골라 안장하지 않았고 고향으로 돌아가지도 않았다. 그렇다고 성도로 이장하지도 않고 한중의 정군산 아래에 묻어달라는 유언을 남겼다. 그 이유가 무엇일까?

첫째, 당시 상황에서 안장터를 찾거나 상재에 묻히거나 성도로 다시 이장한다는 것은 불가능했다.

제갈량은 삼국이 정립되던 시기에 세상을 떠났다. 촉나라와 위나라의 국경은 진령을 경계로 하여 고개의 북쪽은 위나라 땅이었다. 오장원은 적국의 영토였으니 제갈량이 자의로 땅을 골라 안장할 수도 없었다. 그의

고향인 산동성 기남 역시 당시에는 위나라의 영토였으므로 고향에 돌아
가고자 해도 불가능한 일이었다. 그렇다면 성도는 어떤가? 촉나라의 도
성이자 그가 평생 목숨을 걸고 싸웠던 유비의 장지가 있는 곳이 바로 성
도였다. 승상의 몸으로 살아서는 선주에게 충성을 다하고 사후에도 지하
에서 유비와 함께하기 위해서는 성도에 묻히는 게 옳았다. 하지만 그가
세상을 떴을 때는 8월로 날씨가 더워 시체를 오래 보관하기가 힘들었다.
오장원에서 성도까지는 1000킬로미터나 떨어져 있고 진령과 파산 땅을
지나가기 위해 험난한 산길을 넘어야 했다. 당시 상황으로는 성도에 묻힌
다는 것도 한계가 있었다.

둘째, 한중 정군산에 안장한 것은 제갈량의 소원이었다.

그가 정군산에 묻힌 것은 촉나라에서 한중이 차지하는 비중과 그가 이
곳을 근거지로 8년 동안 북벌에 나선 것과 밀접한 관계가 있다.

먼저, 한중은 촉나라 북방 지역의 방어벽으로 진령과 파산, 한수 사이
에 있었다. 진령과 파산 양대 산맥이 마치 천연 병풍처럼 한중을 포위하
고 있어 쉽게 공격할 수 없는 지역이었다. 호걸들이 일어나 전란을 일으
키던 시대에 장로가 한중을 차지하여 파산과 한수에 웅거하여 30년을 유
지할 수 있었던 것은 이곳이 방어막 역할을 해주었기 때문이다. 조조는
한중을 점령하기 위해 두 차례나 직접 출정했다. 하지만 결국에는 유비가
정군산 전투에서 전승을 거두어 '한중왕'이라 불리며 촉나라를 건립하게
되었다. 삼국시대에 한중은 위·촉이 쟁탈전을 벌이던 군사 중진이었다.
촉나라는 한중 땅을 차지함으로써 위쪽으로는 적을 무너뜨려 왕실을 받
들고, 가운데 지역으로는 옹주와 양주를 잠식하여 영토를 확장시켰다. 아
래로는 요새를 수비하며 계략을 세울 수 있었다. 한중을 획득하면서 촉나

라는 북방 방어선을 안정시키며 북벌의 기회를 얻어 천하통일의 대업을 완성시킬 수 있었다. 촉나라는 한중을 근거지로 북으로 영토를 확장했다. 한중의 북쪽은 험준한 진령이 자리하여 적을 국경 밖으로 내몰 수 있었다. 이처럼 촉나라는 한중을 차지함으로써 공격, 수비, 방어 등 세 가지 방면을 두루 충족시킬 수 있었다. 만약 위나라가 한중을 손에 넣었다면 이곳에서 출병하여 촉나라를 칠 수 있었고, 그렇게 되면 촉나라 정권은 위태로워졌을 것이다. 그래서 "만약 한중이 없었다면 촉나라도 없었을 것이다"라는 말이 나온 것이다. 한중은 익주의 요충지로 촉나라의 북쪽 문호였다. 촉나라 정권의 앞날과 운명은 한중에 달려 있었다고 할 정도로 이곳은 중요한 지위를 점했다.

다른 하나는, 한중은 촉나라의 북벌 기지였다. 융중대책에서 제갈량은 천하의 형세를 분석하면서 "천하가 변화하고 있으니, 장군께서 몸소 익주의 무리를 이끌고 진천에서 출병하십시오"라고 유비에게 권유했다. 진천에서 출병하라는 것은 한중에서 북벌을 진행한다는 의미다. 한중은 북벌의 군사 전초지인 동시에 북벌의 군사 기지였다. 제갈량은 삼고초려 당시 이미 한중을 북벌의 근거로 한 전략을 세웠다. 이릉 전투에서 패한 후 그는 탁고의 명을 받들어 군사를 이끌고 남정에 나섰다. 그는 포용과 융합의 외교 정책으로 동쪽, 서쪽, 남쪽 삼면의 변경을 안정시켰다. 건흥 5년 출사표를 던지고 군사를 이끌고 면수의 북쪽에 주둔하면서 북벌이 시작되었다. 제갈량은 한중을 근거지로 하여 다섯 차례 북벌을 진행했지만 매번 실패하고 한중으로 돌아왔으며 다음 북벌을 준비하기 위해서 8년의 세월을 기다려야 했다. 이는 촉나라의 정치, 경제, 군사 방면에 큰 영향을 끼쳤다. 정치적으로 한중에 상부를 설치하여 이곳에 주둔한 문신과 무장이 많았다. 북벌과 한중에 북벌 기지를 건설하는 과정에서 장완, 비의, 강유 등 인재가 대거 배출되었다. 경제적으로는 농사를 장려하고 수리시설을 만들고 둔전을 개척하여 한중의 경제를 발전시켜 촉나라의 경제적 어려움을 완화시켰다. 그중 군사적 영향이 가장 컸다. 촉나라가 멸망했을 때 갑옷으로 무장한 병사는 겨우 10만 2000명에 불과했다. 제갈량이 북벌에 나섰을 때 병사 수는 10만 명이었다. 이를 통해 촉나라의 군사 핵심이 이미 성도에서 한중으로 이동했음을 알 수 있다. 제갈량은 한중과 악성, 이 두 곳에 성을 쌓고 야곡의 저각을 다스리며 정군산 일대에 팔진도를 펼쳐 병사들을 훈련시켰다. 그리고 한 번 노를 쏘면 화살 열 개가 동시에 발사되는 '연노'를 보완하고, 장해물로 설치하는 '찰마정'을 주조하기도 했다. 이런 군사적 조치는 한중의 방어 체계를 공고히 하고 북벌에도 적극적인 요소로 작용했다. 제갈량의 후계자인 장완과 비의는 그의 정책을 계승하여 한중을 지키며 북벌의 기회를 기다렸다. 제갈량은 북벌을 위해 심혈을 기울여 한중이라는 북벌 근거지를 만들어 촉나라 말기의 북방 방어선 구축에 기초를 닦았다.

마지막으로, 정군산에 묻어달라는 그의 유언은 촉나라의 존망과 함께하고자 하는 그의 굳건한 신념을 보여준다. 그는 한중에서 8년 동안 머물면서 이곳에 장막을 치고 광대한 역사의 화폭을 그려나갔다. 한중은 그가 아끼고 그리워하던 곳이다. 정군산에 묻어달라는 유언은 촉나라의 왕조에 충성을 다하고 죽어서도 북으로 중원을 평정하고 한 왕실을 일으켜 황제가 다시 옛 도성으로 돌아가도록 하겠다는 그의 웅대한 포부를 가장 잘 표현해 준다. 그는 유비에게 충성을 다하기 위해 북벌을 감행하며 온몸을 바쳤지만, 결국 성공하지 못해 천고의 아쉬움을 남겼다. 그러므로 죽은 뒤에도 촉나라의 생사운명과 가장 관계가 깊은 곳에 묻어달라는 유언을 남긴 것이다. 그 자신의 웅대한 포부와 깊은 연관을 지닌 북벌의 근거지 한중에 말이다.

한중 정군산은 백성들을 고무시키고 북벌 대업을 완성시키고자 최선을 다했고, 그가 촉나라의 강산과 생사를 같이하여 죽어서도 북벌을 잊지 않겠다는 굳건한 신념을 잘 표현해 준다. "살아서는 유비를 도와 한 왕실을 받들고 죽어서는 촉나라를 위해 정군산에 묻혔네." 이 시구는 바로 제갈량의 삶과 그가 죽어 한중 정군산에 묻히고자 한 의지를 가장 잘 표현해준다.

제갈량의 성공적인 우호정책

중국은 예부터 다양한 민족이 다양한 방식으로 살아가면서 중화 문명을 만들고 중화 민족의 찬란한 역사를 창조해냈다. 이들은 중국 역사의 발전을 이끌어온 중국의 주인이다.

생산 방식과 생활 방식의 차이, 생산력의 발전 단계와 수준 차이, 풍속 습관, 언어, 종교, 민족관, 자연환경, 거주 지역 등이 다양하다 보니 각 민족 간에 차이가 존재하는 것은 지극히 당연한 일이다.

역사적으로 다민족국가는 모두 민감한 민족 문제를 안고 있으며, 이를 해결하고자 끊임없는 노력한다. 각 왕조마다 나름대로 이민족에 대한 민족 사상과 정책을 가지고 있었다. 이는 '화합(민족의 화목 단결, 공동 발전)'과 '토벌(민족 억압, 토벌, 진압, 정벌)'이라는 단어로 요약할 수 있다. 각 시대마다 이 두 가지 정책을 병행하면서 각각 그 정도를 달리해왔던 것이다. 소수민족으로부터 '가져오기(부세, 부역 공물 헌납 등)'만 하고 '나눠주기(혜택 주기)'가 전혀 없던 시대도 있었으며, 많이 가져오고 적게 돌려주던 시대도 있었다. 어떤 경우 민족 간의 이해관계가 첨예하게 대립해 갈등이 조성되어 급기야 전쟁이 일어나기도 했다.

운남과 귀주, 사천 서남부로 이루어진 남중국 지역은 예부터 '이민족의 땅'이라고 불렀다. 이곳에는 지금도 여러 민족이 거주하고 있다. 진(秦)대에 오척도라는 도로를 닦은 후로 진시황은 남중을 관할하는 관리를 두기 시작했다. 이때부터 중앙 왕조가 이민족을 직접 통치하기 시작했다. 한 무제 때는 월준, 익주, 주제 등의 군을 설치했다. 또한 사마상여, 사마천이 차례로 남중에 파견되어 그곳의 관리를 강화하기도 했다. 여기에 한족을 이주시키고 도로를 닦아 선진 생산 기술과 문화를 이민족에게 전파하기도 했다. 이로써 남중 지역은 차츰 개발되기 시작하여 한족과 그 지역 토착민족 간에 상호 이점을 가져오게 되었다. 동한 초기에는 남중 지역 일부 부락의 수령들이 자치를 요구하여 민족 응집력을 높이기도 했다. 이에 봉건 왕조는 민족차별과 민족압박 정책을 실시했다. 한 가지 예로 동한 후기에는 소수민족을 중국의 백성이 아닌 이민족으로 인식했다. 그리하여 '엄격한 형벌로 이민족을 다스리는' 진압 방법을 취하게 되었으며, 후환을 없애기 위해 그 지역의 씨족을 모조리 없애버렸다. 잔혹한 민족억압 정책을 실시하는 동안 남중에 파견된 한족 관리들은 대부분 재물 착취에 혈안이 되어 있었다. 이민족의 재산을 빼앗고 탈취하는 등 악착같이 재산을 긁어모아 어떤 관리는 수탈해 거머쥔 "부가 십대까지 미쳤다"라는 기록이 《후한서》 〈서남이열전〉에 남아 있다. 이렇게 민족관계가 악화되면서 민족 간의 갈등과 모순이 심화되어 전쟁이 일어났다.

제갈량은 이 역사적 사실을 통해 많은 것을 느꼈다. 그는 전대, 특히 동한의 교훈을 끊임없이 되새기며 자신의 민족관과 사상을 형성했다. 그는 '서쪽으로는 융과 화합하고 남으로는 이월을 두루 살피며 위로하는' 민족정책을 제시했으며 아울러 지방 관리 선출에도 각별히 주의를 기울였다.

유비가 촉나라를 세운 후 제갈량은 민족화합정책을 펼쳤다. 우선 마초가 서북의 이민족인 융(戎)의 강저와 관계가 좋다는 것을 이용해 그들의 신뢰를 얻기 위해 마초를 평서장군에 임명해 양주목으로 부임시켰다. 마초는 과연 기대를 저버리지 않고 '화해' 정책을 성실히 실행하여 여러 융족의 추대를 받아 이민족의 반란을 잠재웠다. 제갈량은 3차 북벌에서 무도, 음평 두 군을 수복할 때도 그곳의 강, 저 등 소수민족에 대한 민족관계를 개선시켜 각 민족과 평화관계를 유지하여 '서쪽으로 여러 융족과 화해한다'는 목적을 달성했다. 이와 동시에 '남쪽으로 이월을 무마한다'는 정책에도 심혈을 기울였다.

남중은 지역이 광활하고 자연자원이 풍부한 곳으로 소수민족이 많았다. 이곳은 한족과의 교류도 광범위하게 이루어져 예부터 전통적인 관계를 유지해온 터라 중요한 전략적 지위를 차지했다. 이런 이유로 이 지역의 안정은 곧 제갈량의 북벌 대업과도 관계가 있으며, 촉나라 정권의 안정과도 직결되었다. 그래서 제갈량은 이곳 민족에 대해 우호 정책, 화해, 무마 정책을 실시하면서 동시에 남중을 총관리하는 '내강도독'을 뽑을 때 재물을 탐내지 않고 강직한 성품을 지녀 이민족과 한민족이 모두 존경할 만한 등방, 청렴하고 강직한 이회를 도독으로 임명했다. 그들은 화해 정책에 따라 청렴한 정치를 펼쳐 관계를 개선시켜 각 민족 백성의 지지와 신뢰를 받았다. 하지만 분열을 조장하며 스스로 왕이라 칭하는 야심가와 부유한 지주, 귀족들이 이릉 전투의 패배로 유비가 죽고 촉나라의 사기가 크게 떨어지자 반란을 일으켰다. 이에 영창군 외에 남중 4군에서도 반란이 일어났다. 반란은 순식간에 퍼져 남중 전역으로 확산되었지만, 제갈량은 곧바로 병력을 투입하지 않았다. 그는 전쟁을 피하고 포용 정책을 취하며 이엄에게 편지를 보내 반란의 우두머리 옹개를 회유하도록 했다. 옹개는 거만하게 "신이 듣건대 하늘에는 두 해가 없고, 땅에는 두 황제가 없다고 하오. 지금 천하가 갈라져 각 나라의 공식적인 정월만 셋이나 되니 멀리 있는 저는 황송하여 어쩔 줄 모르겠고 돌아갈 바를 알 수가 없소이다"라는 답장을 보냈다. 이 글을 통해 그 자신도 세력을 넓혀 황제가 되겠다는 야심을 여지없이 보여주었다. 만약 이 반란 세력을 그냥 둔다면 화해 정책을 시행할 수 없을뿐더러 나아가 위나라를 북벌하여 천하를 통일할 수 없는 상황까지 갈 수도 있었다. 제갈량은 친히 정벌에 나서기로 결정을 내렸다. 이때 그는 군사로 정벌하기보다는 마속이 언급한 '마음을 공격하는 것이 상책이다'라는 책략에 따라 두뇌 싸움으로 승리를 거두어 힘으로 제압하지 않고 그 마음을 복종케 했다. 제갈량의 화해 정책을 잘 드러내주는 일곱 번이나 맹획을 잡았다가 놓아준 사건은 《삼국지연의》에 매우 흥미진진하게 묘사되어 유명한 이야기로 전해지고 있다. 제갈량이 맹획을 일곱 번 잡았다가 일곱 번 모두 풀어주려고 하자 그는 감격해 눈물을 흘리면서 "승상은 하늘의 권위를 가지셨습니다. 남인은 더 이상 반란을 일으키지 않겠습니다"라고 말했다는 이야기는 너무도 유명하다.

남중을 평정한 후 제갈량은 민족관계를 개선시켜 상호 이해관계를 돈독히 하고 민족 간의 갈등을 해소시켜 나갔다. 그리고 이민족과 한족 간의 교류를 증진시켜 화해 정책을 실시하고 이를 관철시키기 위해 일련의 정책을 실시하게 되었다.

첫째, 민족 자치를 추진하여 그 이민족의 대표를 관리로 임명했다. "남중의 각 방면에서 영향력 있는 상류층 인물을 임용하되, 촉나라의 조정을 옹호하기만 하면 그들을 각급 지방관으로 채용하여 현급, 현 이하의 관직은 모두 담당하도록 해서 남중 민족이 스스로를 다스리도록 했다. 그러자 국가 기강이 안정되고 이민족과 한족 간의 관계가 안정되었다.

둘째, 지방의 호족과 이족 장수의 세력을 약화시켜 그들의 기반을 제거했다. 이를 위해 다음과 같은 사항을 실행에 옮겼다. 먼저, 군현을 정리했다. 지방의 호족, 이족 장수의 세력 기반을 분할 축소시켜 조정의 통제가 유리하도록 만들었다. 둘, 그들의 우두머리를 성도로 이주시켜(《삼국지》〈이회전〉) 남중 지방의 사무에 간여할 수 없게 만들었다. 셋, 남중의 준걸인 건녕의 찬습, 주시의 맹염과 맹획을 모두 촉나라로 불러들여 조정의 반열에 넣었다. 넷, 남중 지역의 소수민족 중 드센 청강(靑羌)의 병졸 1만 여 가구를 촉으로 이주시켜 5부의 강력한 군대로 만들어 위나라를 북벌하는 데 활용하기도 했다. 힘이 약한 병사들은 대호족의 부곡으로 삼을 수 있게 한 대성 부곡가병과 이한 부곡제를 실행하여 평상시에는 생산에 임하다가 전시에는 병사로 활용했다. 이에 대호족의 호강 세력이 약화되고, 병사를 융통성 있게 활용함으로써 민족 융화에 도움이 되었다.

셋째, 제갈량은 남중 지역의 고급 관리를 선택할 때도 각별히 주의를 기울였다. 앞에서 말했듯이 남중을 총괄하는 도독 인선에도 특별히 등방과 이회를 도독으로 임명했다. 이회가 죽은 후에는 촉나라 말기의 명장으로 북벌에 전공을 세운 장익을 도독에 임명했다. 그는 성품이 강직하고 법을 잘 지키고 성품이 곧았지만 융통성이 부족하여 이민족의 풍속을 따르지 못하여 이민족의 수령 유주가 이를 틈타서 반란을 일으키자 조정은 즉각 마충으로 대체했다. 마충은 17년 동안 관직에 있으면서 화해 정책을 충실히 실행했으며, 지역에 맞는 적절한 제도로 이민족의 다른 풍속을 보충했다. 그는 원칙성과 융통성을 두루 발휘하고 온화하고 자애로운 성품으로 남중 백성의 사랑을 받았다.

넷째, 기술을 전수하여 그들이 낙후된 생산 방식과 생활 개선에 도움을 주었다. 이를 위해 중국 내륙의 선진 생산 기술을 유입하여 철로 된 농기계로 농업 기술에 발전을 가져왔고, 벼를 들여와 벼농사를 가르쳤다. 그리고 수로를 건설하고 보산성 남쪽 세 곳에 제갈언이라 불리는 큰 제방을 건설했으며, 둔전을 실시했다. 또한 다양한 수공업 기술을 전수하여 소금 제조, 철 제련을 발전시키고 방직 기술을 전수하여 남중의 수공업 발전에 크게 기여했다. 게다가 깊은 산속이나 밀림 속에 거주하면서 원시 수렵생활을 하고 있던 이민족에게 농사를 짓도록 했다. 앞서 언급한 모든 활동은 남중의 생산 방식을 크게 발전시켜 사회적 · 경제적 번영을 불러왔다. 이로써 이민족의 생활은 크게 개선되고 민족 단결, 사회 안정에 물자적 기초를 제공해 주었다.

다섯째, 생산 발전과 사회 안정의 기초 위에 남중과 촉나라의 교류를 강화했다. 촉나라의 비단 직조, 철, 농기구 등이 남중으로 유입되면서 남중의 금, 은, 칠, 주사, 말, 소, 피혁, 사향 등이 촉나라로 유입되었다. 《귀주통지》〈금석지〉에 따르면 촉나라의 화폐는 "직백오수전으로 오늘날 검(黔) 땅에서 많이 출토되는 것은 화폐의 배면 왼쪽에 글자가 적혀 있다"라는 기록이 있는데, 이는 당시 경제적 번영과 상업의 발달, 빈번한 교류를 잘 보여준다.

여섯째, 남중 소수민족의 풍속을 존중하면서 악습을 없앴다. 그들의 인격을 무시하지 않고 존중하되 공평하게 대하고 모욕감을 주지 않았다. 그들은 제갈량을 '공명 할아버지'라고 부르며 존경했다.

일곱째, 한말 삼국시대에는 전쟁이 빈번하여 대규모 살상자가 발생하여 한족 병사 수가 점점 줄어들었다. 위나라와 오나라 모두 소수민족의 청년과 장년을 군대로 편입시켰는데, 촉나라 또한 예외가 아니었다. 남중의 소수민족을 중요한 병력으로 보고 젊은이가 있는 1만여 가구를 촉으로 이주시켜 5부를 만들었는데, 이들을 비군(飛軍)이라고 불렀다. 왕평이 참군으로 5부를 통솔했다. 소수민족 군대는 촉군의 중요한 구성원으로 전투에서 용맹스러운 모습을 보여주었다. 소수민족 장령을 중용하여 중·하급 군관들 중 소수민족이 많았는데, 고급 장령 중 오호상장의 한 명인 마초와 그 족제인 마대는 제갈량의 후계자였다. 촉나라 말기의 강유 등도 소수민족 출신이었다. 그들은 충성심이 강하고 혁혁한 공을 세운 인물들로 끝까지 촉나라를 위해 전투에 임하다가 생을 마쳤다. 이런 상황애서 소수민족은 한족을 자연스럽게 한 가족으로 여기면서 민족적 단결을 강화할 수 있었다.

제갈량의 민족 간 화합, 민족 정책과 조치들은 남중 각 소수민족의 바람과 이익에 부합되는 것이었다. 그래서 각 소수민족의 지지와 보호를 받을 수 있었다. 남중의 각 민족에게 존경과 숭배, 사랑을 한몸에 받은 이는 제갈량이 유일하다. 그의 죽음을 알리는 비보가 전해지자 사람들은 부모가 죽은 듯 슬퍼하며 그를 위해 사당을 지어 제사를 지내는 등 심심한 애도의 뜻을 표했다. 지금도 그곳에는 백성들의 애정과 그리움이 잘 녹아 있는 제갈량과 관련된 아름다운 일화가 전설로 전해지고 있다.

비록 제갈량의 민족 사상과 정책이 시대적·역사적 한계성을 지니고 있지만 앞 시대, 특히 동한 말년에 팽배했던 폭정과 잔혹한 착취, 이민족에 대한 정치적 압박에 비하면 큰 발전을 이루었다. 단순히 이익만 취한 것이 아닌 교류를 통해 상호 호혜의 결과를 낳은 것이다.

삼국시대 위·촉·오의 지역 내에 많은 소수민족이 거주하고 있었으며 모두 나름의 민족 정책을 가지고 있었다. 위나라가 실행한 것은 '강력한 제제로 동화시키는' 정책이었고 오나라는 '압박약탈 정책'을 실행했다. 두 나라는 정책상의 효과가 없어 골머리를 앓았지만, 촉나라가 실행한 제갈량의 민족우호 정책은 성공적인 결과를 가져왔다. 촉나라는 인구 수가 적고 면적이 좁으며 병력도 미비하고 장수도 부족한 실정이었다. 그럼에도 자신들보다 강력한 위나라에 대항하여 여러 차례의 북벌로 조조를 무력하게 만들었다. 이 중에서 주목할 만한 것은 바로 후방의 안정이라는 결과물을 만들어냈다는 점이다. 이 부분은 제갈량의 성공적인 민족 정책의 공으로 돌려야 하겠다.

결국 그는 위대한 '인간' 이었다

제갈량에 대한 관심은 쉽사리 사라지지 않을 것이다.

그는 누구나 우러러보며 감탄해 마지않는 인물이다. 그의 충성심과 근면성, 애민 사상은 중국 고대 역사 속에 유일무이하다. 그의 개인적 수양과 도덕적 풍모는 후세 사람들이 따를 수 없는 경지에 올라 있다.

그러나 이토록 훌륭한 인물이 탁월한 병법가는 되지 못했다. 심지어 성공한 재상이라고 말할 수도 없다. 그의 단점은 분명하게 드러나 있다. 그의 지혜에서 나온 계략은 실제 상황과 거리가 있었고 그의 용병술은 지나치게 신중했다. 또한 사소한 일까지 직접 처리하는 등 일을 효율적으로 배분하지 못했으며, 자신의 몸을 아끼지 않고 일에 매달렸으며, 적합한 조력자와 후계자도 키우지 못했다. 바로 이런 점들이 그의 정치적 단점을 드러낸다.

정치인으로서의 제갈량을 살펴볼 때 그의 발언보다 행동에 주목해야 한다. 그는 충신이자 현신이었다. 이는 그의 말 속에서, 그의 삶 속에서 얻어진 결론이다. 하지만 그의 집정, 군사와 정치상 행동을 살펴보면 이 견해는 달라진다. 그는 근시안적으로 행동했고 권력을 독점했으며 신하로서 황제를 존중하지도 않았다. 오히려 그는 '충성스러운' 신하가 아닌 '충성스럽지 못한' 신하였다.

그렇다면 제갈량에 대해 이처럼 확연히 다른 견해가 공존하는 이유는 무엇인가?

이는 바로 그의 '말'과 '행동'의 차이에서 비롯된다. 그리고 이런 차이는 제갈량에 대한 상반된 견해를 낳았다. 후세 사람들이 생각하는 제갈량은 후세 사람들의 입장에서 말한 것이다. 그래서 상호 대립하는 상반된 견해가 생겨난 것이다.

이에 우리는 제갈량에 관한 여러 평가에 대해 변증적 관점으로 그의 전면적인 특징을 인식해야 한다. 또한 구체적인 사례에서 그의 행동을 분석하여 그에 대한 다른 견해와 결합시킴으로써 결과를 도출한다면 진실한 제갈량이 탄생할 수 있을 것이다.

《논어》에 보면 이런 구절이 나온다. "군자의 허물은 마치 해와 달이 일식이나 월식을 일으키는 것과 같아서 누구나 볼 수 있다. 그러나 그것을 고친다면 사람들은 모두 그 용기를 우러러본다."

제갈량은 위대한 인물이었다. 그는 군자였기에, 현신이었기에, 지자(智者)였기에 그의 단점 또한 확연히 드러난다. 그의 단점은 마치 동전의 양면처럼 그의 위대함과 불가분의 관계에 있다.

그는 공적과 과실, 장점과 단점이 아주 뚜렷해서 '화제의 인물'이 되었고 끊이지 않는 쟁론의 대상이 되었다. 그의 잘못을 지적해도 좋다. 그의 과실을 덮어 숨겨주어도 좋다. 결국 이 모든 행위는 후세 사람들이 그를 인정하며 긍정적인 시각을 가졌음을 전제로 하고 있다. 하지만 그의 성공 혹은 실패, 그의 평범함 혹은 뛰어남을 이야기하는 것은 현대를 살아가는 우리의 입장에서는 무의미한 일이다. 지금 우리가 주목해야 할 것은 "왜 그가 이처럼 분명하고 독특한 공과 과실을 지니게 되었는가" 하는 점이다. 또한 "왜 이렇게 파악하기 어려운 장점과 단점을 지녔는가"에 대한 해석도 필요하다.

이 책의 의도는 여기서 시작되었다. 그러므로 이 책에서는 '삼고초려' '차동풍' '군유설전' '칠금맹획' '와룡조효' 등 과장이 섞인 일화에 대해서는 언급하지 않았다. 우리가 관심을 가질 부분은 '융중대책' '육출기산' '읍참마속' '강유 포섭'등 실제로 있었던 일과 관련된 내용이다.

　이 책에 나오는 제갈량의 사람됨, 처세 능력, 정치력, 용병 등 그의 능력과 지혜에 대한 의견을 거침없이 보여주기 바란다. 사실 제갈량을 해석하고 재조명하는 과정은 그의 지혜를 현대적 가치로 전환시키려는 내 개인적인 노력이라고 할 수 있다. 이 책을 통해 조금이나마 깨닫는 바가 있다면, 더 나아가 현명한 견해를 가지게 된다면 큰 기쁨이 될 것이다.

리더 제갈량의 허와 실

명재상이었던 제갈량의 관리 능력은 누구나 인정하는 바다. 그러나 현대적 시각으로 제갈량의

관리 스타일을 살펴보면 결코 그 전철을 밟지 말아야 할 단점도 있다. 우리는 이 글을 통해 현대

인이 갖춰야 할 관리 능력과 정신을 정확하게 파악할 수 있을 것이다.

현대적 시각에서 풀어본 제갈량

　오랜 세월 제갈량은 지혜와 도의 상징으로 중국인의 마음속에 깊이 새겨졌다. 그는 초려를 나오기 전에 이미 천하삼분을 알았으며 초선을 이용해 화살을 날리고 불로 적벽을 불태웠으며, 형주와 성도를 취하고 한중을 얻었다. 또한 칠종칠금으로 남방을 평정하여 천하삼분을 이루어 촉나라의 기반을 다졌다. 그는 자신의 몸을 아끼지 않고 충성을 다해 일하다가 결국 과로로 전장에서 병사했다. 죽을 때까지 온몸을 바친 그의 모습은 후세 사람들에게 최고의 본보기로서 손색이 없다.

　그러나 제갈량은 한 왕실을 회복하려는 이상을 실현시키지 못했다. 오히려 촉나라는 삼국 중에서 가장 먼저 패망했다.

　제갈량은 득과 실을 골고루 경험한 인물이다. 득은 그의 소아(小我), 곧 제갈량 개인이 얻은 후대의 칭송이다. 실은 그의 대아(大我), 곧 한 나라의 신하로서 결국 이루지 못한 꿈을 의미한다. 서한 초에 전해지던 말을 빌리면 "촉나라에서 잘한 것도 제갈량이요, 못한 것도 제갈량"이었다.

　그렇다면 제갈량의 과오는 무엇인가?

　요즘 말로 하면 리더로서 자리매김을 명확히 하지 못한 것이다. 리더의 자리매김은 사다리를 장악하는 것과 같다. 사다리는 명확하게 어느 담장을 오를 것인지 정한 다음 그 담장에 기대야만 제 역할을 다할 수 있는 도구다. 리더는 자신이 세워놓은 사다리를 아랫사람들이 믿고 기꺼이 오를 수 있도록 해야 한다. 나아가 자신이 세운 사다리에 오르면 '손으로 별을 딸 수 있다'는 확신을 심어줘야 한다. 예리한 판단력과 전략적 안목 외에도 인재를 잘 등용하고 그에게 충분한 권한을 부여하고 후계자를 잘 선택하는 것이야말로 리더의 가장 중요한 책임이다.

먼저, 제갈량의 인재 등용에 대해 알아보자.

인재 등용은 리더로서 갖춰야 할 가장 중요한 덕목이자 업무다. 성공적인 인재 등용이란 사람을 뛰어남, 평범함, 용렬함, 열등함 등으로 구분하여 각자 맞는 위치에서 그들이 가진 재능을 발휘하며 맡은 일을 완벽하게 처리하도록 하는 것이다.

마속을 예로 들면 그는 출중한 재능을 가진 자로 우수한 군사 이론 지식을 갖춘 보기 드문 참모였는데, 말이 앞서는 단점이 있었다. 유비는 제갈량에게 이 점을 언급하면서 그를 크게 중용할 수 없는 인물이라고 지적했다. 하지만 제갈량은 오래된 개인적 친분 때문에 유비의 말을 듣지 않고 자신의 생각대로 했다. 건흥 6년에 군대를 이끌고 기산으로 갔는데, 그때 숙장 위연과 오의가 있었는데도 제갈량은 다수의 의견을 물리치고 마속에게 선봉을 맡겨 군대를 통솔하도록 했다. 그 결과 위나라 장수 장합과 가정에서 교전을 벌이다가 패하여 촉나라 군사들은 뿔뿔이 흩어지고 말았다. 제갈량이 다수의 의견을 수용하여 위연이나 오의 등을 선두에 세웠다면 가정을 잃는 참패를 당하지 않았을 것이다. 하지만 제갈량은 자기 자신이 인재를 적재적소에 등용하지 못한 것이 가정 땅을 잃어버린 근본

원인이었음을 깨닫지 못했다.

둘째, 제갈량의 권한 부여에 대해 알아보자.

대부분의 리더는 늘 부하직원이 자신보다 일을 못한다고 여긴다. 그래서 부하직원의 잘못을 지적하고 심지어 월권 행위를 하기도 한다. 상사가 부하직원의 업무에 대해 지적하는 것은 일종의 간섭으로, 이는 부하직원의 업무 영역을 축소시켜 상사의 명령에만 따르는 소극적인 자세를 취하게 만든다. 그렇게 되면 그 조직은 경쟁력을 잃게 된다.

제갈량은 촉나라의 승상으로서 열정적으로 일하다가 과로가 누적되어 결국 일찍 세상을 떠났다. 제갈량은 국정의 대사를 처리하는 고위 관리였다. 리더의 중요한 직책은 '원칙에 따른 권한 부여'다. 리더는 중요한 업무에 자신의 정신을 집중시키고 일정한 직권과 책임은 부하직원에게 일임하여 그들이 자신의 재능을 발휘하여 성과를 얻도록 도와야 한다. 또한 직원이 이를 통해 성취감을 얻어 더 큰 성과를 이루도록 해야 한다. 훌륭한 리더라고 해서 모든 방면에서 남보다 뛰어나야 하는 것은 아니다. 오히려 부하를 적절한 곳에 배치할 수 있는 능력을 갖추는 것이 무엇보다 중요하다. 부하에게 임무를 맡기지 않는 리더는 직원들이 상사의 신임을 받지 못한다고 느끼게 만들고 사기와 의욕을 떨어뜨려 창조력을 발휘하지 못하게 한다.

제갈량은 죽을 때까지 자신의 일에 최선을 다했다. 그 정신은 가히 훌륭한 것으로 칭송받을 만하지만 그 태도는 따르지 말아야 한다. 단체의 힘을 집결시킨 전투력 없이 제갈량 혼자서 천하를 통일시키는 것은 절대 불가능한 일이다. 조직의 상부가 '무위(無爲)가 유위(有爲)를 이기는' 노자 사상을 실천할 수 있다면 리더는 여유를 갖게 되고 조직은 화합과 강한 경쟁력을 얻을 수 있다.

그럼, 제갈량의 인재 육성은 어땠을까?

인재 육성은 리더의 중요한 직책이다. 이는 부하직원의 입장에서는 일종의 격려가 된다. 격려로 고무된 부하직원은 관리 경영에 더 적극적으로 참여하게 된다. 간단한 업무를 부하직원에게 넘겨 처리하게 한다면 리더는 더 많은 시간을 조직 전략과 책략 연구에 몰두할 수 있다.

촉나라 초기에 제갈량이 이끈 정권은 그나마 실력을 갖춘 인재팀이었다고 할 수 있다. 오호상장 관우, 장비, 조운이 있었고 위연, 왕평 등도 있었다. 하지만 제갈량이 장기간에 걸쳐 대부분의 일을 직접 관할하자 촉나라의 인재팀은 유지되지 못했다. 그러다가 제갈량은 위나라의 강장 출신 강유를 후계자로 삼았다. 이는 조정에 능력을 갖춘 자가 없어 부득이하게 이루어진 차선책이었다. 제갈량은 인재가 부족한 촉나라의 상황을 분명히 인식하고 있었지만, 인재 양성에 힘쓰지 못했던 것이다.

다음은 제갈량이 인재 양성에 소홀했던 단점을 열거한 것이다.

첫째, 제갈량은 자신의 능력을 뛰어넘는 자를 선발하지 않았다. 둘째, 인재에게 자신의 잘못을 만회할 기회를 주지 않았다. 셋째, 인재를 훈련시키지 않았다. 넷째, 부하나 동료의 재능을 드러내놓고 질투했다.

제갈량과 반대되는 사람이 바로 청나라 때 중국 근대화운동인 양무운동을 추진한 청궈판이다. 그는 뛰어난 인재를 발탁해 그의 장점을 가장 잘 발휘할 수 있는 분야에 배치했다. 그래서 그의 장점을 중점적으로 발전시켜 장기간 훈련시킨 다음 필요할 때 적재적소에 활용함으로써 그 능력을 발휘하도록 했다.

청나라 말기의 정치가이자 외교가인 리훙장은 처음에는 청궈판의 막료였다. 하지만 청궈판은 그가 뛰어난 통찰력을 가졌다는 것을 발견하고 그를 중점적으로 훈련시켰다. 인재를 알아보는 청궈판의 안목과 노력 끝에 리훙장은 청 왕조의 고위 관리에 오를 수 있었다.

제갈량의 실패는 바로 자리매김의 실수에서 비롯되었다. 리더가 될 수 있는 사람은 뛰어난 능력을 가졌다. 그래서 자신의 능력을 발휘하고 싶다는 욕구가 강하다. 하지만 성공한 리더는 모두 자신의 현위치를 분명히 인식한다. 리더는 사다리를 어디에다 두느냐는 방향을 정하는 자일 뿐, 모든 방면에서 뛰어나려고 해서는 안 된다는 것을 알고 있는 것이다.

리더가 반드시 기억해야 할 것이 있다. 리더는 가장 강한 자가 될 필요가 없다. 가장 강한 자가 자신을 위해 일하도록 만들어야 한다. 리더는 영웅이 될 필요가 없다. 다만 성공한 사람이 되어야 한다.

실패로 막을 내린 북벌에 대해 사람들은 "북벌은 유비가 미처 실현하지 못한 꿈을 제갈량이 불가능한 줄 알면서도 행한 행위다"라고 말한다. 또한 그의 행위는 애국애민 정신에서 비롯되었다고 말하기도 한다. 그런데 이상한 점은 신중한 성격의 제갈량이 왜 전쟁에서 기발한 계책으로 승리를 이끌어내지 못했을까 하는 것이다. 또한 매사에 조심스럽고 계획적인 제갈량이 어째서 제대로 준비하지 않은 채 승산 없는 전쟁을 잇달아 일으켰을까? 제갈량에게 과연 북벌은 어떤 의도를 가진 것이었을까?

북벌의 가장 큰 목적은 표면적인 구호가 무엇인가에 상관없이 그 결과와 구체적인 실행 과정으로 봤을 때 바로 자신의 정권 유지였다. 그는 전시 상태를 통해서만 정치적 적수인 이엄을 조정하고 그 기회를 통해 그를 제거할 수 있었던 것이다. 제갈량은 북벌이라는 명목 하에 〈출사표〉와 같은 표를 올려 황제를 자극하고 자신의 충신 향총 등과 함께 궁정을 장악할 수 있었다. 또한 이는 특권을 누리면서 자신의 지위를 유지하기 위해 군대를 마음대로 움직일 수 있는 가장 확실한 보증서였다.

제갈량이 권력을 장악한 초기만 해도 중요한 인사 임명은 1차 북벌 때까지 아직 완전히 구비되지 않은 상태였다. 제갈량은 바로 북벌을 빌미로 유비가 자신에게 넘기지 않은 군권을 장악하여 황제를 마음대로 휘두를 수 있는 특권을 가지게 되었다. 권력 행사는 본래 일종의 향유다. 일찍이 권력을 잡았던 자들 중 권력에서 내려오고 싶어 한 자가 몇 명이나 있는가. 게다가 군권은 정권 유지에 가장 근본적인 권력이다. 제갈량은 여러 차례 북벌을 통해서 군대를 확고하게 장악한 다음에 비로소 권력의 최고 자리를 유지할 수 있었다. 집권에 대한 제어가 제대로 되지 않을 때, 국가와 국민의 이익과는 무관한 '공적 쌓기용 프로젝트'가 생겨나게 된다.

제갈량처럼 신중한 성격의 소유자가 국가의 이익과 능력을 고려하지 않은 채 목적이 분명하지 않은 전쟁을 잇달아 일으킨 것은 전쟁을 통해 자신의 집권을 유지하고 싶은 욕구에서 비롯되었고 할 수 있다. 또한 그는 지위에 걸맞은 공명(功名)을 획득하고 싶었다. 그래서 국가와 백성을 개인적 욕망 아래에 두었던 것이다.

훗날 강유 역시 이런 경향을 보였다. 만약 중원을 아홉 번 공격하지 않았다면 대장군이었던 그의 직권과 가치 효과는 어떻게 되었을까? 개인의 정치적 생명을 국가적 이익보다 우선시하고 겉으로 드러나는 공적을 위해 실제 상황을 고려하지 않고, 심지어 국가와 백성의 피해를 고려하지 않는 이런 일이 현대사회에서도 일어나고 있다. 이것은 권력이 집중화되었을 때 나타나는 필연적 산물이다.

제갈량의 행동과 그 행동의 결과를 살펴보면 권력이 집중화되었을 때 나타날 수 있는 위험을 더욱 확실하게 인지할 수 있다. 제갈량을 경계로 삼는다면 오늘날 세금만 낭비하는 '보여주기 식의 프로젝트'를 줄이고 진정으로 국민의 행복에 기여하는 민심 프로젝트를 확대시켜 나갈 수 있을 것이다.

《삼국지연의》에서 사마휘는 유비에게 "와룡, 봉추 이 두 사람 중 한 명만 얻어도 천하를 안정시킬 수 있다"라고 말했다. 여기서 와룡은 바로 제갈량이고, 봉추는 바로 양양의 방통을 가리킨다. 유비는 두 사람을 모두 얻었지만 결국 천하를 얻지 못했다. 그 원인은 여러 가지가 있겠지만 주요한 원인은 바로 제갈량과 관련이 있다. 그는 아주 비상한 머리를 가진 인물이었지만 치명적인 약점을 가졌다. 바로 자신을 맹신하며 다른 사람을 신임하지 못했다는 점이다. 그는 조정의 크고 작은 일을 모두 직접 처리했다. 위로는 천문을 알고 아래로는 지리를 꿰뚫고 있던 그가 사소한 일까지 몸소 처리하느라 몸을 망쳤다. 또한 그는 군대를 직접 이끌고 육출기산 하여 결국 피를 토하고 쓰러져 이른 나이에 오장원에 묻혔다. 모든 것을 미루어볼 때 제갈량의 실패는 전략상의 실패를 넘어서 전술상으로도 예견된 일이었다.

한편 제갈량은 자신의 생각만 고집하며 촉나라 백성들의 생각을 등한시하기도 했다. 이 사람에게 금낭을 줬다가 또 저 사람에게 금낭을 줬다가 하면서 똑똑한 자신만 믿다가 오히려 그 똑똑함으로 실책을 범하고 말았다. 어쩌면 모든 것을 종합해볼 때 그의 실패는 역사적으로 필연의 결과일지도 모른다.

KI신서 2131

제갈량 읽는 CEO

1판 1쇄 발행 2009년 11월 5일
1판 2쇄 발행 2010년 3월 15일

지은이 홍자오 **옮긴이** 김민정 **펴낸이** 김영곤 **펴낸곳** (주)북이십일 21세기북스
출판컨텐츠사업부문장 정성진 **출판개발본부장** 김성수 **기획·편집** 류혜정
영업·마케팅본부장 최창규 **영업·마케팅** 김보미 김용환 이경희 김현섭 허정민 노진희
출판등록 2000년 5월 6일 제10-1965호
주소 (우413-756) 경기도 파주시 교하읍 문발리 파주출판단지 518-3
대표전화 031-955-2155 **팩스** 031-955-2151 **이메일** book21@book21.co.kr
홈페이지 www.book21.com **커뮤니티** cafe.naver.com/21cbook

값 13,000원
ISBN 978-89-509-2081-4 03320